Fehrenbach · Am Euro-Geld verdienen

Für Hedwig

Am Euro-Geld verdienen

von
Peter Fehrenbach

Rudolf Haufe Verlag · Freiburg i. Br.

Die Deutsche Bibliothek – CIP-Einheitsaufnahme

Fehrenbach, Peter :
Am Euro-Geld verdienen : alles, was Sie jetzt über die neue Währung wissen müssen / von Peter Fehrenbach. – 1. Aufl. – Freiburg i. Br. : Haufe, 1996
ISBN 3-448-03469-X

ISBN 3-448-03469-X Best.-Nr. 20.28

1. Auflage 1996

Lektorat: Arno Ruesch

Umschlagentwurf: Michael Wiesinger, Freiburg i. Br.
und Lichtbild WIESINGER, Freiburg i. Br.

Satz und Druck: F. X. Stückle, Ettenheim

Vorwort

Als ein Mensch zum ersten Mal aufrecht ging, kam sofort ein Deutscher hinzu und wies auf die erhöhte Sturzgefahr dieser Fortbewegungsart hin – so charakterisierte ein bekannter deutscher Wirtschaftspublizist die Art und Weise, mit der das Gros der deutschen Öffentlichkeit den Plan der gemeinsamen europäischen Währung bisher verhandelt hat.

Vielleicht nimmt dieses Bild die Ängste und Vorbehalte nicht ernst genug, die noch immer die Diskussionen um das Währungsprojekt bestimmen. Weshalb eine gemeinsame Währung überhaupt gebraucht wird, ob durch ihre Einführung die bewährte DM nicht durch etwas Halbseidenes abgelöst wird, ob wir es gar mit einer Währungsreform zu tun haben – niemand sollte sich wundern, daß gerade in Deutschland solche Fragen heftiger als anderswo auftauchen.

Doch soweit trifft der Vergleich den Nagel auf den Kopf: Als der deutschen Öffentlichkeit 1995 ins Bewußtsein geriet, daß sie den Maastrichter Vertrag als reale politische Tagesordnung begreifen mußte, stellte sie umgehend die möglicherweise fatalen Folgen einer bestimmten Variante der Euro-Einführung ins Zentrum ihrer Bewertungen, ohne sich zuvor mit dem globalen strategischen Hintergrund des Währungsprojekts, seinen Bausteinen, seinen Optionen und den Werkzeugen seiner Umsetzung vertraut gemacht zu haben. Während andere europäische Nationen sich erlaubten, ihr Verhältnis zum Euro in Volksabstimmungen zu klären, entstanden so in Deutschland fast zwangsläufig Vorurteile und setzten sich fest.

Bei allem Verständnis für die Existenz solcher Befürchtungen: Spätestens, wenn die möglichen Folgen der Euro-Einführung für die Welt des Geldanlegens beleuchtet werden, sollten Vorurteile beiseite gelegt werden. Denn wer den *worst case* des Währungsprojekts als Normalfall versteht, wird ins Zentrum seiner Überlegungen stellen, wie das Geld vor dem Euro zu retten sei. Gleichgültig aber, ob sie sich aufs Gold oder den Schweizer Franken beziehen, die Kündigung einer Lebensversicherung ins Auge fassen oder den Erwerb einer vermeintlich auf die Euro-Einführung maßgeschneiderten Anleihe: Rettungsversuche können richtig teuer werden, wenn nicht der worst case zum Normalfall, sondern sich die ökonomische Ratio eines „Europa der zwei Geschwindigkeiten" durchsetzen wird.

Wer diesen (schon nach dem Maastrichter Vertrag und erst recht nach den bisherigen Marktreaktionen) ungleich wahrscheinlicheren weiteren Prozeß hin auf einen harten Euro unter dem Blickwinkel seiner Relevanz fürs Geldanlegen beleuchtet, wird natürlich stets auch den worst case im Visier behalten. Aber im Zentrum steht dann: Welche neue Ordnung gilt auf den Kapitalmärkten nach erfolgter Währungsumstellung ab dem 1. Januar 1999, welche besonderen Chancen und Risiken werden die Märkte bis dahin bieten, und welche Kriterien gelten für individuelle Strategien, die Geldgeschäfte heute und später an das Geschehen anzupassen?

* * *

Dies zuverlässig beurteilen zu können setzt voraus, den Plan der Währungsumstellung im Detail zu kennen. Damit befaßt sich Teil I des Buches, der im ersten Kapitel mit einer Momentaufnahme Deutschlands beginnt; sie bündelt die zum Teil quer durch die Lager von Politik und Wirtschaft unterschiedlichen Positionen und stellt ein Defizit fest. Bei all dem Bedeutungsschwangeren, was gesagt, geschrieben oder gesendet wurde, kam nämlich eines eindeutig zu kurz: Die schlichte, ganz praktisch orientierte Information, wie unser Leben und Wirtschaften durch die Euro-Einführung beeinflußt werden wird.

Darum geht es im zweiten Kapitel, das mit einer Zusammenfassung des Zeitplans des Maastrichter Vertrags beginnt und die während der einzelnen Phasen vorgesehenen Maßnahmen darstellt. Wann in welchen Bereichen mit zunehmender Verwendung des Euro zu rechnen ist, ob Sie schon sofort ein Euro-Konto benötigen, welche Auswirkungen die Währungsumstellung auf Verträge aller Art haben wird, wo der Wechselkurs zwischen DM und Euro liegen und wie er festgestellt werden wird, ergibt sich hieraus ebenso wie einige bereits absehbare heikle Punkte, die auf Handel und Gewerbe zukommen werden: Preise müssen neu festgesetzt werden, doppelte Preisauszeichnung wird einige Zeit erforderlich sein, Automaten und Registrierkassen müssen umgestellt werden ...

Den Konvergenzkriterien (Welche Länder dürfen am Euro teilnehmen?) ist Kapitel 3 gewidmet. Gerade in Deutschland ist oft zu hören, daß diese Kriterien auf keinen Fall aufgeweicht werden dürften. Mit gutem Grund sieht der Vertrag aber einen Ermessensspielraum vor: Denn ob ein Land die Schwellenwerte für Staatsschulden und Haushaltsdefizit erreicht oder nicht, ist auch danach zu würdigen, ob sich das Land in einer Hochkonjunktur befindet oder in einer Rezession. Die These wird vermutlich nicht überall auf Zustimmung stoßen: Es wird

1999 zu einer gemeinsamen Währung der Länder Kerneuropas kommen, die auch dann hart sein wird, wenn nicht alle Staaten den eng ausgelegten Zahlenkranz des Maastrichter Vertrags erfüllen werden.

Doch auch die Euro-Optimisten sollten die Risiken des Jahrhundertprojekts ernst nehmen. Kapitel 4 greift die wichtigsten auf und diskutiert sie. Müssen wir uns vor Inflationsraten à la Lateinamerika oder knapp darunter fürchten? Führt der Euro zum Kollaps unseres Sozialsystems, oder schafft er ganz im Gegenteil neue Arbeitsplätze? Und ganz wichtig auch: Gemeinsames Geld ohne gemeinsame Politik, kann das gutgehen?

* * *

Nachdem sich Teil I des Buches damit befaßt hat, *was* stattfinden soll, geht es in Teil II zunächst darum, *wie* es stattfinden könnte. Aufgefächert werden die voraussichtlichen Marktreaktionen – sie sind die Grundlage für Ihre Anlageentscheidungen – modellhaft für vier Szenarien: Die Einführung des Euro als Währung Kerneuropas, als sofortige Währung der Gesamt-EU, eine glaubwürdige Verschiebung und schließlich eine definitive Preisgabe des Währungsprojekts.

Wichtig war mir dabei neben dem Versuch, das komplexe Räderwerk der Marktmechanismen allgemeinverständlich darzustellen, dreierlei:

- Der Fahrplan hin zum Euro sieht noch eine Reihe von Klippen vor, die es zu umschiffen gilt und die Sie kennen müssen. Zeitweise unruhige Fahrt sollte dabei einkalkuliert, keinesfalls aber mit bevorstehendem Kentern verwechselt werden.
- Der Weg zur bei weitem wahrscheinlichsten Lösung, nämlich zu einem Euro zunächst nur für Kerneuropa, führt nicht zwingend immer nur geradeaus. Solange der Teilnehmerkreis nicht definitiv feststeht, kann es vorübergehend immer wieder zu einer schwächeren DM kommen. Und sollte wider Erwarten eine Weichwährungsunion installiert werden, dann ist zwischenzeitlich auch eine harte DM möglich, weil gerade in diesem Fall Marktteilnehmer mit einer Verschiebung rechnen werden.
- Last, not least: Modellhafte Szenarien für die Euro-Einführung zu entwikkeln, ist die eine Sache – die von ihr ausgehenden Impulse in die mächtigen Kraftfelder und Zyklen der internationalen Kapitalmärkte prognostisch einzupassen, eine ganz andere. Sie werden auch weiterhin gefordert sein, diese Kraftfelder und Zyklen richtig zu beurteilen!

Mit einer solchen Standortbestimmung für die wichtigsten Währungen, Rentenmärkte und Börsen beginnt Kapitel 6. Fazit dabei: Nirgends sind Unruhen feststellbar, die darauf hindeuten, die Euro-Einführung würde zu weichem Geld führen oder gar mißraten. Vielmehr sprechen die Marktindizien dafür, daß eine erfolgreiche Hartwährungsunion erwartet wird.

Kein Anlaß also, Sie im Kapitel 6 damit zu drangsalieren, wie Sie Ihr Geld vor dem Euro retten. Vielmehr geht es dort einerseits um die vielfältigen Optimierungsmöglichkeiten und Anpassungserwägungen grundsätzlicher Art, die mit der neuen Währung entstehen; andererseits werden vermutlich während der Euro-Einführung für einen begrenzten Zeitraum besondere Chancen und Risiken entstehen. Den vielen Hinweisen, Risikorastern und unmittelbar umsetzbaren Ratschlägen, die Sie auf den über 100 Seiten dieses Kapitels finden, soll hier nicht vorgegriffen werden. Und wenn Sie darüber hinaus Passagen finden, die Sie – Euro hin, Euro her – zum kritischen Überdenken Ihres bisherigen Anlageverhaltens veranlassen, ist dies durchaus in meinem Sinn.

* * *

Dreimal „Danke“: Das erste geht nach Frankfurt an Herrn Rainer Schröder, Chefvolkswirt der LGT Asset Management, und Herrn Christian Sobotta, Makroanalyst im selben Hause. Ihre Bereitschaft, in einem langen Gespräch die komplexe Materie mit mir zu erörtern, war außerordentlich hilfreich und anregend, und ich hatte so Gelegenheit, auch den Euro-Blickwinkel einer der renommiertesten europäischen und schwerpunktmäßig für institutionelle Anleger tätigen Wertpapierbanken kennenzulernen.

Dann eines nach Freiburg an das Team der Geld-Redaktion im Rudolf Haufe Verlag. Von all den gemeinsam bereits bestrittenen Projekten war, jedenfalls aus meiner Sicht, dieses das anspruchsvollste. Um so wohltuender ist es dann für den Autor, über die eingespielte Routine hinaus die Zuarbeit zu erhalten, ohne die dieses Buch nicht möglich gewesen wäre.

Das dritte geht an Marie, Ann-Katrin und Jonas und all die anderen, die in den letzten Monaten von mir zu hören bekamen: „Keine Zeit“. Das kann jetzt, hoffen wir es wenigstens, nur noch besser werden.

Peter Fehrenbach, Ühlingen/Frankfurt, November 1996

Inhaltsverzeichnis

Übersichten

Teil I

Das neue Geld

Überblick zum Zeitplan, den Teilnahmekriterien, Chancen und Risiken der Umstellung der europäischen Währungen auf den Euro

1 Deutsche Befindlichkeiten, deutsche Ängste, deutsches Informationsbedürfnis

Nach mehreren Jahren der Vorbereitung unter der Federführung von Jacques Delors hat im Dezember 1991 der Europäische Rat der Staats- und Regierungschefs den *„Vertrag über die Europäische Union“* vereinbart. Einer der zentralen Punkte dieses seither als *„Maastrichter Vertrag“* bekanntgewordenen Übereinkommens ist die Einführung einer einheitlichen europäischen Währung. Sie wird *Euro* heißen.

Volksabstimmungen in Europa

Nachdem alle Mitgliedsländer der Europäischen Union den Maastrichter Vertrag ratifiziert hatten, trat dieser im November 1993 in Kraft. Davor gab es in einigen Ländern – so in Frankreich und in Dänemark – Referenden zum ehrgeizigen Vorhaben, die jeweils mit einer knappen Befürwortung endeten; allerdings brauchten die Dänen dafür zwei Anläufe und haben es sich vorbehalten, auch bei Erfüllung der Teilnahmekriterien nicht an der gemeinsamen europäischen Währung teilzunehmen. Auch Großbritannien hat eine Option auf Nichtteilnahme *(„opting-out“).*

Volksabstimmungen über den Beitritt zur Europäischen Union und damit auch zum Maastrichter Vertrag gab es danach 1994 in Finnland, Norwegen, Schweden und Österreich. Die Norweger lehnten ab, in den anderen Ländern wurde (bei teilweise hohen Wahlbeteiligungen) zugestimmt.

15 potentielle Teilnehmer

Potentielle Teilnehmer am Projekt einer gemeinsamen Währung sind neben Deutschland somit Frankreich, Italien, Großbritannien, Spanien, die Niederlande, Belgien, Schweden, Österreich, Dänemark, Finnland, Portugal, Griechenland, Irland und Luxemburg.

Ausbleibende Aufklärung in Deutschland

In Deutschland wurde der Maastrichter Vertrag zunächst eher beiläufig zur Kenntnis genommen. Eine Aufklärungskampagne der Regierung zum Inhalt des Vertragswerkes blieb aus, ein Referendum nach Art der Franzosen und Dänen fand nicht statt, auch heftige Eruptionen im Europäischen Währungssystem (EWS) 1992 und 1993 führten nicht zur Diskussion darüber, ob Europa reif sei für eine gemeinsame Währung. Im Bundestagswahlkampf 1994 spielte das Währungsprojekt keine Rolle – Deutschland war, so scheint es, zu sehr mit sich selbst und den Folgen seiner Wiedervereinigung befaßt.

Volksabstimmungen 1994 zum Beitritt in die Europäische Union		
	Wahlbeteiligung	Stimmanteile Ja / Nein
Finnland	74,0 %	57,1 % / 42,9 %
Schweden	83,3 %	52,3 % / 46,8 %
Norwegen	88,6 %	47,7 % / 52,3 %
Österreich	81,2 %	66,6 % / 33,4 %

Kollektive Furcht vor „weicher“ DM

Mangelnder Konvergenzfortschritt

Seit Mitte 1995 ist dies anders. Der Startschuß für das gemeinsame Projekt war in greifbare Nähe gerückt, die Europäische Kommission veröffentlichte zum Währungsprojekt ihr *„Grünbuch“*, und gleichzeitig war zu konstatieren, daß – wären die Teilnehmer Ende 1994 festgelegt worden – gerade eben Deutschland und Luxemburg die Kriterien erfüllt hätten, die der Maastrichter Vertrag an die Teilnehmerländer stellt *(„Konvergenzkriterien“)*.

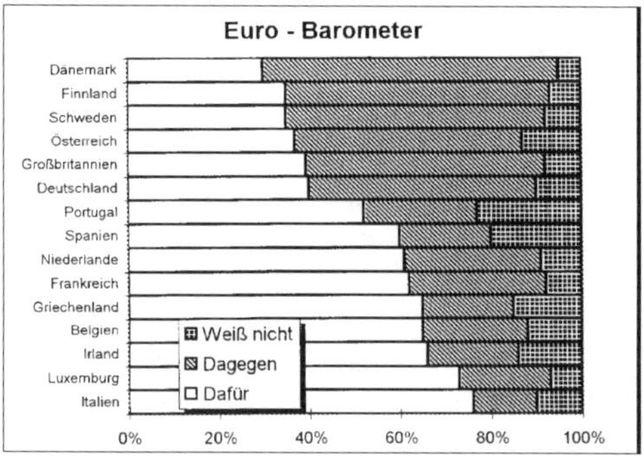

Steckbriefe zu Wirtschaft und Währung (1):

Die Mitgliedsländer der Europäischen Union

Belgien
Einwohner: 10,3 Millionen, *Fläche:* 30 518 qkm,
Währung: 1 Belgischer Franc (bfr) = 100 Centimes = DM 0,0486, (Währungsbezeichnung nach ISO-Code: BEF),
BIP/Kopf (1 000 DM): 36,7, *Wachstum 95: 1,9 %, Inflation 95:* 1,4 %,
Arbeitslosenrate 95: 14,4 %,
EWS-Mitglied: seit 1979, *EWS-Bandbreite bis/**nach 1992:*** ± 2,25 %; ± **15 %,** *ECU-Gewicht:* 8,5 %,
Stimmen im Europa-Rat: 5, *Unabhängigkeit der Zentralbank:* ja

Dänemark
Einwohner: 5,25 Millionen, *Fläche:* 43 093 qkm,
Währung: 1 Dänische Krone (dkr) = 100 øre = DM 0,26, (Währungsbezeichnung nach ISO-Code: DKK),
BIP/Kopf (1 000 DM): 47,2, *Wachstum 95: 3,1 %, Inflation 95:* 2,2 %,
Arbeitslosenrate 95: 10 %,
EWS-Mitglied: seit 1979, *EWS-Bandbreite bis/**nach 1992:*** ± 2,25 %; ± **15 %,** *ECU-Gewicht:* 2,7 %,
Stimmen im Europa-Rat: 3, *Unabhängigkeit der Zentralbank:* ja

Deutschland
Einwohner: 85,6 Millionen, *Fläche:* 356 733 qkm,
Währung: 1 Deutsche Mark (DM) = 100 Pfennig = 1,88 ECU, (Währungsbezeichnung nach ISO-Code: DEM),
BIP/Kopf (1 000 DM): 41,9, *Wachstum 95: 1,9 %, Inflation 95:* 1,8 %,
Arbeitslosenrate 95: 9,4 %,
EWS-Mitglied: seit 1979, *EWS-Bandbreite bis/**nach 1992:*** ± 2,25 %; ± **15 %** (bilateral gegenüber dem Gulden: ± 2,25 %), *ECU-Gewicht:* 33,2 %,
Stimmen im Europa-Rat: 10, *Unabhängigkeit der Zentralbank:* ja

Finnland
Einwohner: 5,1 Millionen, *Fläche:* 338 145 qkm,
Währung: 1 Finnmark (Fmk) = 100 Penmia = DM 0,325, (Währungsbezeichnung nach ISO-Code: FIM),
BIP/Kopf (1 000 DM): 33,8, *Wachstum 95: 4,4 %, Inflation 95:* 1 %,
Arbeitslosenrate 95: 19,3 %,
EU-Mitglied: seit 1995, *EWS-Bandbreite bis/nach 1992:* keine, *ECU-Gewicht:* nicht berücksichtigt,
Stimmen im Europa-Rat: 3, *Unabhängigkeit der Zentralbank:* ja

Frankreich
Einwohner: 59 Millionen, *Fläche:* 551 500 qkm,
Währung: 1 Französischer Franc (FF) = 100 centimes = DM 0,295, (Währungsbezeichnung nach ISO-Code: FR),
BIP/Kopf (1 000 DM): 38,1, *Wachstum 95: 2,9 %, Inflation 95:* 1,8 %,
Arbeitslosenrate 95: 11,5 %,
EWS-Mitglied: seit 1979, *EWS-Bandbreite bis/**nach 1992:*** ± 2,25 %; ± **15 %,** *ECU-Gewicht:* 20,7 %,
Stimmen im Europa-Rat: 10, *Unabhängigkeit der Zentralbank:* ja

Mit der Ruhe in Deutschland war es vorbei. Das Land, das zeitgleich seine *„Standortprobleme“* auch auf die Stärke seiner Währung zurückführte, erzitterte in kollektiver Furcht: *„Die DM wird weich“*. Die bisher nicht stattgefundene Diskussion darüber, ob die Deutschen die gemeinsame Währung wollen oder nicht, entlud sich nun in einem seltsamen Gebrodel aus beschwörenden Formeln und hysterischer Panikmache, populistischer Anbiederei und peinlicher Profilierungssucht.

Deutsches Opfer?

Die Deutschen, als größte Nettozahler in die Brüsseler Töpfe bis dahin die europäischen Musterknaben schlechthin (die auch an einer aberwitzigen und sündhaft teuren europäischen Agrarpolitik nicht so recht Anstoß nahmen), sahen sich plötzlich umzingelt von Ländern, die sich auf ihre Kosten sanieren wollten. Selbst die sonst so differenziert argumentierende *Süddeutsche Zeitung* machte Deutschland zum Opfer und die anderen europäischen Länder zu den Tätern:

„Zur Stunde mühen sich die meisten redlich, finanzpolitische Solidität walten zu lassen. Kein Wunder, sie wollen ja in die Währungsunion. Sobald sie aber eingetreten sind, werden sie sich zu gar nichts mehr zwingen lassen, nicht einmal zu dem, was sie vielleicht noch unterschreiben werden.“

Flucht in den Schweizer Franken

Wie irrational argumentiert und auch gehandelt wurde, zeigt ein Beispiel aus der Welt des Geldanlegens, das allerdings vielen Deutschen teuer zu stehen kommen wird: Es setzte eine Flucht in den Schweizer Franken ein, die den *„Alpendollar“* so teuer machte wie nie zuvor; genau besehen gab es jedoch keinen einzigen guten Grund für ein solches Engagement.

Politische Klasse: Mit gespaltener Zunge

„Grosse Plädoyers“

Die politische Klasse hielt nur halbherzig dagegen: Der Bundespräsident hielt vor dem Europa-Parlament in Straßburg ein als *„groß“* bezeichnetes, beschwörendes Plädoyer für die geplante einheitliche europäische Währung; Altbundeskanzler Helmut Schmidt polterte in einem Leitartikel der *Zeit* gegen die Bundesbank und den Finanzminister, die er als Saboteure des großen Pla-

Steckbriefe zu Wirtschaft und Währung (2):

Die Mitgliedsländer der Europäischen Union

Griechenland
Einwohner: 10,5 Millionen, *Fläche:* 131 957 qkm,
Währung: 1 Drachme (Dr) = DM 0,0064, (Währungsbezeichnung nach ISO-Code: GRD),
BIP/Kopf (1 000 DM): 16,0, *Wachstum 95: 2,0 %, Inflation 95:* 9,3 %,
Arbeitslosenrate 95: 10 %,
EWS-Mitglied: seit 1990, *EWS-Bandbreite bis/nach 1992: keine Teilnahme; ECU-Gewicht:* 0,5 %,
Stimmen im Europa-Rat: 5, *Unabhängigkeit der Zentralbank:* nein

Großbritannien
Einwohner: 59,5 Millionen, *Fläche:* 244 110 qkm,
Währung: 1 Pfund Sterling = 100 New Pence = DM 2,37, (Währungsbezeichnung nach ISO-Code: GBP),
BIP/Kopf (1 000 DM): 29,9, *Wachstum 95: 2,5 %, Inflation 95:* 2,8 %,
Arbeitslosenrate 95: 8,3 %,
EWS-Mitglied: seit 1990, *EWS-Bandbreite bis/nach 1992:* ± 6 %, **keine Teilnahme,** *ECU-Gewicht:* 10,3 %,
Stimmen im Europa-Rat: 10, *Unabhängigkeit der Zentralbank:* nein

Irland
Einwohner: 3,5 Millionen, *Fläche:* 70 285 qkm,
Währung: 1 Irisches Pfund (IrP) = 100 New Pence = DM 2,42, (Währungsbezeichnung nach ISO-Code: IEP),
BIP/Kopf (1 000 DM): 24,8, *Wachstum 95: 7,2 %, Inflation 95:* 2,5 %,
Arbeitslosenrate 95: 14,5 %,
EWS-Mitglied: seit 1990, *EWS-Bandbreite bis/**nach 1992:*** ± 2,25 %; ± **15 %,** *ECU-Gewicht:* 1 %,
Stimmen im Europa-Rat: 3, *Unabhängigkeit der Zentralbank:* ja

Italien
Einwohner: 57,4 Millionen, *Fläche:* 301 278 qkm,
Währung: 1 Lira (Lit) = DM 0,000985, (Währungsbezeichnung nach ISO-Code: ITL),
BIP/Kopf (1 000 DM): 30,3, *Wachstum 95: 3,3 %, Inflation 95:* 5,4 %,
Arbeitslosenrate 95: 12,2 %,
EWS-Mitglied: seit 1979, *EWS-Bandbreite bis/nach 1992:* ± 2,25 %; **keine Teilnahme;** *ECU-Gewicht:* 7,3 %,
Stimmen im Europa-Rat: 10, *Unabhängigkeit der Zentralbank:* ja

Luxemburg
Einwohner: 0,4 Millionen, *Fläche:* 2 586 qkm,
Währung: 1 Luxemburger Franc (lfr) = 100 centimes = DM 0,0486, (Währungsbezeichnung nach ISO-Code: LUF),
BIP/Kopf (1 000 DM): 48,3, *Wachstum 95: 3,7 %, Inflation 95:* 2,0 %,
Arbeitslosenrate 95: 2,8 %,
EWS-Mitglied: seit 1979, *EWS-Bandbreite bis/**nach 1992:*** ± 2,25 %; ± **15 %,** *ECU-Gewicht:* 0,3 %,
Stimmen im Europa-Rat: 3, *Unabhängigkeit der Zentralbank:* ja

nes ausgemacht hatte. Es dürfe kein deutsches Zurück mehr geben, so beider Quintessenz, und wenn doch, dann drohten zum dritten Mal in diesem Jahrhundert *„eine Koalition fast aller anderen europäischen Staaten gegen Deutschland“* (Schmidt) und/ oder *„Abwertungswettläufe, Handelskriege, Protektionismus, Renationalisierung, Deflation“* (Herzog). – Im Mai 1996 nahm sich Rudolf Augstein die Freiheit, diese apokalyptisch überhöhten Untertöne als *„Dumm Tüch aus Bonn“* zu bezeichnen.

Koalitionen gegen Deutschland?

Doch die politische Klasse redete mit gespaltener Zunge. Quer durch alle Parteien geriet in Vergessenheit, daß dem Maastrichter Vertrag anläßlich seiner Ratifizierung alle deutschen Parteien zugestimmt hatten.

Zweideutige Signale

Zur selben Zeit, zu der Altbundeskanzler Helmut Schmidt (SPD) seine Attacke gegen die Bundesbank und ihren Präsidenten Tietmeyer wiederholte (*„mächtigster Gegner des Euro in Deutschland“*), machten SPD-Politiker im Landtagswahlkampf März 1996 mit dem Slogan *„Euro verschieben“* offen Front gegen die neue Währung.

Negierter Ermessensspielraum

Nicht anders im Regierungslager: Wann immer aus den Reihen der größten Regierungspartei ein Bekenntnis zum Euro abgelegt wird, wird es vor allem im Lager der im Süden angesiedelten Schwesterpartei, in deren Reihen das Wort *„Esperantogeld“* erfunden wurde, umgehend relativiert, dementiert oder mit Bedingungen versehen. Daß der Maastrichter Vertrag einen gewissen – auch von den Deutschen unterschriebenen – Interpretationsspielraum aufweist, der keineswegs gleichbedeutend ist mit einem Freibrief zur Herstellung südamerikanischer Verhältnisse, wird gerade in Bayern hartnäckig negiert.

Bundesbank: Nicht unser Vertrag

Die Bundesbank machte zu keinem Zeitpunkt einen Hehl daraus, daß sie vom Vertragswerk nicht eben begeistert ist. In ihrem Geschäftsbericht 1994 hielt sie es für *„problematisch“*, daß der Maastrichter Vertrag und die dazugehörenden Protokolle *„erhebliche Unschärfen“* aufwiesen. Um so wichtiger sei es,

Steckbriefe zu Wirtschaft und Währung (3):

Die Mitgliedsländer der Europäischen Union

Niederlande
Einwohner: 16 Millionen, *Fläche:* 41 863 qkm,
Währung: 1 Holländischer Gulden (hfl) = 100 cent = DM 0,89, (Währungsbezeichnung nach ISO-Code: NLG),
BIP/Kopf (1 000 DM): 35,7, *Wachstum 95: 2,7 %, Inflation 95:* 1,9 %,
Arbeitslosenrate 95: 6,9 %,
EWS-Mitglied: seit 1979, *EWS-Bandbreite bis/**nach 1992:*** ± 2,25 %; **± 15 %,** (bilateral gegenüber DM ± 2,25 %), *ECU-Gewicht:* 10,4 %,
Stimmen im Europa-Rat: 5, *Unabhängigkeit der Zentralbank:* ja

Österreich
Einwohner: 8,1 Millionen, *Fläche:* 83 855 qkm,
Währung: 1 Schilling (ÖS) = 100 Groschen = DM 0,142, (Währungsbezeichnung nach ISO-Code: ATS),
BIP/Kopf (1 000 DM): 40,1, *Wachstum 95: 2,1 %, Inflation 95:* 2,3 %,
Arbeitslosenrate 95: 4,6 %,
EU-Mitglied: seit 1995, *EWS-Bandbreite bis/nach 1992:* keine, *ECU-Gewicht:* nicht berücksichtigt,
Stimmen im Europa-Rat: 4, *Unabhängigkeit der Zentralbank:* ja

Portugal
Einwohner: 9,74 Millionen, *Fläche:* 92 380 qkm,
Währung: 1 Escudo (Esc) = DM 0,0098, (Währungsbezeichnung nach ISO-Code: PTE),
BIP/Kopf (1 000 DM): 13,3, *Wachstum 95: 2,6 %, Inflation 95:* 4,1 %,
Arbeitslosenrate 95: 7,1 %,
EWS-Mitglied: seit 1990, *EWS-Bandbreite bis/**nach 1992:*** ± 6 %; **± 15 %,** *ECU-Gewicht:* 0,7 %,
Stimmen im Europa-Rat: 5, *Unabhängigkeit der Zentralbank:* ja

Schweden
Einwohner: 9 Millionen, *Fläche:* 449 964 qkm,
Währung: 1 Schwedische Krone = 100 øre = DM 0,228, (Währungsbezeichnung nach ISO-Code: SEK),
BIP/Kopf (1 000 DM): 37,2, *Wachstum 95: 3,6 %, Inflation 95:* 2,9 %,
Arbeitslosenrate 95: 8,3 %,
EU-Mitglied: seit 1995, *EWS-Bandbreite bis/nach 1992:* keine, *ECU-Gewicht:* nicht berücksichtigt,
Stimmen im Europa-Rat: 4, *Unabhängigkeit der Zentralbank:* ja

Spanien
Einwohner: 39,9 Millionen, *Fläche:* 504 783 qkm,
Währung: 1 Peseta (Pta) = DM 0,018, (Währungsbezeichnung nach ISO-Code: ESP),
BIP/Kopf (1 000 DM): 21,1, *Wachstum 95: 3,0 %, Inflation 95:* 4,7 %,
Arbeitslosenrate 95: 23,5 %,
EWS-Mitglied: seit 1990, *EWS-Bandbreite bis/**nach 1992:*** ± 6 %; **± 15 %,** *ECU-Gewicht:* 4,3 %,
Stimmen im Europa-Rat: 8, *Unabhängigkeit der Zentralbank:* ja

„Erhebliche Unschärfen"

jeder *„Aufweichung der Zugangsvoraussetzungen energisch entgegenzutreten"*. Direktoriumsmitglied Issing verteidigte sich gegen den Sabotage-Vorwurf, er habe den Eindruck, die Bundesbank sei eine der wenigen Institutionen, *„die den Maastrichter Vertrag, so wie er ratifiziert wurde, wirklich ernstnimmt"*. Wenn sie auf Stabilität poche, baue sie keine zusätzlichen Hürden auf: *„Die Maastricht-Kriterien haben nicht wir erfunden"*.

„Am Schwanz aufgezäumt?"

Wenig angetan zeigt sich die deutsche Währungshüterin auch vom Umstand, daß mit der Einführung des Euro nicht auch ein Fortschritt in Richtung politischer Union stattfindet. *„Die Währungsunion als Schrittmacher der politischen Union einsetzen zu wollen heißt das Pferd am Schwanze aufzäumen."* Doch die Notwendigkeit der gemeinsamen europäischen Währung stellt die Bundesbank nicht in Frage: Sie sei ein europäisches Vorhaben, für das es *„ gute Gründe"* gibt.[1]

Banken und Industrie: Unterschiedliche Blickwinkel

Großbanken pro Euro

Daß dagegen aus dem Lager der Wirtschaft unterschiedliche Stellungnahmen zur Einführung des gemeinsamen europäischen Geldes abgegeben werden, ist eher natürlich. Vor allem die großen Banken und die Großindustrie haben sich eindeutig für die Einführung des Euro ausgesprochen. Trotz der riesigen Beträge, die dort für die Umstellung der Währung ausgegeben werden müssen, hat man wohl ausgerechnet, daß der ungleich größere Kapitalmarkt, der Wegfall von Transaktionskosten und Wechselkursrisiken die Sache lohnend machen wird.

Eher zögerlich dagegen äußern sich die mittelständischen Unternehmen; auch sie müssen nicht unerhebliche Investitionen vornehmen, um ihre Zahlungs- und Abrechnungssysteme auf den Euro umzustellen; dagegen allerdings bestehen in vielen Fällen nur vage oder gar keine Hoffnungen, am Euro zu profitieren.

Keine Begeisterung im Mittelstand

So stieg der Anteil der Manager, die vom Euro Nachteile erwarten, innerhalb des vergangenen Jahres, und parallel dazu ging

[1] Otmar Issing, Spiegel-Interview, 3/1996

die Zahl derer zurück, die sich weder Vor- noch Nachteile von der gemeinsamen Währung erhoffen. Dieser skeptischen Haltung entsprechen die absolut verhaltenen Vorbereitungen zur Umstellung auf den Euro: In der überwältigenden Mehrzahl der Betriebe werden dazu derzeit keinerlei Anstrengungen unternommen.

Auch im Bankenbereich wird die Zustimmung zum Euro in dem Maße zögerlicher, in dem die Klientel sich aus *„kleineren Leuten“* zusammensetzt. Zwar hat man sich auch an der Spitze der Sparkassen und Genossenschaftsbanken pro Euro geäußert; doch der Zusatz *„nur, wenn er mindestens so stabil ist wie die Mark“* klingt dort lauter und dringlicher als anderswo:

Angst um die Sparer

Die Risiken einer gemeinsamen europäischen Währung stünden in keinem Verhältnis zu ihren tatsächlichen oder vermeintlichen Vorteilen; die Währungsunion würde entweder zu klein und damit sinnlos geraten, oder aber zu groß; dann jedoch wäre sie keine Stabilitätsgemeinschaft – auf diesen Nenner bringt Wolfgang Krüger, Chef der Sparerschutzgemeinschaft, eines der zentralen Argumente der Maastricht-Gegner. Auch hier wieder: Die gemeinsame Währung bedroht die deutsche Geldwertstabilität.

Kleine Währungsunion sinnlos, große Währungsunion gefährlich?

Wissenschaft: Skeptische Ratlosigkeit

Auch die Stimmen aus der Wissenschaft bieten wenig Hilfe für Orientierungssuchende. Man ist dort überwiegend skeptisch, hält sich aber mit dem Hinweis auf die Größe des Projekts und fehlende empirische Erkenntnisse alle Hintertüren offen.

Man warnt vor erheblichen Verwerfungen und der Gefahr von Strukturkrisen, zweifelt daran, ob die Teilnahmekriterien des Maastrichter Vertrags dafür ausreichen, die wirtschaftliche Reife der Teilnehmerländer festzustellen, und auch daran, ob es gelingen kann, eine gemeinsame Währung ohne gemeinsamen politischen Raum – also mit unterschiedlichen Steuer- und Sozialsystemen, unterschiedlicher Ausrichtung der regierenden Parteien, unterschiedlicher Arbeitsmarktpolitik, unterschiedlichen Verfassungen zwischen zentralistisch und förderalistisch – auf Dauer überhaupt erfolgreich installieren zu können.

Keine Erfahrungen aus der Vergangenheit

Unsereiner: Viele Fragen, wenig verläßliche Antworten

Vorteile nur zu ahnen

Und inmitten dieses dissonanten Chores steht unsereiner, dem man – anders als seinen französischen oder dänischen Kollegen – die Gelegenheit nicht gegeben hat, sich frühzeitig eine Meinung zu allen wesentlichen, vor allem auch politischen und praktischen Aspekten dieses großen Planes zu bilden.

- Uns gefällt vielleicht ganz gut, daß wir irgendwann in Italien werden Urlaub machen können, ohne zuvor Geld umzutauschen;
- wir haben vielleicht auch eine vage Ahnung davon, daß ein starkes, westlich orientiertes Europa, in das Deutschland eingebunden ist, vor dem Hintergrund der teilweise chaotischen wirtschaftlichen und politischen Verhältnisse im Umfeld der Hinterlassenschaft der UdSSR gerade für uns Deutsche Voraussetzung für zukünftigen Frieden und Wohlstand sein wird;
- und vielleicht akzeptieren wir auch die These, daß den Ländern Europas vor dem Hintergrund der rasanten weltwirtschaftlichen Verflechtungen und der immer größer werdenden Waren- und Geldpakete, die um den Globus geschoben werden, gar nichts anderes übrigbleibt, als via gemeinsamer Währung in einer gemeinsamen Sprache zu sprechen; es sei denn, die Länder Europas würden in Kauf nehmen, sukzessive in die Bedeutungslosigkeit abzugleiten.

Sinnvoll nur für „die dort oben"?

Doch selbst, wenn wir all dies wollen und also nicht mitkämpfen um die Lufthoheit über den Stammtischen, bleiben Unsicherheiten, Zweifel und Ängste. Wenn uns die Europäische Kommission vorrechnet, wieviel wir mit dem Euro bei einer Reise durch Europa sparen könnten, dann sind wir einerseits zwar beeindruckt, andererseits aber fehlt dieser Argumentation – siehe unten – die rechte Überzeugungskraft, weil a) der Musterreisende ein ziemlich realitätsferner Pappkamerad ist, womit wir b) die wirklichen Vorteile dann doch bei *„denen dort oben"* vermuten:

Die Kosten, die innerhalb der Europäischen Union für Devisengeschäfte oder die Absicherung des Währungsrisikos entstehen, werden von der Kommission mit jährlich 20–25 Milliarden ECU (38–48 Milliarden DM) beziffert. Sie rechnet vor, daß davon auch Privatpersonen betroffen seien: Wer mit 1000 DM, Pfund, Franc usw. in der Tasche alle Mitgliedsländer der EU bereise und an jeder Grenze das Geld in die jeweilige Landeswährung umtausche, der hätte am Ende der Reise gerade noch die Hälfte übrig.

Noch mehr bewegt uns: Aus dem Nichts heraus haben wir unsere DM zu einer der sichersten Währungen der Welt gemacht und ein Geldvermögen in Höhe von 4,5 Billionen DM angesammelt:

Warum Vertrautes und Bewährtes aufgeben?

- Bedeutet die Einführung eines gemeinsamen Geldes nun, daß wir – wie auch immer – mit anderen Ländern teilen müssen?
- Werden unsere Sparguthaben und Lebensversicherungen, unsere Bundesanleihen und letztlich auch unsere Löhne von einer höheren Rate der Geldentwertung ausgehöhlt werden?
- Haben wir es gar mit einer *„Währungsreform"* zu tun?

Und selbst wenn wir all dem gelassen ins Auge blicken, steht doch fest, daß wir zunächst Aufwand und Ärger haben werden, bevor uns die versprochenen Segnungen des gemeinsamen Geldes vielleicht erreichen.

Welchen Aufwand werden wir haben?

- Als Bankkunden werden wir neue Kontoauszüge erhalten, an die wir uns gewöhnen müssen;
- als Boutiquenbesitzer stehen wir vor dem Aufwand der doppelten Preisauszeichnung und der Investition in neue Registrierkassen;
- als exportorientierte Mittelständler müssen wir unsere Datenbanken und EDV-Anlagen so ummodeln, daß unsere Produkte auch auf Euro-Grundlage kalkuliert werden können und die Rechnung in Euro richtig verstanden und beglichen werden kann.

So viele Fragen – und so wenige verläßliche Antworten. Erst recht bei unseren Kapitalanlagen, bei denen wir uns überlegen,

Wie reagieren wir bei unseren Geldangelegenheiten richtig auf den Euro?

- ob wir nicht mit Blick auf die Restlaufzeiten unserer DM-Anleihen eine andere Taktik wählen sollten;
- ob wir unser Geld in die Schweiz oder in den Dollar bringen;
- ob wir einen geplanten Immobilienerwerb vorziehen und überhaupt einen größeren Schwerpunkt auf Sachwertanlagen setzen sollten;
- ob wir die Aktie A gegen die Aktie B austauschen sollten, weil die erstere zu den Euro-Verlierern und die zweite zu den Euro-Gewinnern gehören wird?

Tatsache ist – und dies wird sich wie ein roter Faden durch dieses Buch ziehen –, daß wir de facto gar nichts entscheiden können, bevor wir nicht wissen, welche Währungen den Euro bilden werden und ob es ihn überhaupt jemals geben wird.

Erforderlich: Differenzierte Analysen zum Prozeß der Euro-Einführung

Patentrezepte für eine Euro-optimierte Anlagestrategie gibt es gegenwärtig nicht. Es gibt höchst fragwürdige Anlageempfehlungen, die fast durchgängig auf dem Panik-Szenario „Inflation“ gründen und die sich mit großer Wahrscheinlichkeit allesamt als falsch und obendrein teuer herausstellen werden; gefordert dagegen sind differenzierte, gleichwohl aber verständliche Darstellungen, die Sie in die Lage versetzen, den komplexen Prozeß der Währungsumstellung in seinen einzelnen Phasen und mit seinen vielen Unwägbarkeiten richtig zu verstehen.

Auch andere wichtige Entscheidungen – so das Zusammenwirken des Euro mit den europäischenWährungen, die zunächst nicht teilnehmen werden – stehen noch aus. Doch wenn die Beschlüsse fallen, mit denen das Währungsprojekt Stück für Stück konkretisiert werden wird, ist es wichtig, deren Bedeutung und ihre Auswirkungen auf die verschiedenen Bereiche von Geld- und Kapitalanlagen zu verstehen.

2 Zeitplan und praktische Konsequenzen bei der Euro-Einführung

Ziel der Euro-Konstrukteure ist es, spätestens bis zum 1. Juli 2002 Euro und Cent in allen Teilnehmerländern in Umlauf gebracht und als alleiniges gesetzliches Zahlungsmittel installiert zu haben.

Damit ist, nach der Diktion der Europäischen Kommission, *„Phase C der dritten Stufe der Europäischen Währungsunion"* vollendet. Mit dem Start der ersten Stufe wurde schon 1990 begonnen.

2.1 Die erste Stufe

Einheitlicher Binnen- und Kapitalmarkt

Die erste Stufe wurde am 1. Juli 1990 gezündet. Ihr Ziel war es im wesentlichen, im Waren- und Dienstleistungsverkehr einen einheitlichen Binnenmarkt zu schaffen und die vielfältigen Beschränkungen des Kapitalverkehrs zu beseitigen.

2.2 Die zweite Stufe

Die zweite Stufe, in der wir uns gegenwärtig befinden, ist als Vorbereitungsphase der europäischen Volkswirtschaften für das gemeinsame Währungsprojekt definiert. Über verstärkte Koordinierung und Überwachung der Wirtschaftspolitik sollen die Konvergenz zwischen den Mitgliedstaaten beschleunigt und die rechtlichen und organisatorischen Grundlagen für die dritte Stufe hergestellt werden:

Europäisches Währungs-institut

Gegründet wurde hierzu – als Vorläuferin der Europäischen Zentralbank – das Europäische Währungsinstitut (EWI) mit Sitz in Frankfurt, das die Geld- und Währungspolitik europaweit koordinieren soll, wobei die Herstellung von Preisstabilität oberstes Gebot ist. Das EWI kann den nationalen Regierungen Empfehlungen geben, die aber unverbindlich bleiben. Es muß zu allen Rechtsakten der EU und ihrer Nationalstaaten gehört werden, soweit sie geld- oder währungspolitisch relevant sind. Ebenfalls in den Tätigkeitsbereich des EWI fallen die technisch-organisatorischen Vorbereitungen und die Herstellung der neuen Münzen und Banknoten.

Unabhängigkeit der Zentralbanken

Ebenfalls mit der zweiten Stufe traten Regelungen in Kraft, die das Ziel haben, die Unabhängigkeit der einzelnen Zentralbanken von den Regierungen der jeweiligen Mitgliedstaaten herzustellen. Darunter fällt – wohl als wichtigster Punkt – das Verbot staatlicher Kreditaufnahme bei den Notenbanken; staatliche Altschulden bei den Notenbanken müssen mit einer Endfälligkeit versehen werden.

Gegenseitiger Haftungsausschluß

In ähnliche Richtung – nämlich das Schuldenmachen einzudämmen – geht der Haftungsausschluß der Gemeinschaft gegenüber Verbindlichkeiten einzelner Mitgliedsländer.

Festgeschriebene ECU-Gewichte

Schließlich wurden die Gewichte der europäischen Währungen im Währungskorb des ECU unwiderruflich festgeschrieben; sie werden zukünftig nicht mehr periodisch überprüft und – entsprechend der Wirtschaftskraft der einzelnen Staaten – angepaßt.

2.3 Die dritte Stufe

In der dritten Stufe wird die Einführung des neuen Geldes vorbereitet und vollzogen.

Konvergenzprüfung

Für den Zeitpunkt des Beginns der dritten Stufe sieht der EU-Vertrag in Artikel 109(j) zunächst vor, daß die Europäische Kommission und das Europäische Währungsinstitut (EWI) dem Europäischen Rat berichten, ob die Mitgliedsländer die Eintrittskriterien für die neue Währung erfüllt haben und ob eine Mehrheit der Mitgliedstaaten die notwendigen Voraussetzungen für die Einführung einer einheitlichen Währung erfüllt.

Da das in Artikel 109 (3 und 4) festgelegte weitere Verfahren immer wieder als eine im Vertrag – absichtlich oder versehentlich – offengelassene Hintertür für ein Ausstiegsszenario gehandelt wird, seien diese Vertragstexte im Wortlaut zitiert:

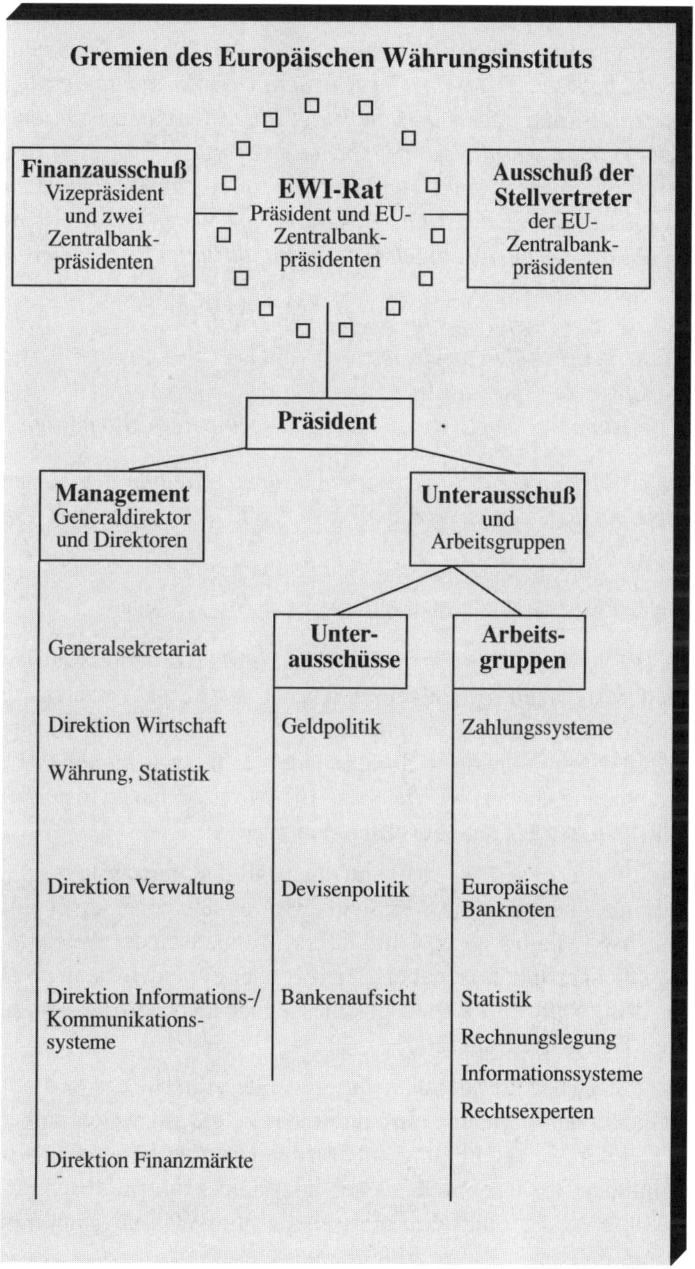
Gremien des Europäischen Währungsinstituts
Finanzausschuß
Vizepräsident und zwei Zentralbank-präsidenten
EWI-Rat
Präsident und EU-Zentralbank-präsidenten
Ausschuß der Stellvertreter
der EU-Zentralbank-präsidenten
Präsident
Management
Generaldirektor und Direktoren
Unterausschuß
und Arbeitsgruppen
Unter-ausschüsse
Arbeits-gruppen
Generalsekretariat
Direktion Wirtschaft
Währung, Statistik
Direktion Verwaltung
Direktion Informations-/ Kommunikations-systeme
Direktion Finanzmärkte
Geldpolitik
Devisenpolitik
Bankenaufsicht
Zahlungssysteme
Europäische Banknoten
Statistik
Rechnungslegung
Informationssysteme
Rechtsexperten

„(3) Unter gebührender Berücksichtigung der Berichte nach Absatz 1 sowie der Stellungnahme des Europäischen Parlamentes nach Absatz 2 verfährt der Rat, der in der Zusammensetzung der Staats- und Regierungschefs tagt, spätestens am 31. Dezember 1996 mit qualifizierter Mehrheit wie folgt:

- *er entscheidet auf Grundlage der in Absatz 2 genannten Empfehlungen des Rates, ob eine Mehrheit der Mitgliedstaaten die Voraussetzungen für die Einführung einer einheitlichen Währung erfüllt;*
- *er entscheidet, ob es für die Gemeinschaft zweckmäßig ist, in die dritte Stufe einzutreten;*
  sofern dies der Fall ist
- *bestimmt er den Zeitpunkt für den Beginn der dritten Stufe.*

(4) Ist bis Ende 1997 der Zeitpunkt für den Beginn der dritten Stufe nicht festgelegt worden, so beginnt die dritte Stufe am 1. Januar 1999 ...“

Diese Passagen kann man auf zweierlei Weisen lesen:

Start zwingend 1999 ...

Lesart 1: Wenn der Europäische Rat am 31. Dezember 1996 nicht festgestellt hat, daß eine Mehrheit der Mitgliedstaaten die Kriterien für die Teilnahme an der gemeinsamen Währung erfüllt, beginnt die dritte Stufe in jedem Fall am 1. Januar 1999, unabhängig davon, wieviele der EU-Mitgliedsländer die Eintrittskriterien bis dahin erfüllt haben werden.

... oder Hintertür für Verschiebung?

Die zweite Lesart weist darauf hin, daß der Vertragstext dem Europäischen Rat die Möglichkeit offenläßt, zwar einerseits festzustellen, daß eine Mehrheit der Mitgliedsländer die Kriterien nicht erfüllt hat, er aber gleichwohl entscheiden kann, ob in die dritte Stufe einzutreten ist – dies jedoch nicht sofort, sondern zum Beispiel im Jahr 2001.

Da die zweite Lesart nicht die gewollte Absicht der vertragschließenden Parteien sein kann (aber zeigt, mit welch heißer Nadel der Vertrag in einigen Passagen gestrickt ist), gehen wir zumindest an dieser Stelle davon aus, daß der Eintritt in die dritte Stufe der Europäischen Wirtschafts- und Währungsunion in jedem Fall am 1. Januar 1999 beginnt.

Die dritte Stufe wird von den Währungskonstrukteuren in Phase A, B und C unterteilt. Zeitlich allerdings beginnt Phase A nicht erst am 1. Januar 1999, sondern bereits im Jahr 1998.

2.3.1 Phase A: Frühjahr 1998 bis 31. Dezember 1998

Festlegung des Teilnehmerkreises

Phase A beginnt mit der Festlegung der Teilnehmerländer an der neuen Währung, die nach dem Willen des EU-Gipfels von Madrid vom 15./16. Dezember 1995 möglichst früh im Jahr 1998 erfolgen wird. Grundlage bei der Festlegung der Teilnehmerländer wird eine Überprüfung der Konvergenzkriterien anhand von Ist-Werten (also keine Schätzungen) in dem durch den Maastrichter Vertrag festgelegten Spielraum sein.

Während der Phase A werden DM, Francs usw. als eigenständige Währungen erhalten bleiben und können weiterhin untereinander schwanken.

Aufbau der Europäischen Zentralbank

Unmittelbar nach Festlegung des Teilnehmerkreises wird mit der Errichtung der Europäischen Zentralbank (EZB) und des Systems der Europäischen Zentralbanken (ESZB) begonnen, der operative Rahmen der europäischen Geldpolitik wird festgelegt, und die Herstellung der neuen Noten und Münzen wird veranlaßt.

2.3.2 Phase B: 1. Januar 1999 bis 31. Dezember 2001

Fixierung der Wechselkurse

Ihr Beginn am 1. Januar 1999 ist die eigentliche Geburtsstunde der neuen Währung: Unwiderruflich werden die Wechselkurse der Teilnahmewährungen untereinander festgelegt. Die bisherigen nationalen Banknoten und Münzen bleiben als legale Zahlungsmittel erhalten, sind aber – da sie eigenständig nicht mehr gehandelt werden – *„klinisch tot“*.

Euro-Noten und -Münzen werden während der Phase B noch nicht ausgegeben sein. Unternehmen und Privatpersonen können jedoch den Euro als Buchgeld benutzen.

„Markt-gesteuerter Übergang"

In dieser Phase kann niemand zur Verwendung des Euro gezwungen werden, allerdings kann auch niemandem die Verwendung des Euro im Buchgeldbereich untersagt werden. Vielmehr soll – Stichwort: *„marktgesteuerter Übergang"* – seine Verwendung im Buchgeldsektor zwischen den Marktteilnehmern vereinbart werden können.

Darüber hinaus zeichnet sich Phase B durch folgende „essentials" aus:

Zentral-bank-Operationen in Euro

- Mit Beginn der Wechselkursfixierung wird die gesamte geldpolitische Verantwortung der Teilnehmerländer an die Europäische Zentralbank abgegeben.
- Das System der Europäischen Zentralbanken wird sämtliche Geld- und Devisenmarkt-Transaktionen in Euro durchführen.
- An die Stelle der von den Devisenmärkten verschwundenen nationalen Währungen wird der Euro treten.

Neu-emissionen in Euro

- Neuemissionen, besonders mit Fälligkeit nach 2002, werden zunehmend in Euro begeben werden.

Die Phase B wird maximal drei Jahre dauern, also spätestens am 31. Dezember 2001 enden.

2.3.3 Phase C: 1. Januar 2002 bis 30. Juni 2002

Phase C beginnt mit der Einführung der Euro-Noten und -Münzen spätestens am 1. Januar 2002.

Euro-Einführung abgeschlossen

Längstens sechs Monate lang werden sowohl der Euro als auch die nationalen Währungen als gesetzliche Zahlungsmittel nebeneinander existieren. Bis spätestens 30. Juni 2002 soll der Euro alleiniges gesetzliches Zahlungsmittel sein; noch vorhandene Bargeldbestände in alten Währungen werden von den Banken auch später in Euro umgetauscht.

2.4 Die Umstellungsphasen in der Praxis

Auf welche Weise wird der Euro während der maximal dreieinhalbjährigen Umstellungsphase in der Praxis eingesetzt werden können? Wie wird mit Schuldner- und Gläubigerverhältnissen verfahren (Lebensversicherungen, Kreditverträge), die noch unter dem Regime der DM eingegangen wurden, jedoch erst nach Ende der Phase C auslaufen?

2.4.1 Der Euro im privaten Zahlungsverkehr

Wer immer dies will, kann – auch als Privatperson – ab dem 2. Januar 1999 ein Konto in Euro unterhalten. Zunächst wird der Bürger allerdings wenige Vorteile daraus ziehen können. Da das neue Geld in Münzen und Noten noch nicht existiert, wird er von seinem *„Euro-Konto"* nicht eben mal 1000 Euro abheben können, um für einen Einkaufsbummel in Paris liquide zu sein.

Konten in Euro

Auch hinsichtlich der Verzinsung eines solchen Kontos werden keine Vorteile entstehen, denn – anders als bei heutigen Fremdwährungskonten – handelt es sich bei DM und Euro nicht mehr um zwei verschiedene Währungen, sondern um ein und dieselbe Währung; zwar in unterschiedlichem Gewand, aber mit identischen Zinssätzen.

Mit Fortdauer der Phase B wird ein solches Euro-Konto voraussichtlich flexibler einsetzbar sein. Denn es ist damit zu rechnen, daß auch im privaten Bereich der Euro zunehmend als Buchgeld akzeptiert werden wird: Restaurants und Boutiquen, Tankstellen und Reiseveranstalter, sie alle werden sicherlich nicht erst ab dem Jahr 2002 mit der doppelten Preisauszeichnung beginnen, sondern ihren Kunden dies schon Ende der Phase B verstärkt anbieten und im Buchgeldbereich den Euro als Zahlungsmittel akzeptieren.

Doppelte Preisauszeichnungen

Die Bankwirtschaft hat sich verpflichtet, sogenannte *„Konvertoren"* bereitzustellen, die es auf unkomplizierte Weise ermöglichen, den Euro auch im privaten Buchgeldbereich zu verwen-

Erleichterung durch „Konvertoren"

den. Wie dies im einzelnen gehandhabt werden soll, steht noch nicht fest. Voraussichtlich wird es darauf hinauslaufen, daß von ein- und demselben Konto sowohl Euro- als auch DM-Transaktionen vorgenommen werden können.

> Auf Euro lautende Schecks und Kreditkarten werden voraussichtlich in der Phase B zunehmend Verbreitung finden, und mit ihnen Euro-Konten, von denen aus die Schecks und die Kreditkartenrechnungen beglichen werden können.

Löhne und Gehälter

Da während der Phase B niemand zur Akzeptanz des Euro gezwungen werden kann und darüber hinaus die Verwendung des Euro zumindest am Beginn der Phase B auch wenig Sinn ergibt, werden Löhne und Gehälter in aller Regel bis zum Ende der Phase B in DM bzw. in der jeweiligen nationalen Euro-Ausdrucksform ausbezahlt werden.

> In Phase C wird es für maximal sechs Monate eine *„Doppelherrschaft"* geben, weil bis längstens 30. Juni 2002 sowohl der Euro als auch seine bisherigen nationalen Symbole als gesetzliche Zahlungsmittel gelten. Das heißt: Auch im Bargeldbereich werden DM und Euro für eine – wenn auch kurze – Zeit im Prinzip gleichberechtigt Verwendung finden können.

Gefahr von Wettbewerbsnachteilen

Vor allem im Einzelhandel und im Bereich der automatischen Bezahlung werden Übergangslösungen – etwa Registrierkassen, die eine Einbuchung und Verwahrung sowohl von Euro als auch von DM ermöglichen – erforderlich sein, wenn die Umstellung auf das neue Geld nicht mit Wettbewerbsnachteilen verbunden sein soll. Vor allem am Beginn der Phase C werden Konsumenten noch beide Währungen mit sich herumtragen müssen, um stets liquide zu sein.

Kreditkartenboom

Kreditkartenunternehmen werden die Phase C nutzen, um ihre Zahlungssysteme anzupassen und auszubauen: Das lästige

Zeitplan der Euro-Einführung

	1994	1995	1996	1997	1998	1999	2000	2001	2002
EU-Präsidium		Italien, Irland	Niederlande, Luxemb.	England, Österreich	Deutschland, Finnland				
Nationale Wahlen				Irland, England	Frankreich, Dänemark, Deutschland, Schweden	Belgien, Italien			
Euro-Zeitplan	**Zweite Stufe**					**Dritte Stufe**			
	Maastricht II				*Phase A*	*Phase B*			*Phase C*
	Gründung des Europäischen Währungsinstituts Herstellung der Unabhängigkeit der Zentralbanken Förderung und Prüfung der Konvergenz Vorbereitung der neuen Noten und Münzen				Festlegung der Teilnehmer Errichtung der Europäischen Zentralbank (EZB) Schaffung von Rechtsrahmen Beginn der Euro-Produktion Umstellungen im Bankenbereich	Beginn der Währungsunion Marktgesteuerte Buchgeldumstellung Fixierung der Wechselkurse Geld- und Wechselkurspolitik durch EZB in Euro Staatliche Neuemissionen in Euro Bereitstellung von Konvertoren Die weitere Buchgeldumstellung bleibt während Phase B den Marktteilnehmern überlassen; niemand darf zur Verwendung des Euro gezwungen werden			Einführung der Euro Münzen und Noten bis spätestens 30. 6. 2002. Umstellung bei privaten Haushalten und Unternehmen

Handling zweier Währungen kann dann entfallen, wenn etwa das Straßenbahnticket durch Einführung der *„Combi-Card"* ebenso bezahlt werden kann wie die Packung der bevorzugten Zigarettenmarke am Automaten. Der bargeldlose Zahlungsverkehr wird auf diese Weise durch die Euro-Einführung in ganz neue Dimensionen vorstoßen.

2.4.2 Der Euro im Bereich der Geldanlage

Im Anlagebereich sollen bereits ab Beginn der Phase B – also ab 1. Januar 1999 – börsennotierte Neuemissionen der öffentlichen Hand auf Euro lauten, besonders dann, wenn sie nach Beginn der Phase C fällig werden. Zu erwarten ist, daß auch nichtöffentliche Emittenten solche Anleihen bald in Euro begeben.

Gespaltene Anleihe-märkte?

Wenngleich der Erwerb und die Verwahrung von Euro-Anleihen durch die *„Konvertoren"* auch für Privatpersonen unkompliziert ermöglicht werden soll, wird zumindest anfänglich die Gefahr *„gespaltener Märkte"* zu beachten sein: Für institutionelle Anleger wird die Euro-Verwendung sehr schnell selbstverständlich sein, so daß sie auf Marktentwicklungen schneller reagieren können. Der Handel mit in Euro emittierten Anleihen könnte sich vom Handel mit DM-Anleihen abkoppeln.

Umstellung von Verträgen

Welche Regelungen sind vorgesehen für Verträge, die vor der Währungsumstellung geschlossen und nach ihr auslaufen werden?

- Was geschieht etwa mit einem Lebensversicherungsvertrag, der 1995 – natürlich noch in DM – über 20 Jahre abgeschlossen wurde, bei dem die monatliche Prämie 250 DM beträgt und die garantierte Ablaufleistung 80 000 DM?
- Was passiert mit einer 1993 erworbenen und im Jahr 2003 fälligen DM-Anleihe mit einem Kupon von 8 Prozent?

Löhne, Gehälter und Rentenansprüche, Zinsen und Tilgung von Krediten, Mieten und Unterhaltsansprüche, Sparguthaben, mittelfristige Sparverträge und Krankenversicherungen – alle denkbaren Arten von Ansprüchen und Zahlungsverpflichtungen werden spätestens ab dem 30. Juni 2002 nicht mehr in DM, sondern in Euro zu bedienen sein.

Fortdauer der Vertragsbestimmungen

Grundsätzlich wird dabei gelten, daß solche Verträge auch in der Phase C fortdauern werden, also nicht neu ausgehandelt werden müssen. Eine Kündigungsmöglichkeit wegen „*Wegfalls der Geschäftsgrundlage*" aufgrund der Währungsumstellung wird es nicht geben. Die Europäische Kommission schlägt vor – um alle Eventualitäten auszuschalten –, daß per nationaler Gesetze festgelegt wird, daß die Bezugnahme auf eine Landeswährung nach Beginn der Phase C als Bezugnahme auf die neue Währung verstanden werden muß. Dabei ändern sich die Vertragsbedingungen nicht, und für die Umrechnung von Landeswährung in die neue Währung müssen zwingend die zu Beginn der Phase B festgelegten Wechselkurse angewendet werden.

Dies bedeutet, daß bis zum Ende der Phase B weiterhin sämtliche Zahlungen in DM erfolgen: Die monatliche Prämie der Lebensversicherung würde bis einschließlich 31. Dezember 2001 als 250 DM eingezogen, die Kupons der Anleihe als 8 DM ausbezahlt werden.

Rein rechnerische Umstellung

Die spätestens am 1. Juli 2002 erfolgende Umstellung ist eine rein rechnerische, die unter Zugrundelegung des Wechselkurses zwischen DM und Euro erfolgt. Würde als Wechselkurs zwischen Euro und DM die Relation von 1,85 DM je Euro festgelegt, dann gilt:

Beispiele

Ab Phase C würde die monatliche Prämie der Lebensversicherung 135,14 Euro betragen (= 250:1,85); die garantierte Ablaufleistung würde als 43 243,24 Euro (= 80 000:1,85) ausbezahlt werden.
Vergleichbar würden ab Phase C die Kupons als 4,32 Euro ausbezahlt und die Tilgung als 54,05 Euro erfolgen.

„Krumme" Nennwerte

Aller Voraussicht nach werden wir es ab Beginn der Phase C im Jahr 2002 – zumindest zunächst – neben den schon in Euro zum Nennwert von 100 begebenen Anleihen noch mit *„alten"* DM-Anleihen zu tun haben, bei denen die Währungsumstellung zu einem *„krummen"* Nennwert führt. Eine Reduktion der einzelnen Stücke in den Depots bei gleichzeitiger Heraufsetzung der Nennwerte im Verhältnis des Wechselkurses DM/Euro wird voraussichtlich das Problem lösen, daß wir bei der Bewertung des Kurses einer Anleihe zunächst berücksichtigen müssen, ob es sich um eine *„alte"* oder eine *„neue"* Anleihe handelt.

Wie auch immer: Die Deutschen hätten überall nominal „weniger", was im Einzelfall vielleicht einen negativen psychologischen Effekt haben könnte. Der wäre jedoch unbegründet, denn der Umrechnungsvorgang allein wird an der Kaufkraft nichts ändern.

Keine Währungsreform!

> An diesem Beispiel wird deutlich, daß es sich bei der Einführung des Euro nicht um eine „Währungsreform" handelt; die Währungsumstellung ist eine rein rechnerische Umstellung sämtlicher nominaler Vermögens- und Schuldpositionen, also aller Schuldner- und Gläubigerverhältnisse im selben Maßstab.

2.5 Wie werden die Umrechnungskurse ermittelt?

Maßgebliche ECU-Kurse

Die Bestimmungen, die der Maastrichter Vertrag hierzu in Artikel 1091 vorsieht, bedeuten, daß bei der Festlegung der Paritäten der einzelnen Währungen gegenüber dem Euro am 1. Januar 1999 die Paritäten der jeweiligen Währungen zum ECU im Verhältnis 1:1 zu übernehmen sind. Würde der Euro also zur Jahresmitte 1996 eingeführt werden, dann wäre eine Parität von rund 1,87 DM je Euro zu erwarten.

Dieses Verfahren klingt einfach und plausibel – genau besehen ist jedoch die Festsetzung der Wechselkurse der teilnehmenden Länder gegenüber dem Euro und damit auch unwiderruflich bilateral zwischen den Teilnehmerländern eine der heikelsten Phasen des Planes:

Wie entsteht die Parität einer Währung – zum Beispiel der Wechselkurs der DM – gegenüber dem ECU?

Der ECU ist keine eigenständig gehandelte Währung. Sein täglicher Kurs gegenüber den nationalen Währungen wird vielmehr rechnerisch ermittelt. Dabei werden die täglichen Paritäten, die sich auf den Devisenmärkten herausbilden, auf feste Beträge angewendet, mit denen die EU-Währungen im ECU-Korb vertreten sind.

Der französische Franc zum Beispiel trägt mit 1,332 Franc zur Wertbildung des ECU bei. Bei einem Kurs des Franc gegenüber der DM von 29,50 DM/100 Franc hat er einen „Anteil" von 39,29 Pfennig am Tageskurs des ECU gegenüber der DM.

Vergleichbar werden die Anteile der anderen Währungen bei der Paritätsfestsetzung DM/ECU ermittelt. Dabei gelten folgende absoluten Währungsbeträge, die – gemessen an den Paritäten der Landeswährungen gegenüber der DM – per Ende 1995 zu folgendem prozentualen Gewicht im ECU-Korb führten:

Wie die EU-Währungen zur ECU-Kursbildung beitragen

Währung	**absoluter Betrag**	**Anteil an ECU-Kursbildung**
DM	0,6242	33,2 %
Pfund Sterling	0,08784	10,3 %
Franz. Franc	1,332	20,7 %
Lira	151,8	7,3 %
Gulden	0,2198	10,4 %
Belg. Franc	3,31	8,5 %
Lux. Franc	0,130	0,3 %
Dän. Krone	0,1976	2,7 %
Ir. Pfund	0,008552	1,0 %
Drachme	1,440	0,5 %
Peseta	6,885	4,3 %
Escudo	1,393	0,7 %

Bitte beachten Sie: Schwächeanfälle einzelner Währungen bewirken in dieser Systematik zwingend, daß auch der ECU gegenüber der DM aufwertet. Die Übernahme der ECU-Parität auf den Euro im Verhältnis 1:1 bedeutet nicht, daß damit auch die gegenwärtige ECU-Parität gegenüber der DM erhalten bleibt. Auch bei der ECU-Verwendung gibt es noch Währungsrisiken!

Eine der heikelsten Phasen

Zwischen der Festlegung der Teilnehmerländer und der Fixierung der Wechselkurse liegt ein Zeitraum von fast einem Jahr. Zeit genug also für die internationale Spekulation, bestimmte Paritäten erzwingen zu wollen, Zeit genug auch für Operationen einzelner Notenbanken, durch ein Währungsdumping die Parität der eigenen Währung möglichst nach unten zu treiben, um durch einen tiefen Wechselkurs gegenüber dem Euro und den anderen Währungen Wettbewerbsvorteile für ihre Volkswirtschaften herauszuschlagen.

> Es ist deswegen höchst unwahrscheinlich, daß für die Festlegung der Wechselkurse untereinander und gegenüber dem Euro jene Paritäten genommen werden, die die jeweiligen Währungen zum 31. Dezember 1998 auf den Märkten erreicht haben werden. Ein solches Verfahren würde Spekulationen und Manipulationen Tür und Tor öffnen.

Durchschnittsverfahren

Vielmehr ist damit zu rechnen, daß sich die Europäische Kommission bzw. der Europäische Rat auf eine Art Durchschnittsverfahren einigen wird, welches die Paritätsentwicklungen mindestens ab dem Zeitpunkt der Festlegung des Teilnehmerkreises berücksichtigt.

Im Bankenbericht 1996 schlägt der Bundesverband Deutscher Banken ein solches Verfahren vor,

Vorschlag des Bankenverbandes

„... bei dem die endgültigen Umtauschkurse dem mittelfristigen Durchschnitt der Wechselkurse entsprechen, wie sie sich innerhalb eines bestimmten, nicht zu kurzen Zeitraumes bis zum Beginn der Dritten Stufe am Markt ergeben haben. Die Methode der Kursfeststellung müßte spätestens ab dem Zeitpunkt, ab dem die täglichen Devisenkurse in die Durchschnittsberechnung einbezogen werden, bekannt gegeben werden, damit sich die Marktteilnehmer hierauf einstellen können. Der Marktpreis am letzten Tag vor dem Eintritt in die Währungsunion wird dann dem so ermittelten Durchschnittskurs entsprechen. Damit würde auch in der Phase zwischen der Entscheidung über die Zusam-

mensetzung der Währungsunion und der endgültigen Fixierung der Wechselkurse für eine vergleichsweise ruhige Entwicklung an den Devisenmärkten gesorgt."

2.6 Das neue Geld

Wie es genau aussehen wird, steht noch nicht fest; die Entscheidung wird vermutlich fallen zwischen einem für alle Länder einheitlichen Erscheinungsbild und Banknoten bzw. Münzen, die eine einheitliche Seite haben und eine, auf der ein Symbol des jeweiligen Nationalstaates angebracht ist.

2.6.1 Die Stückelung von Münzen und Noten

Dagegen hat man sich bereits auf die Stückelung geeinigt:

- Euro-Münzen soll es geben bis zu einem Wert von zwei Euro, das entspräche, beim Stand des ECU per Jahresmitte 1996, einem Wert von etwa 3,70 DM. Ein Cent entspräche somit 3,7 Pfennigen.
- Banknoten sollen auf sieben Beträge zwischen fünf bis 500 Währungseinheiten (etwa 8 DM bis 800 DM) gestückelt werden.

Von 3,7 Pfennigen …

… bis 800 DM

2.6.2 Dimensionen und Kosten des Austauschs

Zehnmal um den Äquator

Die Dimensionen des Austauschs sind gigantisch. Je nach Teilnehmerkreis werden 12 bis 18 Milliarden Banknoten und 250 bis 400 Milliarden einzelner Münzen auszuwechseln sein. Allein in Deutschland waren Ende 1995 rund sechs Milliarden Banknoten und etwa 47 Milliarden einzelner Münzen im Umlauf. Aneinandergereiht an ein Band, könnte mit den DM-Noten die Erde am Äquator zehnmal umwickelt oder leicht die Entfernung zwischen Erde und Mond überbrückt werden.

Mindestens fünf Milliarden DM Herstellungskosten

Ähnlich gigantisch sind die Kosten, die durch die Währungsumstellung verursacht werden. Rund eine Milliarde DM würden Druck und Prägung für die Bereitstellung des Ersatzes für das deutsche Geld kosten; europaweit sind somit auch bei einem anfänglich kleinen Teilnehmerkreis Druck- und Prägekosten von fünf Milliarden DM schnell erreicht.

Doch selbst dieser Betrag macht nur einen Bruchteil der gesamten Einführungskosten aus. Bis alle Softwareprogramme neu programmiert und alle Preisschilder neu gedruckt sind, bis alle Automaten umgestellt, alle Registrierkassen angepaßt und alle Verträge aktualisiert und neu gedruckt sind, wird ein Vielfaches der reinen Herstellungskosten durch die Privatwirtschaft investiert sein müssen.

Umstellungsaufwand in Banken und Industrie

Die Großbanken zum Beispiel rechnen, daß die Umstellung jedes Institut etwa 200 Millionen DM kosten wird, die Volksbanken setzen gar Umstellungskosten von rund zwei Milliarden DM an. Geschätzt wird bankenintern – und das dürfte auch der Rahmen für den Nicht-Banken-Sektor sein –, daß rund 60 Prozent des gesamten Aufwands auf die Datenverarbeitung entfallen.

Rationalisierungspotential der Euro-Einführung

In einem internen Organisationspapier einer der Großbanken wird die Höhe der Investitionen allerdings relativiert: Zum einen enthielten sie einen hohen Anteil an Aufwendungen, die ohne das EWU-Projekt für andere Vorhaben eingesetzt würden, zum anderen bergen die erforderlichen Investitionen auch ein beträchtliches Rationalisierungspotential.

2.6.3 Inflationäre Gefahren durch „Aufrundungen“?

Problem Preiskalkulation

Ein anderes, eher subtiles Problem der Umstellung auf die neue Währung: Preise werden häufig aus optischen Gründen und aus Zweckmäßigkeiten heraus festgesetzt. Ein Buchpreis von 29,80 DM signalisiert – da unter 30 DM liegend – Erschwinglichkeit; ein Einzelfahrschein für die Straßenbahn kostet 3 DM, obwohl er bei exakter betriebswirtschaftlicher Kalkulation 2,94 DM oder 3,07 DM kosten müßte. Genau umgerechnet, würde der Buchpreis 16,11 Euro betragen und gar nichts mehr signalisieren; der Preis für den Fahrschein mit 1,67 Euro wäre höchst umständlich zu praktizieren.

Gleichen sich Auf- und Abrundungen aus?

Die Preise vieler Waren und Dienstleistungen wären also neu zu kalkulieren, und die Verlockung wird vielfach vorhanden sein, eher auf- als abzurunden. Einige Euro-Gegner leiten daraus einen (zusätzlichen?) inflationären Effekt durch die Euro-Einführung ab. Die Europäische Kommission sieht diese Gefahr nicht und meint pragmatisch, unterm Strich würden sich die Auf- und Abrundungen ausgleichen.

Kann sein, kann aber auch nicht sein – in jedem Fall ist es einer jener zahlreichen Effekte der Euro-Einführung, der unter der Rubrik „*Unwägbarkeiten*" zu verbuchen ist.

3 Die Konvergenzkriterien – Wer soll teilnehmen dürfen?

Unterschiedliche Verfassungen der europäischen Volkswirtschaften

Größtes Problem der Konstrukteure der einheitlichen europäischen Währung: Zwar wird nunmehr seit fast 40 Jahren – die Römischen Verträge traten am 1. Januar 1958 in Kraft – an der europäischen Integration gearbeitet, doch noch immer befinden sich die Volkswirtschaften der Mitgliedsländer der Europäischen Union in teilweise höchst unterschiedlichen Verfassungen.

Inflationsdifferenzen von fast 1000 Prozent

- Ob Arbeitslosigkeit, Produktivität, Inflation, Staatsverschuldung oder Zinsen – die Werte für diese Parameter klaffen in Europa teilweise um über 1000 Prozent auseinander. Finnland war 1995 europäischer Stabilitätsweltmeister mit einer Inflationsrate von 1,0 Prozent – die Griechen dagegen hatten es mit einer Geldentwertung von fast 10 Prozent zu tun.

Europäische Schuldenmeister: Belgien und Italien

- Auch innerhalb der Länder *„Kerneuropas"* sind die Differenzen teilweise riesig: Luxemburg hatte 1995 die solidesten Staatsfinanzen; die Verschuldung der öffentlichen Haushalte machte 7,6 Prozent des Bruttoinlandsprodukts aus. Am anderen Ende der Skala: Italien mit 123 und Belgien mit 134 Prozent.

3.1 Flexible Wechselkurse als Anpassungsinstrumente

Für die Befindlichkeit einer Volkswirtschaft gibt es kaum einen zuverlässigeren Indikator als die Entwicklung ihrer Währung gegenüber anderen Währungen. Hohe Inflationsraten werden von den Devisenmärkten regelmäßig mit Abwertungen quittiert.

Turbulenzen im Europäischen Währungssystem

Und so war angesichts des nicht vorhandenen Gleichklangs der europäischen Volkswirtschaften allen Bemühungen, die europäischen Währungen über das Europäische Währungssystem (EWS) aneinander zu binden und stabile Wechselkurse zu schaffen, allenfalls relativer Erfolg beschieden:

Phasen stabiler Paritäten wurden stets unterbrochen von heftigen Turbulenzen, in denen sich die angestauten Ungleichge-

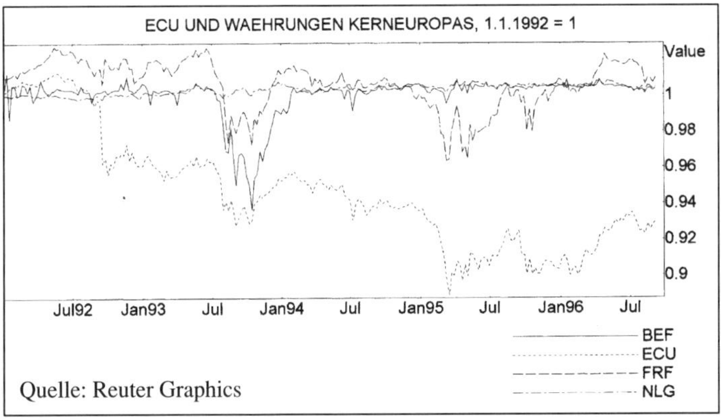

Quelle: Reuter Graphics

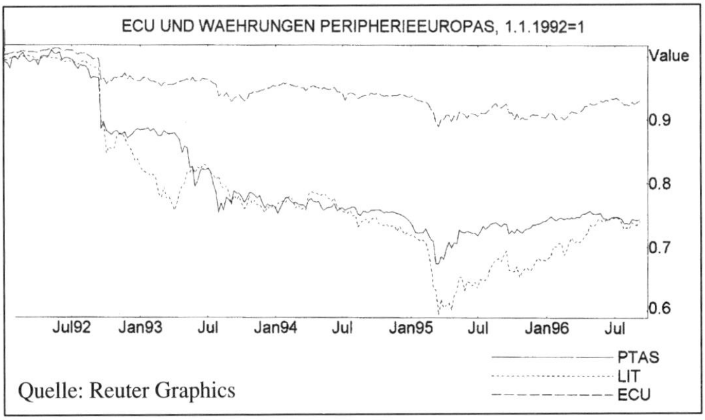

Quelle: Reuter Graphics

Abwertungen als Anpassungsinstrumente

wichte zu Wort meldeten und für drastische Abwertungen gegenüber der DM sorgten (zur Geschichte des EWS siehe Seite 53). Sie bewirkten auf der Seite des abwertenden Landes, daß seine Produkte preislich mit vergleichbaren Produkten des nicht abwertenden Landes weiter konkurrieren konnten; auf seiten des nicht abwertenden Landes wurde durch die Abwertung die Gefahr der *„importierten Inflation"* gebannt oder mindestens gemildert.

„Infektionsgefahr" bei festen Wechselkursen

> Bei einer einheitlichen Währung für Europa kann es zu solchen, durchaus gesunden Anpassungen nicht mehr kommen. Denn wirtschaftlich bedeutet die Einführung der Einheitswährung, daß alle Paritäten der Währungen, die sie ersetzen soll, unwiderruflich festgeschrieben werden. Würden also alle europäischen Währungen, ungeachtet der Verfassung der dahinterstehenden Volkswirtschaften, durch die einheitliche Währung ersetzt werden, dann würden die Viren der ungesunden Volkswirtschaften die gesunden Volkswirtschaften infizieren – was dort niemand wollen kann, politisch nicht durchsetzbar wäre und schließlich auch den Bestand der neuen Währung insgesamt gefährden würde.

3.2 Die Konvergenzkriterien

Deswegen wurden im Vertrag von Maastricht die sogenannten *Konvergenzkriterien* vereinbart, die die Länder erfüllen müssen, bevor sie der einheitlichen Währung beitreten können.

Mindestanforderungen

> Die Konvergenzkriterien stellen Mindestanforderungen an Inflationsraten, langfristige Zinssätze, Haushaltsdefizite, Staatsschulden und Wechselkursstabilität.

Das wird dabei von den Teilnehmerländern verlangt [Maastrichter Vertrag, Artikel 109(j) in Verbindung mit Artikel 104(c) und dem „Protokoll über die Konvergenzkriterien"]:

Inflationsraten: Beteiligen können sich nur Länder, deren Inflationsraten um nicht mehr als 1,5 Prozentpunkte über der Rate der – höchstens drei – Mitgliedstaaten mit den besten Ergebnissen bei der Inflationsbekämpfung liegen.

1,5 Prozentpunkte Inflationsdifferenz

Zinssätze: Die Rendite langfristiger öffentlicher Anleihen darf diejenige der – höchstens drei – preisstabilsten Länder um nicht mehr als zwei Prozentpunkte überschreiten.

Zwei Prozentpunkte Zinsdifferenz

Haushaltsdefizite: Das geplante oder tatsächliche Haushaltsdefizit eines Mitgliedslandes darf eine Quote von drei Prozent des Bruttoinlandsprodukts nicht überschreiten, es sei denn, dieser Wert wird nur ausnahmsweise und vorübergehend überschritten oder das Defizit ist erheblich und laufend zurückgegangen und hat sich dem Referenzwert angenähert.

Ermessensspielräume bei Haushaltsdefiziten …

Staatsschulden: Der öffentliche Schuldenstand darf eine Quote von 60 Prozent des Bruttoinlandsprodukts nicht überschreiten, es sei denn, die Quote ist hinreichend rückläufig und nähert sich rasch dem Referenzwert.

… und Staatsschulden

Wechselkursentwicklung: Die Währung des Landes muß am Wechselkursmechanismus des EWS teilnehmen und darf die normalen Bandbreiten des EWS während der letzten zwei Jahre vor der Konvergenzprüfung ohne eine vom betreffenden Land veranlaßte Änderung der Leitkurse und ohne starke Spannungen nicht verlassen haben. (Hierzu ist anzumerken, daß dieses Kriterium zu einer Zeit aufgestellt wurde, als im Europäischen Währungssystem die *„normale Schwankungsbandbreite“* noch ± 2,25 Prozent um den jeweiligen Leitkurs betrug. Mittlerweile betragen die zugelassenen Bandbreiten ± 15 Prozent, was sicherlich zuviel für einen Rückschluß auf Wechselkursstabilität ist.)

Teilnahme am EWS

Der Zeitplan des Maastrichter Vertrags – vgl. Kapitel 2 – sieht vor, daß am 1. Januar 1997 mit der Einführung der einheitlichen Währung begonnen werden kann, wenn 1996 die Mehrheit der 15 europäischen Partner die Konvergenzkriterien erfüllt hat. Wenn zu diesem Zeitpunkt weniger Länder die Kriterien erfül-

Frühester Beginn: 1. 1. 1997

Beginn in jedem Fall: 1. 1. 1999

len, soll die Währung in jedem Fall – ohne Rücksicht auf die Teilnehmerzahl – am 1. Januar 1999 eingeführt werden.

Betrachten wir also, wie es mit der Konvergenz – mit Ausnahme des noch interpretationsbedürftigen Wechselkurskriteriums – zum Jahresende 1995 bestellt war. Die in der nachstehenden Tabelle ausgewiesenen *„Referenzwerte"* sind diejenigen Werte, die ein Land mindestens hätte erreichen müssen, um an der neuen Währung teilzunehmen.

Mangelnder Konvergenzfortschritt

Sie sehen: Obwohl die Deutsche Bundesbank die Konvergenzkriterien als *„nicht besonders anspruchsvoll"* bezeichnet (Geschäftsbericht 1994), hätte zum Jahresende 1995 gerade ein einziges Land – nämlich Luxemburg – alle fünf Konvergenzkriterien erfüllt. Eine Konvergenzprüfung Mitte 1995 hätte ergeben, daß neben Luxemburg auch Deutschland – aber ansonsten kein anderes Land – alle fünf Kriterien erfüllt. Für das Jahresende 1996 wird eine ähnliche Situation wie zum Jahresende 1995 prognostiziert – also auch Deutschland erfüllt danach die Kriterien nicht, ebensowenig Frankreich.

Probleme auch bei den Ländern Kerneuropas

Relativ nahe an der Erfüllung der Konvergenzkriterien werden (außer Frankreich und Deutschland) die Dänen (die aber nicht teilnehmen wollen) und Briten (die vermutlich auch nicht teilnehmen wollen und wegen der Nichtteilnahme am Wechselkursmechanismus des EWS vermutlich auch bei Erfüllung der genannten Kriterien gar nicht teilnehmen dürften) sein, daneben die Niederländer, die Österreicher und die Iren.

Sensibles Problem Belgien …

… und südeuropäische Unzulänglichkeit

Bei den Belgiern mit der europäischen Hauptstadt Brüssel dürfte – sofern die Konvergenzkriterien eng ausgelegt werden – die baldige Teilnahme vor allem an den Staatsschulden scheitern, bei den Schweden an den Staatsschulden und dem Haushaltsdefizit, bei den Spaniern und Portugiesen an der Inflation und an den Staatsschulden usw. Für Italien und vor allem für Griechenland sind alle fünf Kriterien entschieden zu hoch angesetzt.

Stand der Konvergenz in der Europäischen Union

Referenzwert** erreicht / nicht erreicht	Inflationsrate 1995	Inflationsrate 1996	Budgetsaldo % BIP 1995	Budgetsaldo % BIP 1996	Öffentl. Schulden % BIP 1995	Öffentl. Schulden % BIP 1996	Zinsen 1995	EWS Teiln./Bandbr. 1995
Referenzwerte	2,9	3,2	–3		60		9,7	
Deutschland	1,8	1,8	–3,6	3,1	59,3	59,9	6,8	15*
Frankreich	1,8	2,1	–5,0	–4,0	51,2	52,8	7,5	15
Italien	5,4	4,4	–7,3	–6,0	122,7	121,4	12,2	nein
Großbritannien	2,8	2,7	–5,2	–3,9	52,8	54,2	8,3	nein
Spanien	4,7	3,9	–5,8	–4,9	64,2	65,2	11,3	15
Niederlande	1,9	2,0	–3,7	–2,8	78,8	78,7	6,9	15*
Belgien	1,4	1,5	–4,3	–3,0	134,3	132,8	7,5	15
Schweden	2,9	2,5	–7,4	–4,0	79,7	80,2	10,3	nein
Österreich	2,3	2,1	–5,6	–4,5	68,9	71,0	7,2	15
Dänemark	2,2	2,5	–1,9	–1,2	73,4	72,7	8,3	15
Finnland	1,0	1,8	–5,3	–0,7	65,0	65,7	8,8	nein
Portugal	4,1	3,8	–5,6	–4,8	70,7	71,0	11,8	15
Griechenland	9,3	7,3	–9,3	–8,0	113,2	112,1	15,9	nein
Irland	2,5	2,5	–2,0	–2,6	86,0	82,3	8,4	15
Luxemburg	2,0	2,3	1,4	1,5	7,6	7,8	7,5	15

* zwischen Deutschland und den Niederlanden gilt eine Interventionsbandbreite von +/–2,25%
** ohne Berücksichtigung des Ermessenspielraums bei den Schuldenkriterien

3.3 Problem Staatsschulden

Namentlich sind es die beiden *„Schuldenkriterien"*, die den Euro-Konstrukteuren Kopfzerbrechen bereiten. Während sich nämlich bei den Kriterien *„Zinsen", „Inflation"* und – mit Einschränkungen – auch bei der *„Wechselkursentwicklung"* Konvergenzfortschritte feststellen lassen, drohen die *öffentlichen Defizite* seit 1992 aus dem Ruder zu laufen.

Von besonderer Bedeutung ist dies bei der *Euro-Achse Deutschland/Frankreich,* ohne deren Teilnahme das Währungsprojekt sinnlos und gefährlich würde:

Fragezeichen hinter der Achse Deutschland/ Frankreich

Öffentliche Schulden in % des Bruttoinlandsprodukts

	1992	1993	1994	1995	1996e
Deutschland	44,8	48,9	50,2	59,3	59,9
Frankreich	39,2	44,9	50,4	51,2	52,8

Budgetsaldo in % des Bruttoinlandsprodukts

	1992	1993	1994	1995	1996e
Deutschland	–2,6	–3,3	–2,5	–3,6	–3,1
Frankreich	–3,9	–5,9	–5,6	–5,0	–4,0

Aufweichung der Konvergenzkriterien?

Da somit in hohem Maße fraglich ist, ob selbst die Länder Kerneuropas – neben Deutschland also Frankreich, die Beneluxstaaten, Österreich, die bereits schon im EWS den sogenannten *„Hartwährungsblock"* mit relativ stabilen Währungen untereinander bildeten – am Euro teilnehmen können, sind vor allem in Deutschland Ängste entstanden, die Konvergenzkriterien könnten aufgeweicht werden.

3.4 Die Unschärfen im Maastrichter Vertrag

Ermessens-spielräume …

Genährt werden diese Ängste vornehmlich durch die vielfach als *„Hintertür"* bezeichneten Passagen des Maastrichter Ver-

So funktioniert das Europäische Währungssystem (EWS)

Seit 1978, dem Geburtsjahr des EWS in seiner heute (auf dem Papier) noch bestehenden Form, können die Währungen der Teilnehmerstaaten nicht mehr beliebig untereinander schwanken. Vielmehr wurde – Ziel: möglichst stabile Paritäten in Europa – ein System von bilateralen *„Leitkursen"* zwischen den Teilnahmewährungen installiert. Oberhalb und unterhalb dieser Leitkurse wurden *„Interventionslinien"* gezogen. Bis 1993 galt, daß die Interventionslinien ± 2,25 Prozent oberhalb/unterhalb des jeweiligen Leitkurses lagen; für Lira, Pfund und Peseta galt eine Sonderregelung von ± 6 Prozent.

Drohte eine Währung diese Interventionslinie zu durchbrechen, waren die Notenbanken verpflichtet, durch Devisenkäufe/-verkäufe die Währung innerhalb des Bandes der erlaubten Paritäten zu halten. Auch über die Höhe der Zinsen wurde die Nachfrage nach einzelnen Währungen gesteuert: Schwache Währungen mußten immer wieder durch Zinserhöhungen gestützt werden.

Mehrmals seit Bestehen des EWS mußten die Leitkurse im Rahmen eines *„Realignments"* angepaßt werden. Dabei wurde stets die DM gegenüber anderen Währungen aufgewertet, so daß sie kontinuierlich auch gegenüber dem ECU an Wert gewann. Mit diesen Aufwertungen wurde vor allem dem Umstand Rechnung getragen, daß die sich durch die relativ festen Wechselkurse aufstauenden europäischen Inflationsdifferenzen volkswirtschaftlich ungesunde Auswirkungen hatten.

Im Herbst 1992 und im Sommer 1993 kam es zu heftigen Turbulenzen im EWS. Die Märkte „testeten" vor allem den Leitkurs der Lira und des Pfundes – und gewannen. Mit Ausnahme DM/Gulden mußten die Interventionslinien mit ± 15 Prozent so weit von den Leitkursen entfernt gelegt werden, daß das EWS faktisch außer Kraft gesetzt wurde. Das Pfund Sterling und die Lira nehmen seither überhaupt nicht mehr am Interventionssystem teil.

Nach dramatischen Abwertungen, die sich im Gefolge der Dollarschwäche teilweise bis ins Jahr 1995 fortsetzten und beim Pfund Sterling bis zu 25 Prozent betrugen, hat sich seit Mitte 1995 die Lage innerhalb des EWS deutlich entspannt. Vor allem die kerneuropäischen Währungen machen von ihrer gegenüber früher vergrößerten Schwankungsbandbreite keinen Gebrauch, sondern bewegen sich weitgehend innerhalb der einstigen Bandbreite von ± 2,25 Prozent.

trags, die eine flexiblere Handhabung der starren Kriterien *„Staatsverschuldung“* und *„Haushaltsdefizit“* erlauben.

bei Neuverschuldung …

Artikel 104(c) des Maastrichter Vertrags läßt nämlich auch die Teilnahme solcher Länder zu, bei denen das Verhältnis des geplanten oder tatsächlichen öffentlichen Defizits zum Bruttoinlandsprodukt den Differenzwert von drei Prozent zwar überschreitet, aber

„erheblich und laufend zurückgegangen ist und einen Wert in der Nähe des Referenzwertes erreicht“

oder bei denen

„der Referenzwert nur ausnahmsweise und vorübergehend überschritten wird und das Verhältnis in der Nähe des Referenzwertes bleibt.“

… und Staatsschulden

Ähnlich beim Kriterium *„Staatsverschuldung“*: Auch Länder, die den Referenzwert von 60 Prozent öffentlicher Schulden im Verhältnis zum Bruttoinlandsprodukt überschreiten, können teilnehmen, wenn

„das Verhältnis hinreichend rückläufig ist und sich rasch genug dem Referenzwert nähert.“

Wie diese unscharfen Bestimmungen im einzelnen ausgelegt werden, muß abgewartet werden; als Freibrief für eine beliebige Zusammensetzung des Teilnehmerkreises können sie gewiß nicht verstanden werden, weil dies in den Ländern Kerneuropas politisch nicht durchsetzbar wäre.

„Doppeltes Gesicht“ der Schuldenkriterien

Andererseits aber wäre es jenseits einer vernünftigen Auslegung des Vertragswerks, das *„doppelte Gesicht“* der beiden Schuldenkriterien nicht zu berücksichtigen: Weil sie auf der Basis des Bruttoinlandsprodukts ermittelt werden, sagen sie nur wenig präzise aus, ob das Gebaren der öffentlichen Hand solide ist oder nicht. Ein- und dieselbe Haushaltspolitik kann eine unter dem Referenzwert des Maastrichter Vertrags liegende Schuldenquote bewirken, wenn das Bruttoinlandsprodukt im betreffenden Jahr deutlich zunimmt – oder aber eine über dem Referenzwert liegende Quote, wenn das Wirtschaftswachstum stagniert.

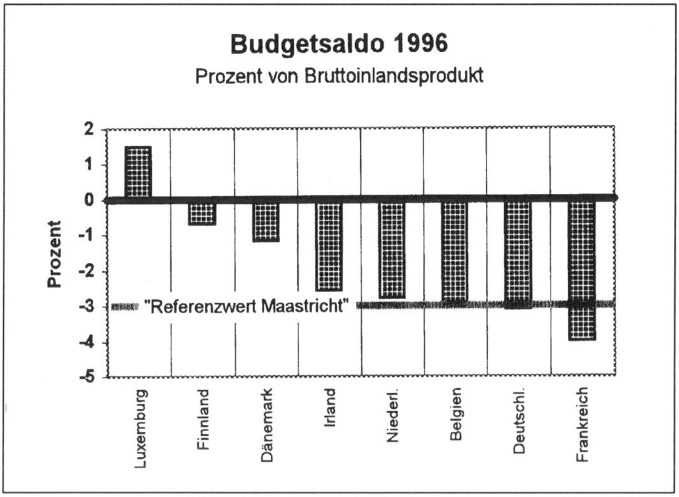
Budgetsaldo 1996
Prozent von Bruttoinlandsprodukt
Prozent
2
1
0
-1
-2
-3
-4
-5
"Referenzwert Maastricht"
Luxemburg
Finnland
Dänemark
Irland
Niederl.
Belgien
Deutschl.
Frankreich

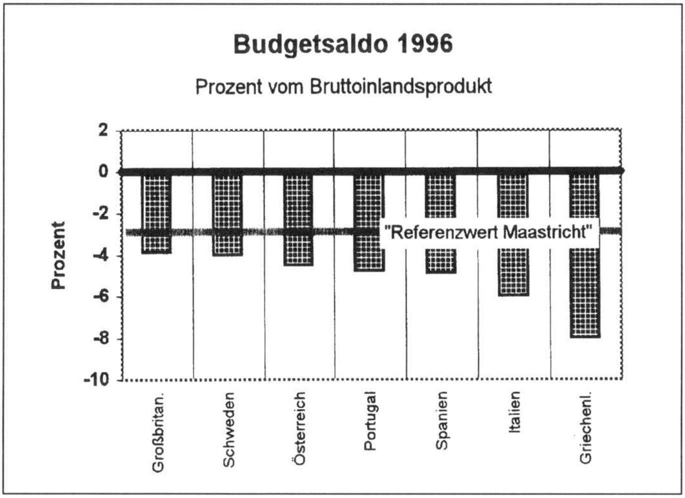
Budgetsaldo 1996
Prozent vom Bruttoinlandsprodukt
Prozent
2
0
-2
-4
-6
-8
-10
"Referenzwert Maastricht"
Großbritan.
Schweden
Österreich
Portugal
Spanien
Italien
Griechenl.

Deutschland und Frankreich in der Falle?

Bei starrer Auslegung der beiden Kriterien sind aufgrund dieser Zusammenhänge auch Situationen denkbar, daß Länder den Referenzwert überschreiten, obwohl sie eine strikte Sparpolitik fahren: Sie kurbeln die Konjunktur nicht mit öffentlichen Ausgaben an und nehmen für die Konsolidierung zunächst auch eine stagnierende Wirtschaft in Kauf. Vor allem Deutschland und Frankreich sitzen im Jahr 1996 in dieser Falle, *rezessionsähnliche Wachstumssituationen* bewältigen zu müssen, ohne bei der Neuverschuldung noch Spielraum zu haben.

Europaweit lahmende Konjunkturen

Die erwähnten Unschärfen im Vertragswerk erlauben es, auch solche konjunkturellen Sondersituationen in den einzelnen Ländern zu berücksichtigen. Überall in den Ländern der engeren Teilnahmekandidaten lahmen derzeit die Konjunkturen; und eine starre Auslegung der Konvergenzkriterien könnte zu fiskalpolitischen Maßnahmen führen, die sozial-, arbeitsmarkt- und konjunkturpolitisch unerwünscht sind.

Raum für „Primat der Politik“

Es kann also durchaus Sinn machen, daß die Unschärfen im Maastrichter Vertrag dazu benutzt werden, jene Länder in den Teilnehmerkreis hineinzubekommen, die politisch gewünscht und auch wirtschaftlich vertretbar sind. Denn neben den Konvergenzkriterien des Maastrichter Vertrags gibt es noch andere Kriterien, die über die Reife verschiedener Volkswirtschaften zu einer Währungsunion mitentscheiden; sie sind besonders im Bereich der Produktivität und der Sozialsysteme zu suchen:
So hat Luxemburg, welches als einziges Land zum Jahresende 1995 alle Konvergenzkriterien erfüllen konnte, seit vielen Jahren mit Belgien eine erfolgreiche Währungsunion, was gar nicht sein dürfte, wenn nur die Konvergenzkriterien des Maastrichter Vertrags an diese Währungsunion angelegt würden.

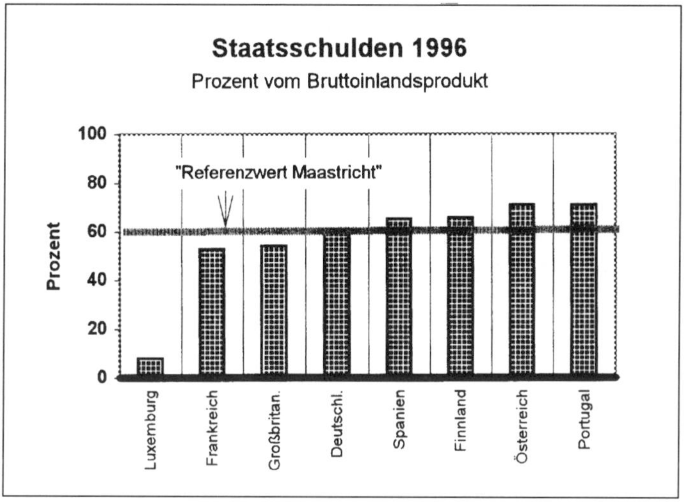
Staatsschulden 1996
Prozent vom Bruttoinlandsprodukt
Prozent
100
80
60
40
20
0
"Referenzwert Maastricht"
Luxemburg
Frankreich
Großbritan.
Deutschl.
Spanien
Finnland
Österreich
Portugal

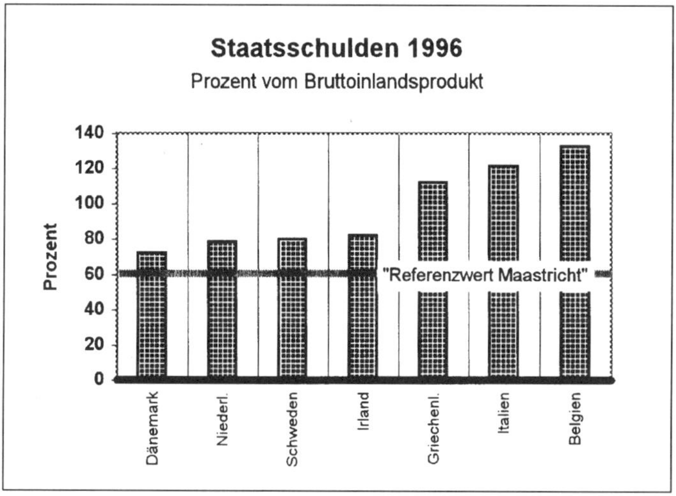
Staatsschulden 1996
Prozent vom Bruttoinlandsprodukt
Prozent
140
120
100
80
60
40
20
0
"Referenzwert Maastricht"
Dänemark
Niederl.
Schweden
Irland
Griechenl.
Italien
Belgien

Favoriten der deutschen Banken

Fast einhellig meinen deswegen die deutschen Banken: Die Teilnahme von Frankreich, Deutschland, Belgien, den Niederlanden, Luxemburg, Österreich und Irland, gegebenenfalls auch Finnland, läge im Rahmen des verantwortungsvollen Umgangs mit dem Ermessensspielraum des Maastrichter Vertrags. Vieles spricht in der Tat dafür, daß es so kommen wird.

3.5 Wie erfolgt die Beschlußfassung über den Euro-Teilnehmerkreis?

Als erster Schritt steht bis Ende 1996 die Entscheidung des Europäischen Rates an, ob eine Mehrheit der EU-Mitgliedsländer die Konvergenzkriterien erfüllt. Dies müßte bei acht Staaten der Fall sein, die dann automatisch den Teilnehmerkreis des Euro bilden würden. Daß es zu einer solchen Mehrheit kommen wird, ist aufgrund des Standes der wirtschaftlichen Konvergenz äußerst unwahrscheinlich.

Verschiebung?

Spannend wird es dann vor allem bei der Frage, ob der Europäische Rat die weiter vorne bereits erwähnte Unschärfe im Vertragstext benutzt, um das Datum 1. Januar 1999 für die Festlegung der Wechselkurse und damit den gemeinsamen Einstieg in die gemeinsame Währung zu verschieben. Ein neuer Termin müßte hierfür bis Ende 1999 festgelegt sein.

Miniatur-Währungsunion?

Falls der Europäische Rat diese Hintertür nicht durchschreitet, beginnt am 1. Januar 1999 die Währungsunion mit all jenen Ländern, die nach Feststellung des Europäischen Rates die Konvergenzkriterien erfüllen. Dabei sieht der Vertragstext zwingend vor, daß selbst dann, wenn nur zwei Länder die Kriterien erfüllen, diese eine Währungsunion zu bilden haben. Nur England und Dänemark haben sich – wie bereits dargestellt – die *„opt-out“*-Klausel vorbehalten.

Da einerseits eine Mini-Währungsunion niemand wollen kann, andererseits die Maastricht-Kriterien durchaus flexibel interpretiert werden können, ist ein Blick auf die Mehrheitsverhältnisse und das Abstimmungsverfahren interessant.

Stimmenverhältnisse im Europäischen Rat

Stimmen der europäischen Staaten im Europäischen Rat

Kerneuropa		***engere Teilnehmer***		***Peripherie-Europa***	
Deutschland	10 Stim.	Österreich	4 Stim.	Italien	10 Stim.
Frankreich	10 Stim.	Irland	3 Stim.	Spanien	8 Stim.
Luxemburg	2 Stim.	Finnland	3 Stim.	Portugal	5 Stim.
Niederlande	5 Stim.			Griechenl.	5 Stim.
Belgien	5 Stim.			Großbrit.	10 Stim.
				Dänemark	3 Stim.
				Schweden	4 Stim.
Gesamt	***32 Stim.***		***10 Stim.***		***45 Stim.***

Insgesamt verfügt der Europäische Rat somit über 87 Stimmen, wovon eine qualifizierte Mehrheit – also 62 Stimmen – die Erfüllung der Konvergenzkriterien feststellen muß. Die Sperrminorität beträgt damit 26 Stimmen. Aus den Stimmverhältnissen ergibt sich eine durchaus interessante Konstellation:

Sperrminoritäten

Deutschland, Frankreich und die Beneluxstaaten verfügen über 32 Stimmen; Italien, Spanien, Portugal und Griechenland über 28 Stimmen. Selbst ohne weitere Beitrittskandidaten für eine „Hartwährungsunion" (Österreich, Finnland und Irland) verfügen damit die Länder Kerneuropas (auch ohne Belgien) über eine Sperrminorität. Sie könnten damit Bestrebungen, die Konvergenzkriterien über einen als sinnvoll empfundenen Rahmen hinaus aufzuweichen, unterlaufen. Andererseits können aber auch die südeuropäischen Länder alle Entscheidungen, die ihnen nicht genehm sind, blockieren.

Es wird also mit Gefeilsche zu rechnen sein bei dieser Sitzung des Europäischen Rates und in ihrem Vorfeld. Dabei wird es im wesentlichen darum gehen, den zukünftigen Zusammenhang zwischen Euro und den Währungen der Nichtteilnahmeländer in einer Art neuem Europäischen Währungssystem festzulegen.

Wie wird der EWS-Nachfolger aussehen?

Welche Rechte sich die Nichtteilnahmeländer einräumen lassen, wie das System der Interventionen der Notenbanken gestaltet sein wird, welche Transferzahlungen von den Teilnahmeländern in die (vorläufigen) Nichtteilnahmeländer fließen werden – das wird nicht unwesentlich auch die Stabilität des Euro und die Reaktionen der Märkte beeinflussen.

4 Chancen und Risiken der Währungsumstellung

4.1 Deutsche Sorgen (1): Wie hart?

Unverständlich ist es nicht, daß sich Meinungsumfragen zufolge 60 bis 70 Prozent der Deutschen skeptisch bis ablehnend gegenüber der europäischen Gemeinschaftswährung zeigen und als Grund dafür das Stabilitätsargument nennen.

Inflationäre Impulse durch „Große Währungsunion“

Denn es ist eine der wenigen fast sicheren Erkenntnisse für den anstehenden Prozeß, daß eine Währungsunion, die – wie ursprünglich politisch beabsichtigt – eine möglichst große Zahl der europäischen Währungen zusammenschließt, zumindest an ihrem Start nicht mit der gleichen Stabilität zu haben sein würde, wie sie die DM auszeichnete und auszeichnet:

Erhebliche Inflationsdifferenzen in der EU

Die Inflationsraten der meisten anderen europäischen Währungen liegen höher als hierzulande – Griechenland als „Spitzenreiter“ hatte es 1995 mit einer Geldentwertung von über 9 Prozent zu tun –, so daß sich die Rate der Geldentwertung der neuen Währung mit großer Wahrscheinlichkeit zwischen der niedrigsten und höchsten der Teilnahmewährungen einstellen wird.

Um wieviel die Preise tatsächlich – und nur auf den Prozeß der Euro-Einführung und nicht auf andere Faktoren zurückführbar – steigen werden, hängt

Entscheidend: Teilnehmerkreis …

- zunächst nahezu ausschließlich davon ab, welche Länder an der einheitlichen Währung teilnehmen und wie hoch in diesen Ländern die Inflationsraten zum Zeitpunkt der Währungseinführung sein werden.

… und Politik der EZB

- Im weiteren Verlauf wird es darauf ankommen, ob die Stabilitätspolitik der Europäischen Zentralbank in der Art der Deutschen durchgesetzt werden kann und wie als Folge der Zentralbankpolitik die Märkte mit der neuen Währung umgehen werden.

Erfreulich wäre eine höhere Rate der Geldentwertung nicht. Letztlich aber ist für die Beurteilung des Planes nicht die Frage entscheidend, *ob* die Deutschen mit einer höheren Inflationsrate rechnen müssen, sondern die Frage nach dem „Wieviel". Denn es macht einen Unterschied, ob die gegenwärtige Inflationsrate von ca. 1,8 auf z. B. 2,3 Prozent ansteigt – oder auf 5 Prozent oder mehr.

Die Crux ist nur, daß gegenwärtig niemand weiß, was auf den Märkten geschehen wird; selbst über die Teilnehmerländer kann nur spekuliert werden, und auch darüber, wann die neue Währung eingeführt werden soll. Handfeste Kriterien für die Beurteilung des Plans existieren also nicht, die Vor- und Nachteile lassen sich nur höchst unzureichend quantifizieren, Investoren und Unternehmen können nicht disponieren.

Unsicherheiten begünstigen Panik-Szenarien

Dementsprechend leicht ist es, Zahlen zu nennen, deren Werthaltigkeit zwar niemand beurteilen kann – aber sie sind genannt, prägen die Einstellung zum Währungsplan und beeinflussen Anlageentscheidungen:

So glaubt eine Professorin mit einem Lehrstuhl für Außenwirtschaft zwar nicht, *„daß wir uns vor Inflationsraten von 100 Prozent oder vor 1000 Prozent fürchten müssen"*, und schiebt nach, daß *„auch eine Inflationsrate von sechs bis sieben Prozent die Marktwirtschaft bedroht."*

An südamerikanischen Verhältnissen vorbeigeschrammt?

Wie sie auf sechs bis sieben Prozent kommt, sagt uns die Dame nicht. Doch wie soll der Leser des *Südkurier* vom 21. Oktober 1995 diese Sätze anders verstehen, als daß es vermutlich zu sechs bis sieben Prozent kommen wird und wir somit dankbar sein müßten, gerade eben noch an südamerikanischen Verhältnissen vorbeigeschrammt zu sein. Was, wären solche Steigerungen alleine auf die Euro-Einführung zurückzuführen, in der Tat ein Horrorszenario wäre, das jeden vernünftigen Menschen zum Gegner der Währungsunion machen und jeden rational handelnden Anleger zu umgehender Absetzbewegung veranlassen müßte.

Minimale Inflationseffekte

Die einzig brauchbaren Fakten für die Quantifizierung des Inflationseffektes sind jedoch weit davon entfernt, dieses Horrorszenario zu stützen:

Per Ende 1995 hätten nach dem Vertrag von Maastricht nur Länder an der Währungsunion teilnehmen dürfen, deren Inflationsrate nicht höher als 2,9 Prozent ist. Es muß zwar nicht absolut zwingend dazu kommen, daß die Inflationsrate des neuen Geldes irgendwo zwischen unseren deutschen 1,8 Prozent und diesem Wert liegen wird – doch am wahrscheinlichsten ist ein solches Szenario allemal.

Maastricht-Kriterium: maximal 2,9 Prozent

Und selbst wenn davon ausgegangen würde, daß das Maastricht-Kriterium *„Inflationsrate"* einfach abgeschafft wird – mithin alle Länder der EU am Euro teilnehmen würden –, ergäbe sich daraus kein Schreckgespenst. Zwar läßt sich dann – als einfacher Durchschnitt – eine Inflationsrate in der EU von 3,1 Prozent errechnen; doch diese Rechnung wäre systematisch falsch, denn sie bewertet die Wirtschaftsleistung zum Beispiel Griechenlands identisch wie die aller anderen Länder.

Werden dagegen die nationalen Inflationsraten gewichtet mit der Wirtschaftsleistung der jeweiligen Länder – so, wie sie auch in den ECU-Korb eingehen –, dann ergibt diese Rechnung (die am ECU-Korb nicht teilnehmenden Länder Schweden, Finnland und Österreich überschlägig berücksichtigt) für die „ganz große Währungsunion" eine Inflationsrate von 2 Prozent.

Gewichtete EU-Inflation: Zwei Prozent

Schreckgespenst „Inflation durch den Euro"?

Land	Inflation %	ECU-Gewicht %
Deutschland	1,8	33,2
Frankreich	1,8	20,7
Italien	5,4	7,3
Großbritannien	2,8	10,3
Spanien	4,7	4,3
Niederlande	1,9	10,4

70 Prozent der Wirtschaftskraft haben eine Eins vor dem Inflationskomma

Land	Inflation %	ECU-Gewicht %
Belgien	1,4	8,5
Dänemark	2,2	2,7
Portugal	4,1	0,7
Griechenland	9,3	0,5
Irland	2,5	1,0
Luxemburg	2,0	0,3
Schweden	2,9	k.T.
Finnland	1,0	k.T.
Österreich	2,3	k.T.
Durchschnittlich		
ungewichtet	**3,07 %**	
gewichtet	**1,95 %**	

k.T.: keine Teilnahme am ECU-Korb

Die Chancen für einen auch anfänglich stabilen Euro stehen also wesentlich besser, als in Volkes Stimme und manchen politischen Kalküls zugrunde gelegt.

Stabilitätsverpflichtung der Europäischen Zentralbank

Inflationshemmende Impulse?

Zunehmend mehren sich ferner auch in Deutschland jene Stimmen, die davon ausgehen, daß die Inflationsrate des Euro mittelfristig durchaus auch niedriger sein könne als der gewichtete Durchschnitt der Inflationsraten der Teilnehmerländer.

Diese Stimmen setzen dort an, wo ihr Statut die Europäische Zentralbank auf eine strikte Stabilitätspolitik festlegt. So stellt die Deutsche Bank fest:

Stabilitätsverpflichtung mit Verfassungsrang

„Hinsichtlich der gesetzlichen Verankerung des Stabilitätsauftrags geht das EZB-Statut sogar über das Bundesbankgesetz hinaus. So wird das Ziel der Preisniveaustabilität im EZB-Statut anders als im Bundesbankgesetz ausdrücklich genannt. Letzteres kann durch eine einfache Bundestagsmehrheit geändert werden, während das EZB-Statut als Bestandteil des Maastrichter

Vertrages Verfassungsrang hat." (Deutsche Bank: Eine stabile Währung für Europa, Januar 1996)

Das heißt: Während noch vor wenigen Jahren etliche der europäischen Zentralbanken letztlich nur Erfüllungsgehilfen der jeweiligen Regierungen und in dieser Eigenschaft durchaus für hohe Inflationsraten in der Vergangenheit mitverantwortlich waren, wird zukünftig in allen Ländern, die am Euro teilnehmen werden, eine unabhängige Notenbankpolitik betrieben.

Unabhängige Zentralbanken

Da damit – in welchen Nuancen auch immer – Europa eine Geldpolitik à la Bundesbank und nicht Deutschland eine französische oder italienische Geldpolitik bekommen wird, ist es unredlich, den Euro mit Hinweis auf spanische, italienische oder gar südamerikanische Verhältnisse weich zu reden.

Geldpolitik à la Bundesbank

Lohnpolitik in Europa

Neben der Geldpolitik ist für die zukünftige Härte des Euro die Lohnpolitik in Europa von ausschlaggebender Bedeutung. Hierzu enthält der Maastrichter Vertrag kein unmittelbares Reglementarium, da die Lohnhöhe weitgehend unabhängig von gesetzlichen Vorgaben zwischen Arbeitgebern und Arbeitnehmern im Rahmen der Tarifautonomie festgelegt wird.

Tarifautonomie vor Maastricht-Bestimmungen

Dennoch gibt es gute Gründe, davon auszugehen, daß die Tarifpartner europaweit durch die gemeinsame europäische Währung zu maßvollen Lohnabschlüssen veranlaßt werden. Wenn nämlich Wettbewerbsnachteile, die durch gestiegene Lohnstückkosten entstanden sind, nicht mehr durch Abwertungen der jeweiligen Landeswährung kompensiert werden können, dann

Standortwettbewerb nicht mehr über Währungsgefüge …

„findet der Standortwettbewerb unmittelbar über die Arbeitskosten statt. Regionen innerhalb des neuen Währungsgebietes, in denen die Arbeitskosten rascher steigen als die Arbeitsproduktivität, werden mit einem Rückgang arbeitsplatzschaffender Maßnahmen zu rechnen haben. So lange die Mobilität innerhalb des Beschäftigungsraumes ähnlich gering ist wie bisher (wegen der weiterhin bestehenden kulturellen und sprachlichen Barrieren

… sondern unmittelbar über Arbeitskosten

dürfte sich mittelfristig wenig daran ändern), werden die Beschäftigungschancen weitgehend durch die Lohnpolitik determiniert ... Die Europäische Währungsunion wird dazu führen, daß der Zwang zur Orientierung der Lohnpolitik an den Standortbedingungen zunehmen wird. Regionen, in denen die Lohnpolitik diesen Zwang ignoriert, werden durch Arbeitsplatzverluste die gesamtwirtschaftlichen Kosten einer unangemessenen Lohnpolitik zu tragen haben. Da diese Zusammenhänge Gewerkschaften wie Arbeitgebern klar sind, kann vernünftigerweise damit gerechnet werden, daß die Lohnpolitik zurückhaltender agieren wird. Es kann auch davon ausgegangen werden, daß eben wegen der größeren Verantwortung der Lohnpolitik die Inflationsrisiken tendenziell kleiner werden als in der Vergangenheit.“[2]

Kleinere Inflationsrisiken

Dieser Zwang zu mehr Lohndisziplin wird vor allem den nichtdeutschen Tarifpartnern abverlangt werden; denn Gewerkschaften und Arbeitgeber konnten in Deutschland nie darauf hoffen, daß stabilitätsinkonforme Lohnabschlüsse über eine Währungsabwertung kompensiert werden würden. Im Gegenteil:

„Die Bundesbank wurde durch zu hohe Lohnabschlüsse und damit steigende Inflationsrisiken gelegentlich zu geldpolitischer Restriktion genötigt, die die DM stabilisierte, wenn nicht gar zu einer Aufwertung beitrug.“[2]

4.2 Deutsche Sorgen (2): Arbeitsplätze und soziales Netz

Apokalyptische Visionen

Diametral gegensätzliche Meinungen beherrschen auch die Diskussion, wie sich die Einführung des Euro in Deutschland auf Arbeitsplätze und Sozialsystem auswirken wird. Auch hier gibt es – ähnlich wie im Bereich der Inflationsraten – apokalyptische Visionen, die aus dem Szenario abgeleitet sind, alle Länder der EU würden im Euro zusammengezurrt werden. Und auch darüber hinaus sind die Annahmen vielfach wenig realistisch.

---

2 LGT Bank in Liechtenstein Frankfurt, Europäische Währungsunion: Chancen und Risiken aus Anlegersicht, Januar 1996.

Overkill für Arbeitsplätze und Sozialsystem?

Befürchtet wird, daß innerhalb eines Europas, in dem die Löhne überall in gleicher Währung bezahlt werden, die unmittelbare Vergleichbarkeit der Löhne auch das Lohngefälle in Europa sichtbar werden läßt – mit der Folge, daß aus den Niedriglohnländern Arbeitskräfte in großen Massen in die Länder mit hohem Lohnniveau abwandern würden.

Mit dem Euro würde *„der Faktor Arbeit (fast) so mobil werden wie der Faktor Kapital“* (Prof. Dr. Hankel im *Handelsblatt* vom 12. Oktober 1995); das würde zwangsläufig zu einer Angleichung der Löhne in Europa führen. Das aber könne für das Hochlohnland Deutschland nur heißen, daß die Löhne unter Druck geraten; in den bisherigen Niedriglohnländern würden höhere Löhne ohne entsprechenden Produktivitätsfortschritt zu zahlen sein. Pleiten und steigende Arbeitslosigkeit in den Niedriglohnländern seien ebenso unvermeidbar.

Angleichung der Löhne in Europa

Konsequenz: Mit der zunehmenden Konkurrenz auf dem Arbeitsmarkt würden immer mehr Deutsche arbeitslos werden, und bei sinkenden Löhnen würden die Sozialkosten steigen. Prof. Dr. Hankel im *Handelsblatt* weiter: *„Unser Sozialsystem, immerhin das älteste der Welt, kann nur noch eines – zusammenbrechen. Denn eine um diese Arbeits- und Lohnkonkurrenz aufgestockte Sockel- und Langzeitarbeitslosigkeit läßt sich, wenn sie erst einmal die Zehn-Prozent-Marke aller Erwerbstätigen erreicht und übersteigt, nicht mehr finanzieren“*.

Sozialsystem nicht mehr finanzierbar?

Diese Argumentation geht also – anders als oben – von einer durch den Euro quasi ins Unendliche gesteigerten Mobilität innerhalb Europas aus, die im Endeffekt zum sozialen Overkill führen wird.

Grenzenlose Mobilität durch den Euro?

Tatsächlich aber sind im Prozeß der Euro-Einführung keine Faktoren auszumachen, die eine drastische Änderung des Mobilitätsverhaltens über die vorhandenen Ausmaße hinaus in Europa plausibel machen. Die Annahme, die unmittelbare Vergleichbarkeit der Lohnniveaus würde solches hervorrufen, gründet auf dem dünnen Eis, daß der süditalienische Maurer mit der Anwendung des Dreisatzes auf den Wechselkurs Lira/DM bisher überfordert war.

Einkommens- und Produktivitätsunterschiede in allen Währungsgebieten

> Zahlreiche Beispiele belegen des weiteren, daß Einkommens- und Produktivitätsunterschiede auch innerhalb eines Währungsgebiets existieren können, ohne daß es zur Entvölkerung ganzer Landstriche kommt, so etwa in den USA; in Deutschland z. B. ist das Bruttoinlandsprodukt in Hamburg pro Kopf ca. doppelt so hoch wie im unmittelbar angrenzenden Schleswig-Holstein.

Maastrichter Option: Europa der zwei Geschwindigkeiten

Vollends bizarr erscheinen solche apokalyptische Visionen dann, wenn vom *„Europa der zwei Geschwindigkeiten"* ausgegangen wird, in welchem die gemeinsame Währung zunächst nur von den Ländern Kerneuropas gebildet wird. Den Ländern mit niedrigen Löhnen und geringer Arbeitsproduktivität steht dann noch immer das Instrument der Währungsabwertung zur Verfügung, mit dem sie ihre internationale Konkurrenzfähigkeit beeinflussen und die nationalen Volkswirtschaften schützen können.

Mehr Arbeitsplätze durch größere Wechselkursstabilität?

So erscheinen gerade für Deutschland positive Impulse auf den Arbeitsmarkt weitaus wahrscheinlicher zu sein, auch wenn sie nur schwer zu quantifizieren sind.

Drei Aspekte führt die Europäische Kommission in ihrem *„Grünbuch"* an:

Wegfall von Wechselkursrisiken erleichtert Investitionen in Europa

- *Effizienter europäischer Markt:* 60 Prozent des gesamten Außenhandels der Europäischen Union entfällt auf den Handel unter ihren Mitgliedstaaten. Noch immer aber können Wechselkursschwankungen Handel und Investitionsvorhaben empfindlich stören und auf diese Weise den Wohlstand der Bürger beeinträchtigen. Zudem würden Wettbewerb und Handel durch die einheitliche Währung stimuliert, da europaweit Preise für Waren und Dienstleistungen vergleichbar werden.

- *Stärkeres Wachstum und mehr Beschäftigung:* Die einheitliche Währung, so die Europäische Kommission, stütze sich auf einen *„soliden wirtschaftlichen Rahmen, in dem die öffentlichen Defizite unter Kontrolle sind"*. Dies fördere den Handel, verbessere die Allokation von Ressourcen, rege zunehmende Ersparnis und Wachstum an und schaffe schließlich Arbeitsplätze und einen höheren Lebensstandard. Außerdem würde die zu schaffende Europäische Zentralbank über ein effizientes Instrumentarium verfügen, mit welchem sie Preisstabilität herstellen könne, was auch den Weg für tiefere langfristige Zinsen ebnen würde.

Langfristig tiefere Zinsen?

- *Mehr internationale Stabilität:* Die einheitliche europäische Währung würde neben dem US-Dollar und dem Yen zur gleichberechtigten Reservewährung werden. Europäische Ein- und Ausfuhren aus dem/in den Rest der Welt könnten zunehmend in der neuen Währung fakturiert und auf diese Weise unkalkulierbaren Währungsschwankungen entzogen werden, wodurch sich die Rentabilitätsplanung von Investitionen verbessere. Die *„international anerkannte"* europäische Währung erleichtere außerdem Bemühungen, das internationale Währungssystem zu stabilisieren.

Stabilisierung des Weltwährungs-Gefüges?

Dem stimmt selbst ein Mitglied der Bundesbank zu, die sich bislang nicht als bedingungslose Anhängerin des Währungsprojektes outete:

„Allein die Währungsturbulenzen des Frühjahrs 1995, das ergaben Modellrechnungen der Europäischen Kommission, hatten in Deutschland 1995 einen Wachstumsverlust von 1,1 Prozentpunkten zur Folge. Das bedeutet, daß innerhalb von nur zwölf Monaten etwa 200 000 Arbeitsplätze aus diesem Grunde nicht entstanden bzw. verlorengingen. Jeder Schritt zur Verminderung von Währungsturbulenzen ist deshalb hilfreich."[3]

200 000 Arbeitsplätze

[3] Professor Hans Jürgen Krupp, Präsident der Landeszentralbank in Hamburg, Mecklenburg-Vorpommern und Schleswig Holstein; Mitglied im Zentralbankrat der Bundesbank.

Vorteile durch die „weichere DM"?

Weicher Euro – Vorteile für deutschen Export?

Teilweise wird auch argumentiert, daß die Euro-Einführung gerade in Deutschland Arbeitsplätze schaffe, weil der Euro nicht so stark sei wie die DM. Ein Teil der deutschen Standortprobleme und damit auch der deutschen Arbeitslosigkeit – so die Argumentation – sei gerade durch die überaus harte DM entstanden. Die deutsche Industrie wäre dadurch zunehmend weltweit weniger konkurrenzfähig geworden, denn – etwa in Dollar ausgedrückt – wären die Preise deutscher Waren permanent gestiegen. Spiegelbildlich dazu wären andere Volkswirtschaften in der Lage gewesen, sich abwertungsbedingte Preisvorteile auf dem deutschen Markt zu verschaffen.

Hohe Inflationsraten = Hohe Beschäftigung?

In der Tat: Es gibt empirische Untersuchungen, die zu belegen scheinen, daß es eine Gleichung gibt, die lautet: *Hohe Inflationsraten (die ein Abwertungspotential beinhalten) = hohe Beschäftigung.*

Allerdings scheint diese Argumentation aus mehreren Gründen zu einfach zu sein. Denn zum einen kann die Herstellung internationaler Wettbewerbsfähigkeit über Währungsabwertungen – so wie sie in dieser Argumentation etwa gegenüber dem Dollar in Betracht gezogen wird – nur kurzfristig volkswirtschaftlich gesund sein. Auf längere Sicht bedeutet diese Politik eine Abschottung der jeweiligen Volkswirtschaften gegenüber den Weltmärkten. Das aber ist gefährlich, weil sie den Volkswirtschaften die Gelegenheit gibt, sich von den internationalen Produktivitäts- und Wettbewerbsstandards abzuschotten, wodurch sie letztlich Gefahr laufen, vollends den internationalen Anschluß zu verlieren. Keinem Land – siehe z. B. Südamerika – gelang es in der Vergangenheit, über eine *„Weichwährungspolitik"* das Wohlstandsgefälle zu den großen Industrienationen zu verringern.

Abschottung gegenüber Weltmärkten

Doch selbst dann, wenn ein *„Weichwährungsszenario"* nicht als sehr unwahrscheinlich beurteilt wird, wäre die Argumentationskette *„weicher Euro = Mehrbeschäftigung"* keineswegs so zwingend, wie sie auf den ersten Blick erscheint. Tatsächlich

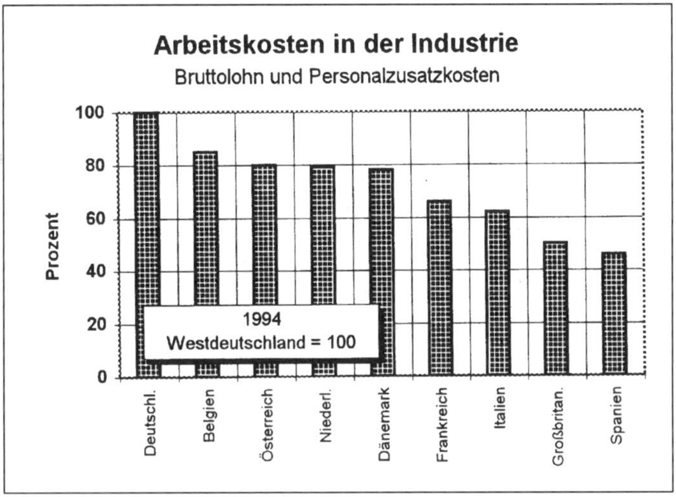
Arbeitskosten in der Industrie
Bruttolohn und Personalzusatzkosten
Prozent
100
80
60
40
20
0
1994
Westdeutschland = 100
Deutschl.
Belgien
Österreich
Niederl.
Dänemark
Frankreich
Italien
Großbritan.
Spanien

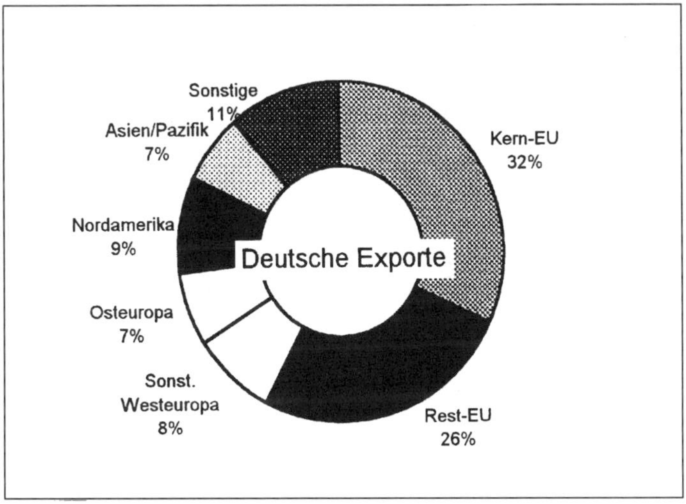
Deutsche Exporte
Kern-EU
32%
Rest-EU
26%
Sonst.
Westeuropa
8%
Osteuropa
7%
Nordamerika
9%
Asien/Pazifik
7%
Sonstige
11%

Europäische Union: Schwerpunkt deutscher Exporte

verhält es sich nämlich so, daß rund zwei Drittel der deutschen Exporte ins westeuropäische Ausland gehen, davon etwa die Hälfte in die Länder Kerneuropas (Frankreich, Benelux und Österreich). Da im Verhältnis zu diesen Ländern in der Vergangenheit bereits stabile Wechselkurse existierten, hätte die deutsche Wirtschaft in diesem Teil des innereuropäischen Handels auch keine abwertungsbedingten Wettbewerbsvorteile.

Auch mit Blick auf die übrigen EU-Länder ist festzustellen, daß seit den letzten EWS-Turbulenzen im Jahr 1993 weitgehend Ruhe im Wechselkursgefüge herrschte; die Lira wertete im Jahr 1996 der DM gegenüber sogar auf. Auch bei diesen Ländern ist es also mindestens fraglich, ob und in welchem Ausmaß durch den Euro zukünftig Abwertungszwänge verhindert werden, die ohne ihn vorhanden wären.

10 Prozent Export in Dollar-Länder

Bleiben also im wesentlichen die Dollarwährungen, die bei einer Weichwährungsunion höher als gegenwärtig gegenüber der DM bewertet würden. Nordamerika schließlich spielt allerdings mit einem Anteil von weniger als 10 Prozent eine eher geringe Rolle bei deutschen Exporten, so daß sich positive Effekte des angenommenen „weichen Euro" auf den Arbeitsmarkt in eher geringen Grenzen halten dürften.

4.3 Sorgen um Europa: Gemeinsames Geld, unterschiedliche Politik

Fehlende politische Elemente

Ohne diese weiter zu erläutern, kam im ersten Kapitel Bundesbank-Direktoriumsmitglied Issing mit der These zu Wort, daß der Euro – als erster Schritt in Richtung auf eine politische Union verstanden oder eingesetzt – *„das Pferd am Schwanze"* aufzäume. Das *Spiegel*-Interview vom Januar 1996 hatte in dieser Passage folgenden Wortlaut:

Spiegel: *Die Bundesbank hat bereits 1990 erklärt, die Mitglieder der Währungsunion seien „auf Gedeih und Verderb" anein-*

ander gebunden. Deshalb sei die politische Union erforderlich. Von der wird aber derzeit überhaupt nicht gesprochen.

Politisches Arrangement dominant

Issing: *Eigentlich ist das politische Arrangement das Dominante und die Währungsunion eine Begleiterscheinung und nicht umgekehrt. Die Währungsunion als Schrittmacher der politischen Union einzusetzen, heißt das Pferd am Schwanze aufzuzäumen. Das kann nicht funktionieren. In Maastricht wurde allerdings ganz bewußt eine Diskrepanz geschaffen: In der Währungsunion eine völlige Vergemeinschaftung, eine europäische Notenbank, eine Währung, und in der politischen Union nicht viel mehr als die Fortschreibung des Status quo. Das haben wir kritisiert. In der Regierungskonferenz in diesem Jahr ist in dieser Frage nicht sehr viel Neues zu erwarten. Ich sehe keine überzeugenden Gründe, wie sich hier ein Prozeß entwickeln soll, der zur politischen Gemeinschaft führt.*

Kein Automatismus zur politischen Union

Spiegel: *So wie es die Gemeinschaft beschlossen hat, wird es keine politische Union, aber eine Währungsunion geben. Die müßten Sie doch nach Ihrer Logik entschieden ablehnen?*

Issing: *Ich halte die gewählte Schiene für alles andere als optimal. Aber wenn ich von den Fakten ausgehe, von dem ratifizierten Vertrag, dann meine ich: Es wäre angemessen, den politischen Bereich dieser unvollständigen Situation so anzupassen, daß ein tragfähiges Arrangement entsteht. Wir müssen den Spielraum der Finanzpolitik beschränken, und zwar so, daß von vornherein die Marktteilnehmer – die Verbände, die Gewerkschaften, die Unternehmer – wissen, daß sie für ihre Fehler selbst einstehen müssen, daß der Staat via Geldausgeben gar nicht einspringen kann, weil er nicht darf. Von daher habe ich auch große Sympathie für den Stabilitätspakt von Finanzminister Waigel.*

Marktteilnehmer müssen für ihre Fehler einstehen

Konfliktlösungen bevorzugt unter nationalen Gesichtspunkten?

Vorprogrammierte Interessenkonflikte

Issings Aufzählung der „*Marktteilnehmer*“, von denen Disziplin abverlangt wird, wäre zu ergänzen um die Parteien. Denn solange sich das Währungsprojekt als eine „*Top-down*“-Veranstaltung darstellt, die von der politischen Klasse durchgezogen und von den europäischen Völkern gerade eben *„erduldet"* wird, ist vorprogrammiert: Interessenkonflikte zwischen partikularen und gemeinschaftlichen Belangen, die in jedem Gemeinwesen unausweichlich sind, werden bevorzugt unter Betonung der partikularen Interessen ausgetragen. Und auch für die von Volkes Stimme abhängigen Parteien wird – die deutschen Landtagswahlkämpfe im Frühjahr 1996 waren eines der Beispiele dafür – die Verlockung groß sein, in solchen Konfliktsituationen die *„nationale Karte"* zu spielen.

Herbststreiks in Frankreich 1995

Um so mehr, als die Vorbereitungsphase der Währungsunion europaweit in eine Zeit leerer öffentlicher Kassen, schleppender Konjunkturen und erforderlicher Einschnitte in die Sozialsysteme fällt. Der große Streik der Franzosen im Herbst 1995 enthielt einen solchen Sprengsatz: Die Sparprogramme der Regierung erschienen vielen Franzosen nicht als notwendiger Schritt zur Sanierung von Wirtschaft und Staatsapparat, sondern letztlich als von den Deutschen verordnet, weil diese die Maastricht-Kriterien ganz strikt gehandhabt sehen wollen.

„Sündenbock" Euro

Fürs erste hat das Währungsprojekt die Herbstunruhen in Frankreich überstanden; auch in Deutschlands Debatte um die erforderliche Reform des Sozialsystems ist der Euro (noch?) nicht als Sündenbock aufgetaucht. Doch die relative Ruhe könnte sich als trügerisch vor allem dann erweisen, wenn die europäischen Konjunkturen nicht bald wieder unter Dampf geraten.

Verantwortung für unpopuläre Maßnahmen

Was also soll geschehen, wenn 1998 – angenommen, Frankreich wurde in den Euro-Teilnehmerkreis aufgenommen – die französischen Gewerkschaften zum Generalstreik blasen, weil sie ein staatlich finanziertes Beschäftigungsprogramm fordern, das die Stabilität der Gemeinschaftswährung bedroht? Auf welcher rechtlichen oder auch nur plausiblen Grundlage könnte Resteuropa von der französischen Regierung fordern, hart zu bleiben, ohne daß die resteuropäischen Regierungen für die möglicherweise katastrophalen Folgen des Hardlinertums der französischen Regierung – Höchststrafe: Abwahl – geradestehen müssen?

Sprengsätze für europäisches Selbstverständnis

Schwer vorstellbar ist jedenfalls, wie es bei krisenhaften Entwicklungen in einzelnen Nationalstaaten gelingen soll, Lösungen zu finden, die das Zusammenwachsen Europas nicht aufs Spiel setzen. Warum sollte sich der entlassene Renault-Arbeiter noch gerne als Europäer verstehen, wenn ihm bedeutet wird, daß ihm der Stabilitätswunsch der Deutschen oder der Niederländer etc. wichtiger sein muß als sein Arbeitsplatz? Oder umgekehrt: Welchen nationalen, europafeindlichen Strömungen könnte hierzulande der Boden bereitet werden, wenn die Deutschen via höherer Inflation eine, so empfundene oder dargestellte, französische *„Mißwirtschaft"* mitfinanzieren müssen?

Sprengsätze ähnlicher Art finden sich auch auf anderen Feldern:

Außen- und Sicherheitspolitik

Zum Beispiel die Außen- und Sicherheitspolitik, die über die Verteidigungshaushalte nicht unerhebliche Teile des Bruttoinlandsprodukts der europäischen Staaten bindet. Werden die europäischen Nationen zum Beispiel teure Alleingänge à la Mururoa (Frankreich) oder Jäger 90 (Deutschland) mitfinanzieren?

Norditalienischer Separatismus

Oder Italiens Problem mit den abtrünnigen Tendenzen des Nordens, die mittlerweile so virulent geworden sind, daß sie sogar den Papst veranlaßten, zur Einigkeit Italiens aufzurufen. Wird Europa bereit sein, die für den Süden Italiens voraussichtlich katastrophalen Folgen einer Abspaltung auszubügeln?

Blick in die Vergangenheit

Negative historische Erfahrungen

Wieso also soll es funktionieren – nämlich ein gemeinsames Geld ohne eine gemeinsame Politik, ohne eine gemeinsame, demokratisch gewählte Regierung, ohne gemeinsame Wirtschafts- und Sozialpolitik? In der Geschichte jedenfalls hat es noch nie dauerhaft funktioniert.

Mehrere solcher Versuche gab es im 19. Jahrhundert, wo beschleunigte Industrialisierung und verstärkter (Außen-)Handel die Schaffung von *„grenzüberschreitenden"* Währungen nahelegten:

Deutschland/ Österreich

Im Jahr 1857 schlossen die Mitglieder des Deutschen Zollvereins, das Kaiserreich Österreich und Liechtenstein einen Vertrag, der einerseits die Beibehaltung der Landeswährungen vorsah, daneben aber ein gemeinsames Silbermünzen-System setzte *(„Vereinsthaler")* und die Wechselkurse zwischen den Landeswährungen festschrieb. Die Vorschrift, daß Papiergeld nur gedruckt werden konnte, wenn seine Einlösung in Silbergeld gesichert war, wurde jedoch vom chronisch defizitären Österreich nur kurze Zeit eingehalten. So geriet die österreichische Landeswährung, der Gulden, unter Druck, und die festgezurrte Parität zum deutschen Taler konnte nicht gehalten werden. Damit war die deutsch-österreichische Währungsunion faktisch bereits früher gescheitert als 1866, als sie auch formal außer Kraft gesetzt wurde.

Lateinische Münzunion

Zu dieser Zeit kam es zwischen Frankreich, der Schweiz, Belgien und Italien zur Lateinischen Münzunion, zu der später auch Griechenland stieß. Die 5-Franc-Silbermünze war quasi die Leitwährung, eine Währungseinheit der anderen Länder entsprach jeweils einem Franc – also auch hier waren die Wechselkurse fest. Die Münzen mußten von den öffentlichen Kassen der Union akzeptiert werden, der Druck von Banknoten dagegen blieb Sache der weiterhin souveränen Einzelstaaten. Als Italien und Griechenland für die Finanzierung ihrer Staatshaushalte die Druckmaschinen anlaufen ließen und gleichzeitig die Silberpreise zu fallen begannen, setzte ein inflationärer Prozeß ein. Zunehmend traten die Interessen der Einzelstaaten vor die Interessen der Union; es gab Streit um die Höhe der Prägekontingente und die Verteilung der Verluste, die mit der Einlösung der entwerteten Silbermünzen realisiert wurden. Daß die Lateinische Münzunion dennoch erst 1927 beerdigt wurde, lag daran, daß die Bedeutung des Münzwesens immer stärker hinter Banknoten und modernen Kreditinstrumenten zurücktrat.

Skandinavien

Auch in Skandinavien wurde in der zweiten Hälfte des letzten Jahrhunderts zwischen Schweden, Norwegen und Dänemark eine Währungsunion auf Basis eines Goldstandards und eines Austauschverhältnisses von 1:1 unter den Kronen installiert, die überall im Unionsgebiet gesetzliches Zahlungsmittel waren. Auch die Hoheit der Nationalstaaten, Banknoten zu drucken, wurde abgeschafft.

Die Währungsunion hielt, bis in den Jahren vor dem ersten Weltkrieg aufgrund unterschiedlicher konjunktureller Entwicklungen eine gemeinsame Geldpolitik nicht mehr durchsetzbar war. Münzen und Banknoten flossen vermehrt ins stabile Schweden – sukzessive mußten die festen Wechselkurse aufgegeben werden.

Erfolge bei Gründung des Deutschen Reiches und der Schweiz

Bestand hatten die Währungsunionen des 19. Jahrhunderts nur dort, wo sie von der Herstellung auch einer politischen Union begleitet wurden – z.B. in der Schweiz oder im Gefolge der Gründung des Deutschen Reiches. Wo dies – wie in den oben dargestellten Versuchen – nicht geschah, konstatiert Theresia Theurl von der Universität Innsbruck am 12. August 1995 in der *F.A.Z.*, daß

Konfliktlösungen im dezentralen Interesse

„... mit beeindruckender Regelmäßigkeit ... beim Auftreten von Interessenskonflikten Angelegenheiten, die in der Kompetenz der Einzelstaaten geblieben waren, wie in den meisten Fällen das Papiergeld oder immer das Budget, im dezentralen Interesse und immer unionsbelastend gelöst (wurden)“.

Dennoch sei zunächst immer an den Unionsbestimmungen, hauptsächlich an den festen Wechselkursen, festgehalten worden, obwohl diese von den Märkten nicht mehr hergestellt wurden.

Makroökonomische Fehlentwicklungen

„Dies wurde zur Quelle für die einzelwirtschaftliche bzw. mitgliederorientierte Nutzung von Gewinnmöglichkeiten durch Arbitrage- oder Spekulationsgeschäften auf Kosten der Unionsgesamtheit oder anderer Mitglieder.“ Folge: *„Geldknappheit und -überschwemmungen, ..., Banken und Spekulationskrisen, ... Zahlungsbilanzprobleme und entsprechende makroökonomische Fehlentwicklungen.“*

Aus ihrer historischen Analyse zieht die Autorin zunächst das Fazit, daß auch die Europäische Währungsunion auf Basis des bisherigen Vertragswerks von Maastricht die Gefahr einer *„Destabilisierungsfalle“* in sich berge, da eine gemeinsame Währung mit *„dezentralen währungswirksamen Faktoren, wie Finanz- und Einkommenspolitik der Mitglieder“* verbunden bliebe.

Nicht ausgelotet: Akzeptanz der politischen Union

Zuschnappen müsse die Falle aber nicht zwingend; allerdings müßten neben dem Gleichklang der teilnehmenden Volkswirtschaften vor allem Anreizsyteme und institutionelle Strukturen entstehen, die *„im Konfliktfall ein übernationales Verhalten rational machen“*. Die jedoch seien im Maastrichter Vertrag nicht in ausreichendem Maß vorhanden: *„Wieviel oder welche ‚politische Union‘ dafür erforderlich ist, ist ebensowenig ausgelotet wie ihre Akzeptanz durch die Europäer“.*

Persönliches Plädoyer

Europa: Erfolgreicher historischer Prozeß

Vor allem, wenn die Einigung Europas als bereits über 40 Jahre anhaltender Prozeß gesehen wird, der aus den wirtschaftlichen, sozialen und politischen Trümmern der Nachkriegszeit eine respektable und auch respektierte Nationengemeinschaft formte, sollten die Hinweise auf die fehlenden politischen Elemente der Währungsunion nicht vorschnell zum zentralen Argument für die Ablehnung des ganzen Planes werden.

Handlungsbedarf

Unmittelbarer Handlungsbedarf besteht allerdings, denn vor dem Hintergrund der unausweichlichen Konflikte zwischen nationalen und gemeinschaftlichen Interessen kann vom gemeinsamen Geld alleine sicher kein Harmonisierungsimpuls ausgehen; wer glaubt, es gäbe einen Automatismus: *erst gemeinsames Geld, dann gemeinsame Politik,* der läuft Gefahr, daß er weder das eine noch das andere bekommt.

Recht hat deswegen die Deutsche Bank mit ihrer Politikerschelte:

„Unabdingbare Voraussetzung für das Zustandekommen der EWU ist, daß eine breite Mehrheit der Bevölkerung von den Vorzügen einer gemeinsamen Währung überzeugt und mit ihrer Einführung einverstanden ist ... Die hierzu notwendige Öffentlichkeitsarbeit steht vor einem schwierigen Problem, weil die erwiesenermaßen stabile DM durch einen Euro ersetzt wird, der zwar ebenso stabil sein soll, für den bisher jedoch nur Erwartungen, naturgemäß aber keine Stabilitätserfahrungen vorliegen.

Berechtigte Politikerschelte

Die Öffenlichkeitsarbeit für die EWU ist eine Gemeinschaftsaufgabe aller Beteiligten – EU-Institutionen, Regierungen, Notenbanken, Banken und Unternehmen –, wobei die Politiker allerdings die Führungsrolle übernehmen müssen."

Weicher Euro politisch nicht durchsetzbar

Meine persönliche Meinung ist darüber hinaus an vielen Stellen deutlich geworden: Wirtschaftliche Befürchtungen vor dem Euro halte ich für unbegründet, weil ich alles andere als ein *„Europa der zwei Geschwindigkeiten"* für politisch nicht durchsetzbar halte.

Wovor die Deutschen am meisten Angst haben, daß nämlich ihre angesammelten Vermögen inflationär ausgehöhlt würden, wird also mit großer Sicherheit nicht Realität werden. Dafür geben die sehr geringen Inflationstendenzen der kerneuropäischen Teilnehmerländer nicht mehr her als eine geringfügige Preissteigerung am Beginn der Euro-Einführung. Auf welche Weise sich die Rate der Geldentwertung unter dem Regime des Euro dann beschleunigen sollte, mögen die Euro-Gegner durchgängig nicht schlüssig nachzuweisen, es sei denn, sie unterstellen den Teilnehmerländern dauerhafte Verstöße gegen die Teilnahmekriterien nach Einführung des Euro. Wie dies allerdings unter der Europäischen Zentralbank geschehen soll, die mit einem ähnlichen Instrumentarium wie die Deutsche Bundesbank ausgestattet sein und dies auch anwenden wird, bleibt offen.

Minimale Inflationsgefahren

Mit Blick auf die deutschen Arbeitsplätze halte ich jene Erwartung, daß mit der Euro-Einführung Heerscharen ausländischer Arbeitskräfte über Deutschland hereinbrechen und den Deut-

Keine Gefahr fürs soziale Netz durch den Euro

schen zunächst ihre Arbeitsplätze und dann das soziale Netz wegnehmen werden, für überzogen. Läuft die Entwicklung auf eine Hartwährungsunion zu, sind solche Befürchtungen offensichtlich unbegründet. Sollte sie wider Erwarten auf eine Weichwährungsunion zusteuern, werden vom Euro allenfalls minimale Anreize ausgehen, die eine Änderung des Mobilitätsverhaltens der Menschen in diesen Ländern belohnen würde.

Positive Arbeitsmarkt-impulse

Eher schon werden von der Einführung des Euro in Deutschland arbeitsplatzschaffende Impulse ausgehen. Doch die Zahl der neugeschaffenen Arbeitsplätze wird eher klein bleiben, solange der Teilnehmerkreis auf die Länder Kerneuropas beschränkt ist. Da zwischen diesen Ländern die Wechselkursparitäten ohnehin sehr stabil waren, wird der Euro auch kaum Wettbewerbsnachteile verhindern können, die durch die DM-Aufwertungen gegenüber anderen Ländern in den letzten Jahren zweifellos entstanden sind.

Standort-debatte von Euro-Diskus-sion trennen

Ohnehin wäre es fatal, den Euro danach bemessen zu wollen, ob er kurzfristig die Arbeitslosigkeit in Deutschland eindämmen kann. Denn unsere Arbeitslosigkeit und die Diskussionen, die wir als *„Standortdebatte"* bezeichnen, haben nur am Rande mit unserer Währung zu tun; folgerichtig wird sich mit der bloßen Einführung des Euro daran weder im Guten noch im Schlechten etwas Wesentliches ändern. Unsere Aufgaben bestehen darin, mit neuen Ideen Deutschland für das nächste Jahrtausend fit zu machen. Das hat viel mit unserem Besitzstandsdenken, unserer Risikoscheue, unseren verkrusteten Strukturen und der Erwartungshaltung gegenüber unserem vermeintlichen Zahlmeister, *„dem Staat"*, zu tun. Nicht die Einführung des Euro zwingt uns dazu; wir können sie aber zum Anlaß nehmen, bei der Suche nach Lösungen die deutsche Brille auch einmal beiseite zu legen.

Politischer Wille entscheidend

Doch bei all dem Für und Wider, bei all den wirtschaftlichen Konsequenzen, die für den Euro und die Varianten seiner Einführung entwickelt werden können, sollte eines nicht vergessen werden: Ökonomie ist keine exakte Wissenschaft, und schon gar nicht, wenn sie ein Projekt beurteilen will, das in diesen Dimensionen noch nie dagewesen ist. Ebensowenig wie wir heute in der Lage sind, exakt vorherzusagen, welche Auswirkungen die Euro-Einführung haben wird, werden wir nach seiner Einführung in der Lage sein, zu beurteilen, welche Entwicklung sich eingestellt hätte, wenn wir auf ihn verzichtet oder ihn mit einem anderen Teilnehmerkreis eingeführt hätten. Insofern wird der Euro so gut oder so schlecht sein wie der gemeinsame politische Wille der europäischen Nationen, sich eine einheitliche Währung geben zu wollen.

Teil II

Der Euro und Ihre Geldanlage

5 Die Basis-Szenarien für Ihre Anlagestrategien

Sie haben gesehen: Ob, wann und mit wem der Euro kommen wird, das ist noch offen. Für Ihre Geldangelegenheiten sind diese Szenarios aber entscheidend.

Politische Gestaltungsspielräume und wirtschaftliche Fakten

> Einerseits läßt der Maastrichter Vertrag in erheblichem Umfang Interpretations- und Gestaltungsmöglichkeiten offen. Andererseits ist es außerordentlich schwer zu beurteilen, inwieweit die weitere politische und vor allem auch wirtschaftliche Entwicklung in und zwischen den Ländern der EU nicht noch zu Ergänzungen des Maastrichter Vertrags führen wird, die über diesen Interpretationsspielraum hinausgehen.

5.1 Die Ausgangslage

„Primat der Politik" vs. enge Auslegung des Maastrichter Vertrags

Konjunkturelle Schwäche

Namentlich ist es die konjunkturelle Schwäche in nahezu allen EU-Ländern, die eine enge Auslegung der Konvergenzkriterien kaum zuläßt, ohne das Zustandekommen eines namhaften Teilnehmerkreises zu gefährden. Vor allem die maximal erlaubte Neuverschuldungsquote von 3 Prozent des Bruttoinlandsprodukts ist in Zeiten eher stagnierender Wachstumsraten eine sehr hohe Hürde, zumal einzelne Länder das *„deficit spending"* als Ausweg ansehen könnten, die lahmenden Wirtschaften wieder auf Trab zu bringen und sich aufbauende soziale Spannungen zu entschärfen.

Romanische Positionen

Besonders aus den romanischen Ländern ist deswegen die Aufforderung, mit den Konvergenzkriterien nicht allzu restriktiv umzugehen, kaum zu überhören. Valéry Giscard d'Estaing redete in einem *Spiegel*-Interview (13/1996) diesem *„Primat der*

Politik" das Wort. Seine Antwort auf die Frage, welche Partner von Anfang an mitmachen sollten:

„Frankreich und Deutschland natürlich, dann die Beneluxstaaten, vielleicht Österreich und jene Staaten, die den politischen Willen haben, an der Union teilzunehmen, Italien und Spanien."

Ein spezifisch deutsches Dilemma

Unabhängig davon, ob der Vorschlag Giscards in die wirtschaftliche Katastrophe führen könnte oder ob er europäisch konstruktiv gedacht ist:

Bundestagswahl 1998

Welche Gestaltungspielräume sich beim Euro einstellen werden, wird wesentlich von einem Datum beeinflußt, das im Euro-Time-Table nicht vorgesehen ist: der deutschen Bundestagswahl 1998, die rund sechs Monate nach der alles entscheidenden Tagung des Europäischen Rates stattfinden wird, auf der die Teilnehmerländer festgelegt werden. Es ist schwer vorstellbar, daß eine der deutschen Parteien das Risiko eingehen wird, sich als Verfechter großer Interpretationsspielräume bei den Konvergenzkriterien dem deutschen Wähler zu präsentieren.

Deutsche Position

Vordergründig mag diese zeitliche Abfolge die Wahrscheinlichkeit für eine kleine, aber feine Währungsunion erhöhen, bei der nur die Länder teilnehmen werden, die die Konvergenzkriterien strikt erfüllt haben. CDU-Fraktionschef Wolfgang Schäuble: *„Notfalls müssen wir mit einer kleinen Zahl an Teilnehmerstaaten beginnen"*; der Zeitplan müsse auf jeden Fall eingehalten werden. Auch eine kleine Währungsunion werde schnell für andere Länder – Schäuble nannte Großbritannien und die Schweiz(!) – so attraktiv werden, daß Teilnahmeanträge gestellt würden.

Das mag zutreffen – aber nur für eine Währungsunion, die so groß ist, daß sie neben der DM auch den französischen Franc und die Währungen der Beneluxländer umfaßt. Alle kleineren Konstellationen wären entweder wirtschaftlich sinnlos *(Deutschland/Luxemburg)* oder aber politisch nicht durchsetzbar *(Deutschland/Frankreich)*. Bei allem Verständnis für ihre Forderung nach einem *„harten Euro“*: Sofern die deutsche Politik den Euro im Rahmen eines *„Europa der zwei Geschwindigkeiten“* will, läuft sie mit jeder neuerlichen *„Härteforderung“* ein Stückchen mehr ins Dilemma, die politische Durchsetzbarkeit eines sinnvollen Teilnehmerkreises zu untergraben.

Wirtschaftlich sinnlos, politisch nicht durchsetzbar

Belgien, Italien, Spanien ... was tun?

Wollen sich Europa und besonders Deutschland also nicht der Blamage aussetzen, als Tiger gesprungen und als Bettvorleger gelandet zu sein, wird spätestens im Falle Belgiens eine flexible Auslegung der Konvergenzkriterien notwendig sein. Belgien beheimatet mit Brüssel die europäische Hauptstadt; seine Nichtteilnahme wäre ähnlich skurril wie die Nichtteilnahme Deutschlands mit Frankfurt als Sitz der zukünftigen Europäischen Zentralbank. Zudem gehört Belgien – wie auch Italien – zu den *„Gründungsmitgliedern“* des europäischen Einigungsprozesses.

Ausschluß des europäischen Zentrums?

Wie würden die Nichtteilnehmerländer auf die belgische Teilnahme am Euro reagieren? Würden sie akzeptieren, daß diese Ausnahmeregelung im Falle Belgiens, wie die Deutsche Bank vorschlägt *(„Die Finanzmärkte akzeptieren allerdings Belgiens Stabilitätsbemühungen, wie die niedrige Zinsdifferenz zur DM und der stabile Wechselkurs zeigen“)*, sinnvoll ist?

Akzeptanz durch Finanzmärkte

Oder aber werden sie darauf pochen, daß mit Belgiens Aufnahme ein Präzedenzfall geschaffen wurde und auch sie Anspruch auf milde Behandlung hätten?

Wie soll Italien dann behandelt werden, wo nach der Wahl des Wirtschaftsexperten Prodi zum italienischen Ministerpräsidenten die Lira deutlich an Wert zulegen konnte und nicht auszuschließen ist, daß Italien auch bei den übrigen Kriterien Fortschritte erzielen wird? Die Rückkehr der Lira ins Interventionssystem des EWS in Kürze jedenfalls ist wahrscheinlich.

Wiedererstarkte Lira ...

Ähnliches könnte im Falle Spaniens auf den Europäischen Rat zukommen; Spanien wird zwar Ende 1996 keines der Konver-

... und zunehmend solides Spanien

genzkriterien erfüllen, liegt jedoch beim Kriterium Staatsschulden sehr nahe am Referenzwert und kann bei den Kriterien Inflationsrate und staatlicher Neuverschuldung auf einen deutlichen Rückgang hinweisen.

Vier Basis-Szenarien

Verschiedene Konstellationen erfordern Flexibilität

Eine ganze Reihe von Konstellationen im Euro-Teilnehmerkreis ist also denkbar, wenn auch nicht gleich wahrscheinlich. Wenn wir nachfolgend durchspielen, mit welchen Reaktionen die Finanzmärkte voraussichtlich auf die jeweiligen Konstellationen aufwarten werden, erkennen Sie deswegen schnell:

> Es kann nicht darum gehen, Ihnen heute die einzig richtige Strategie für Ihre Geldgeschäfte mit Blick auf den Euro empfehlen zu wollen; es kann, was bei der einen Konstellation richtig ist, bei der anderen Konstellation gründlich falsch sein; hinzu kommt, daß von Ihnen ein hohes Maß an Flexibilität gefordert wird, unvorhersehbare Entwicklungen im Vorfeld der Euro-Einführung auch taktisch und strategisch richtig umzusetzen.

In diesem Kapitel werden deswegen die erwartbaren Impulse diskutiert, die vom weiteren Prozeß der Euro-Einführung bzw. seiner Verschiebung auf die Devisen-, Anleihen- und Aktienmärkte einwirken werden. Sie sind die Basis für die Konkretisierung von Chancen und Risiken in Kapitel 6, die sich für Ihre Geldgeschäfte aus diesem Prozeß ergeben.

Es ergeben sich vier Basis-Szenarien:

Hartwährungsunion am wahrscheinlichsten

- Der Euro wird unter Einhaltung des Zeitplans als Hartwährungsunion der Länder Kerneuropas eingeführt. Da ich diesem Szenario *„Alles wird gut“* eine Realisierungschance von 60 Prozent gebe, nimmt seine Auffächerung den größten Raum ein.

Kaum Chancen für Weichwährungsunion

- Der Euro wird innerhalb des zeitlich feststehenden Rahmens als Weichwährungsunion aller EU-Länder eingeführt. Dem

Szenario *„Groß und weich“* gebe ich eine Chance von 10 Prozent.

- Der Zeitplan für die Euro-Einführung wird einvernehmlich und für einen überschaubaren Zeitraum verschoben. Meine Wahrscheinlichkeitsschätzung für dieses Szenario *„Neuer Anlauf“:* 20 Prozent.

Verschiebung als Ausweg

- Der Währungsplan wird definitiv aufgegeben oder auf eine Art und Weise verschoben, die von den Märkten als Scheitern beurteilt wird. Dem Szenario *„Pränataler Exitus“* gebe ich eine Wahrscheinlichkeit von 10 Prozent.

Scheitern unwahrscheinlich

5.2 Was Szenarien leisten können und was nicht

Diese Konstellationen und Szenarien aufzufächern, ist wichtig; fast noch wichtiger aber scheinen die dazugehörenden Vorbemerkungen zu sein.

5.2.1 Ökonomie: Keine präzise Wissenschaft

Wie oben bereits angedeutet, ist die Volkswirtschaftslehre keine exakte Wissenschaft. Anders als beispielsweise in der Physik ist ihr die Herstellung von verläßlichen *„wenn – dann – Abfolgen“* nicht möglich. Während ein Apfel auch dann noch mit derselben Geschwindigkeit vom Baum fällt, wenn Rußland mit China einen Krieg beginnt, ist mehr als fraglich, ob in diesem Fall der Dollarkurs sinkt, weil das amerikanische Leistungsbilanzdefizit weiter gestiegen ist (was er vermutlich ohne den Krieg in Asien tun würde).

Aussagen unter Vorbehalt

Volkswirtschaftsstudenten erleben diese Unschärfe ihrer Wissenschaft gleich im ersten Semester als *„ceteris paribus-Klausel“ (das Übrige bleibt gleich)*. Gemeint ist damit: Die Volkswirtschaftslehre kann Ursache und Wirkung stets nur in mehr oder weniger großen Modellen untersuchen, die in sich zwar dynamisch sind, jedoch von einer gleichbleibenden Modellumgebung ausgehen. Ihre Aussagen sind stets dergestalt: *„Wenn die Zinsen für Konsumkredite um den Betrag X steigen und die*

Preise für Farbfernseher um den Betrag Y fallen, dann ändert sich die Nachfrage nach Farbfernsehern um das Volumen Z".

Interne und externe Impulse

Alles Übrige bleibt gleich – in diesem Modell zum Beispiel die Fernsehgebühren und die Programmqualität, das disponible Einkommen, das Freizeitverhalten, der Stand der Technik etc. Und so mag die untersuchte *„Modellanordnung"* vielleicht zum Ergebnis führen, daß die Fernseher-Nachfrage zum Beispiel um 6,9 Prozent steigen müsse, während sie in der Realität dann doch um 5,2 Prozent sinken wird, weil die Käufer mit einer alsbaldigen Rückbildung der steigenden Kreditzinsen rechnen.

> Das heißt: Die Volkswirtschaftslehre kann zwar das Resultat einer Modellanordnung feststellen und auch quantifizieren, muß aber – wenn sie seriös betrieben wird – stets dazu sagen, daß es sich dabei nur um Impulse auf die *„Außenwelt"* handelt – und daß außerhalb ihres Modellansatzes liegende Kräfte dieses Resultat verstärken oder abschwächen oder gar in sein Gegenteil verkehren können.

Keine zwingenden Prozesse

Übersetzt auf die Entwicklung der Finanz- und Devisenmärkte vor, während und nach der Einführung des Euro bedeutet dies: Selbst innerhalb jedes einzelnen der vier zu untersuchenden Szenarien (*„Modellanordnungen"*, die hauptsächlich durch die angenommenen Teilnehmerländer vorgegeben sind) lassen sich keine zwingenden, tatsächlich in der Realität auch so und nicht anders stattfindenden Prozesse ableiten.

Zum Beispiel die Zinsentwicklung:

Gegenläufige Impulse: Beispiel Zinsen

- Einerseits läßt sich zwar durchaus plausibel begründen, daß von einer *„Hartwährungsunion"* keine nennenswerten zinssteigernden Impulse ausgehen werden, vielleicht sogar eher solche zu tieferen Zinsen.
- Ob andererseits aber in der volkswirtschaftlichen Realität, die auf die Euro-Einführung folgen wird, die Zinsen tatsächlich stabil bleiben, wird maßgeblich auch von Faktoren

abhängen, die außerhalb der Euro-Einführung angesiedelt sind oder nur mittelbar damit zusammenhängen. Möglich, wenn nicht sogar wahrscheinlich, ist, daß im angenommenen Szenario *„Hartwährungsunion"* um die Jahrtausendwende die europäischen Konjunkturen wieder unter Dampf geraten werden und die Europäische Zentralbank dann – was in solchen Fällen die Aufgabe der Notenbanken ist – einen restriktiven Kurs mit Erhöhung der Leitzinsen fahren wird.

Blanke Spekulation mit plausiblen „Tips"

Was immer also bis zur Einführung des Euro oder bis zu seiner Verschiebung noch geschehen wird: Mißtrauen Sie allen einfachen *„wenn – dann"*-Argumentationsketten, auch wenn sie noch so glatt und plausibel daherkommen. Der Schweizer Franken und das gelbe Metall gehören zu den fragwürdigen Tips dieser Kategorie. Und gefährlich sind sie obendrein: Denn Strategien für Ihre Geld- und Kapitalanlage, die ausschließlich auf die möglichen Szenarien der Euro-Einführung abgestimmt sind, stehen – wenn überhaupt – nur auf einem Bein, sind also blanke Spekulation.

Die hohe Kunst

Grundlage für ausgewogene Strategien muß daher die Analyse der die Märkte beeinflussenden Zyklen von Konjunktur und Zinsen sein (und auch im Euro-Einführungsprozeß bleiben), von der aus Sie sich – unter Berücksichtigung Ihres individuellen Temperamentes – die geeigneten „Anlagevehikel" auswählen. Die hohe Kunst wird danach darin bestehen, die von der *„Modellanordnung"* der jeweiligen Euro-Einführung erwartbaren Impulse richtig zu gewichten und sie gegen die *„externen"* Impulse, die aus bestimmten Marktverfassungen entstehen, abzuwägen.

5.2.2 Knoten und Klippen der einzelnen Phasen

Welches nun sind die Impulse, die, von den jeweiligen Szenarien der Euro-Einführung ausgehend, auf die Märkte einwirken werden?

Prägende Ereignisse ...

Die Annäherung an möglichst präzise Antworten erfordert zunächst, die verschiedenen Phasen der Euro-Einführung und die diese Phase maßgebend prägenden Prozesse und Ereignisse für sich genommen zu betrachten.

... schon vor Phase A

Der *erste kritische Zeitraum* beginnt bereits vor Phase A; Europa hat ihn also bereits betreten. Er dauert bis zur Festlegung des Teilnehmerkreises im Frühjahr 1998. Zumindest anfänglich ist er noch stark geprägt von

- Unsicherheiten hinsichtlich *der Zusammensetzung des Teilnehmerkreises,*
- Spekulationen um die Art der *Auslegung der Konvergenzkriterien*
- und vermutlich auch von Überlegungen, ob das große *Projekt* nicht besser *verschoben* werden sollte.

> Besonders unruhig wird es in dieser ersten Phase voraussichtlich in der zweiten Jahreshälfte 1997 zugehen, wenn die Schätzwerte vorliegen, aus denen auf den Konvergenzfortschritt der EU-Länder im Jahr 1997 geschlossen werden kann.

„Heiße“ Phase A

„Heiß“ kann es auch während der gesamten *Phase A* zugehen, also in dem Zeitraum, der mit der Festlegung der Teilnehmerländer im Frühjahr 1998 beginnt und mit der unwiderruflichen Fixierung der Wechselkurse Ende 1998 endet.

Überraschender Teilnehmerkreis

- Wenn die Entscheidungen des Europäischen Rates über den Teilnehmerkreis den Erwartungen der Märkte nicht entsprechen, werden größere Kapitalbewegungen stattfinden, die erhebliche Belastungen für die Wechselkurse und Zinsen in Europa darstellen können.

Problem Wechselkursfixierung

- Ebenfalls eine Quelle von Nervosität: Welches sind die *„richtigen“*, welches werden die definitiven *Wechselkurse* sein?

- Auch das *Verfahren der Wechselkursfestlegung* kann für sich genommen Marktbewegungen auslösen.

Die wichtigsten *Knackpunkte* auf dem Weg zum Euro

Bis Anfang 1998 …

Teilnehmerkreis unsicher	Märkte beobachten und bewerten Konvergenzentwicklung; Paritätsverluste bei schlechter, -gewinne bei guter Entwicklung. Zinserhöhungen, um Paritäten zu stützen. Schweizer Franken relativ stark.
Auslegung der Konvergenzkriterien	Kaum Unruhen, wenn Euro mit den Ländern Kerneuropas entsteht; dann eher starke DM/Franc, schwache Peripheriewährungen und nachgebender Schweizer Franken. Anzeichen für darüber hinausgehende Aufweichung: Eher schwacher DM-Block, starke Peripheriewährungen und Schweizer Franken. Erhebliche Turbulenzen möglich.
Verstärkte Verschiebungsdiskussion	Starker, engerer DM-Block, starkes Pfund, Gefahr für den Franc, schwache Peripheriewährungen.

… im Jahr 1998

Überraschender Teilnehmerkreis	Erhebliche Turbulenzen wahrscheinlich; kurzfristig hohe Paritäten der Peripheriewährungen, starke Schweizer Franken, Pfund, US-Dollar; Währungen Kerneuropas schwach.
Wechselkursfixierung	Kaum Probleme bei Stabilitätsunion, erhebliche Spekulationen bei überraschendem Teilnehmerkreis möglich. Evtl. verzeinzelt *„Währungsdumping“*.
Konzept der Europäischen Zentralbank	Bei Abweichungen von Bundesbank-Konzept schwache Teilnahmewährungen; starke Schweizer Franken, Pfund, Dollar.
EWS II	Schwache Nichtteilnahmewährungen bei Erwartung dauerhafter Nichtteilnahme.

… 1999 bis 2001

Keine Fortschritte bei politischer Union	Eher schwacher Euro, wenn einzelne Teilnehmerländer ihre Probleme auf Kosten der anderen lösen wollen.
Mangelnder Konvergenzfortschritt/ schlechte Konjunktur	Erhebliche Spannungen zwischen den Teilnehmerländern wahrscheinlich. Märkte können Unumkehrbarkeit des Währungsprojekts testen. Insgesamt schwache internationale Bewertung des Euro.
Pannen/Ungereimtheiten/ Gewöhnungsprozeß	Sinkende Akzeptanz in der Bevölkerung, Spaltung zwischen Euro-Nutzern und Nicht-Nutzern möglich. Neues Geld steht evtl. nicht rechtzeitig zur Verfügung. Verlängerung der Phase B möglich.

… 1. Halbjahr 2002

Vorübergehend zwei gesetzliche Zahlungsmittel	Erhebliche Belastung für bestimmte Berufsgruppen; doppelte Preisauszeichnung und problematische Euro-Preisfindung; evtl. inflationärer Effekt durch Aufrundungen. Wettbewerbsverzerrungen durch unterschiedliche Praxis der Preisfindung.

- In dieser Phase sind auch innerhalb des Teilnehmerkreises Belastungen vorstellbar. Einzelne Länder könnten versuchen, sich durch einen möglichst niedrigen Wechselkurs *Wettbewerbsvorteile* für den Start des gemeinsamen Geldes zu verschaffen („*Währungsdumping*").

Konzept der Europäischen Zentralbank

- Spätestens am Ende der Phase A wird *das Konzept der Europäischen Zentralbank* vorliegen, mit dem sie die Stabilität des Euro sicherstellen soll. Bereits Nuancen, mit denen dieses Konzept von der bisherigen Politik der Bundesbank abweicht, können zu heftigen Marktbewegungen führen.

Nachfolge des EWS

- Schließlich wird am Ende der Phase A auch feststehen, wie das *Nachfolgekonzept des Europäischen Währungssystems* aussehen wird. Entscheidend wird dabei sein, ob es die baldige Aufnahme der vorläufig nicht teilnehmenden Währungen im Rahmen des Ideals „*Europa der zwei Geschwindigkeiten*" verspricht oder ob eine dauerhafte Spaltung Europas durch den Euro zu erwarten ist. Je nachdem werden vor allem die Devisenmärkte heftig in Bewegung kommen.

Mit Blick auf die Marktbewegungen wird *Phase B* gekennzeichnet sein als Bewährungsprobe für die Europäische Zentralbank einerseits und den Euro-Teilnehmerkreis andererseits.

Keine politische Union

- Es wird sich abzeichnen, ob es gelingen wird, die *Währungsunion ohne politische Union* erfolgreich zu gestalten.

Interessenskonflikte

- Wird die EZB einen *strikt stabilitätsorientierten Kurs* fahren und wird sie diesen gegenüber den Regierungen der Nationalstaaten *durchsetzen* können? Greifen die Konzepte, mit denen stabile Verhältnisse in Europa durchgesetzt werden sollen?

Konvergenzfortschritt

- Erleichtern die konjunkturellen Entwicklungen den *weiterhin erforderlichen Konvergenzprozeß* innerhalb und außerhalb des Teilnehmerkreises?
- In einer worst-case-Betrachtung ist durchaus auch vorstellbar, daß die Märkte die *Unumkehrbarkeit des Währungsprojekts* testen.
- Auch das Nachfolgekonzept des EWS wird sich bewähren müssen.

- Selbst wenn solche Störungen ausbleiben, wird es während dieser Phase kaum vermeidbar sein, daß administrative und technische Ungereimtheiten, Pannen und Gewöhnungsprozesse für vorübergehende Unruhe in einzelnen Marktsegmenten führen werden.

Technische Pannen

In *Phase C* schließlich, wenn es den Euro zum Anfassen geben wird, sind signifikante, euro-induzierte Marktbewegungen kaum mehr wahrscheinlich. Es sind jedoch allerlei Friktionen im Prozeß des Geldumtauschs denkbar. Auch können Wettbewerbsverzerrungen bei der Euro-Preisfindung (Aufrundung/Abrundung) zu vorübergehenden Unübersichtlichkeiten führen.

Relativ ruhige Phase C

5.2.3 Erfüllte und enttäuschte Markterwartungen

Die Märkte werden Erwartungen hegen, wie diese Klippen umschifft und Knoten gelöst werden. Ihre Erwartungen können erfüllt, aber auch enttäuscht werden.

In Erwartung bestimmter Kurse werden die Märkte frühzeitig reagieren.

> Zum Beispiel: Nicht erst nach der entscheidenden Sitzung des Europäischen Rates, die über die Teilnehmer am Euro entscheidet, werden sich die Märkte in Bewegung gesetzt haben; schon heute macht die Marktauffassung, daß Frankreich an der Währungsunion teilnehmen wird, den Franc stabil. Andererseits tendiert die Peseta eher schwach, weil der spanische Wunsch nach Verschiebung signalisiert, daß die politische Klasse in Spanien nicht erwartet, daß Spanien Ende 1997 die Konvergenzkriterien erfüllen wird. Der Sturz der Lira nach der Waigelschen Äußerung im Herbst 1995, daß Italien nicht an der Währungsunion teilnehmen könne, gehört ebenfalls in dieses Kapitel.

Vorwegnahme durch die Märkte

Diese Erwartungen der Märkte können – wie eine *„self-fulfilling prophecy“* – einerseits eine eigendynamische Macht haben. Sie können etwa bewirken, daß das Konvergenzkriterium *„Wechsel-*

Eigendynamik

kursstabilität" nicht erfüllt wird, und dies einfach nur, weil spekulativ bedingte Absetzbewegungen aus für nicht tauglich empfundenen Währungen stattfinden. Die dann in den betroffenen Ländern unter Umständen erforderlichen Zinssteigerungen werden es diesen Länder gleichfalls erschweren, den Referenzwert beim Kriterium *„Zinsdifferenzen"* zu erfüllen.

Politische Entscheidung Spiegelbild der Märkte

Denkbar ist auf diese Weise, daß die *letztendlichen Entscheidungen* des Europäischen Rates von den Märkten erzwungen werden, also nur deren Spiegelbild sind und zu keinen nennenswerten Marktreaktionen mehr führen werden, weil diese bereits im Vorfeld und ohne Übertreibungen stattgefunden haben.

Denkbar ist andererseits aber auch, daß Ereignisse und Prozesse, die für die einzelnen Phasen prägend sind, anders als von den Märkten erwartet gestaltet werden:

Heftige Reaktionen bei intransparenten Entscheidungen

Wird sich zum Beispiel im Falle Spaniens der *„Primat der Politik"* durchsetzen (d. h., Spanien gehört zu den Gründungsmitgliedern) und wurde dies nicht bereits im Vorfeld transparent, wird es nach heutigem Ermessen zu heftigen Marktreaktionen kommen, deren Ausmaß und Richtung nur schwer prognostizierbar sind: Möglich ist ein steigendes Vertrauen in die Peseta mit entsprechenden Kapitalzuflüssen, möglich ist aber auch, daß die Märkte diesen Beschluß nicht für unumkehrbar halten und Kapital abgezogen wird. Daß in der zeitlichen Abfolge die eine Marktreaktion die andere ablösen kann, macht die Prognostizierbarkeit des schlußendlichen Ergebnisses nicht eben einfacher.

Die Hoffnung auf eine sukzessive Einstellung der Märkte auf den Euro schon vor dessem eigentlichen Start erfordert also ein hohes Maß an Glaubwürdigkeit und Transparenz im politischen Geschehen. Denn enttäuschte Markterwartungen – wir werden bei den einzelnen Szenarien genauer darauf eingehen – können zu erheblichen Turbulenzen führen.

5.3 „Alles wird gut“: Der Euro als Stabilitätsunion

5.3.1 Szenario und Teilnehmerkreis der Stabilitätsunion

Das Harmonie-Szenario *„Alles wird gut“* geht von folgenden Annahmen aus:

Die Stabilitätsunion wird aus einem Teilnehmerkreis gebildet, der nicht „mit Ach und Krach“ und in letzter Minute die Konvergenzkriterien erfüllt hat, sondern dessen Volkswirtschaften mit ihren wichtigsten Parametern schon seit geraumer Zeit im wesentlichen im Gleichklang laufen.

Teilnehmerkreis Kerneuropa

Das sind die Länder Kerneuropas, also neben Deutschland und Frankreich die Beneluxländer. Österreich wird die Stabilität nicht stören, gehört der Schilling doch – neben dem holländischen Gulden – zu jenen Währungen, die de facto schon seit langem und fast ohne Schwankung an die DM gebunden sind. Ähnliches läßt sich auch von Dänemark für den Fall sagen, daß die Dänen nicht von ihrer *„opt-out“*-Klausel Gebrauch machen wollen. Auch die Teilnahme Finnlands und Irlands wird die Stabilität des neuen Geldes kaum bedrohen. Die hierfür vielleicht erforderliche *„Dehnung“* der Maastricht-Kriterien wird durch das relativ geringe Gewicht, das die irische und finnische Volkswirtschaft im Teilnehmerkreis hätten, leicht zu verkraften sein.

Sinnvoller Ermessensspielraum …

Ein Euro, der sich aus diesem Teilnehmerkreis zusammensetzt, wird selbst dann eine sehr starke Währung sein, wenn keines oder nur einzelne Teilnehmerländer alle fünf Konvergenzkriterien erfüllt. Wie oben bereits erwähnt, werden in dieser Konstellation nur Länder in der gemeinsamen Währung zusammengespannt, denen die Märkte längst die Reife für ihre Teilnahme am Währungsprojekt attestiert haben.

… bei den „Schuldenkriterien“

Sofern es erforderlich ist, daß der Europäische Rat bei der Interpretation der Konvergenzlage von seinem Ermessensspielraum Gebrauch macht, dürfte sich dies nach heutiger Lage ausschließlich auf die beiden Schuldenkriterien erstrecken. Und diesbezüglich macht es Sinn, gebührend zu berücksichtigen, daß die Nichterfüllung der Konvergenzkriterien wenig mit unsolider Haushaltspolitik und viel mit der konjunkturellen Situation zu tun hat, die in allen Teilnehmerländern ähnlich schlecht ist.

Welche Kräfte wirken nun in den einzelnen Phasen der Einführung eines so gestalteten harten Euro auf die Märkte ein?

5.3.2 Devisenmärkte

Vor Beginn der Phase A (bis Frühjahr 1998)

Unsicherheit bis 1998?

Bis weit in das Jahr 1997 hinein, unter Umständen auch bis zur definitiven Festlegung des Teilnehmerkreises im Frühjahr 1998, wird ein bestimmtes Maß an Unsicherheit selbst dann das Marktgeschehen prägen, wenn sich per Saldo die Lösung *„Alles wird gut"* als immer wahrscheinlicher herauskristallisieren wird.

Verschiebung ausge-schlossen

Denn: Vor allem deutsche Positionen, die fordern, der Zahlenkranz des Maastrichter Vertrags müsse punktgenau und ohne vom Ermessensspielraum Gebrauch zu machen erfüllt werden, tragen vor allem anfänglich dazu bei, daß die Verschiebung des Währungsprojekts nicht ausgeschlossen wird. Im Herbst 1997 wird man jedoch hinlänglich genau beurteilen können, ob die genannten Länder die Konvergenzkriterien innerhalb des Ermessensspielraums des Vertragswerks erfüllen werden, so daß eine Verschiebung ausgeschlossen werden kann.

> Per Saldo wird dieser Prozeß in Richtung auf eine Stabilitätsunion von weitgehend stabilen Paritäten innerhalb der Teilnahmewährungen begleitet werden.

Tendenzielle Über-bewertung der DM

Die DM gegenüber Teilnahmewährungen: Wenn und solange eine Verschiebung des Währungsprojekts nicht ausgeschlossen werden kann, wird die DM dabei eine tendenzielle Überbewertung gegenüber den anderen Teilnahmewährungen erfahren, da sie – siehe unten – von einer Verschiebung aller Voraussicht nach am meisten profitieren würde. Eine tendenzielle Schwäche

Die *Devisenmärkte* auf dem Weg in die Stabilitätsunion

Bis Anfang 1998 … →	**Teilnahmewährungen**	**Nichtteilnahmewährungen**	**Sonstige**
Keine Verschiebungsdiskussion	Weitgehend ruhige Entwicklung, stabile Paritäten untereinander	Rückläufige Paritäten gegenüber Kerneuropa erwartbar	Schweizer Franken: schwach, kaum Auswirkungen auf Pfund; Dollar: unkalkulierbar
Verschiebungsdiskussion	Vorübergehende Überbewertung der DM und Schwäche vor allem beim Franc	Rückläufige Paritäten v.a. gegenüber DM erwartbar	Starkes Pfund bei Anzeichen für Verschiebung; schwacher Schweizer Franken; Dollar: unkalkulierbar
… im Jahr 1998 →			
Vorübergehendes „Europa der zwei Geschwindigkeiten“	Kaum mehr Änderungen gegenüber Peripheriewährungen erwartbar, ggf. Korrektur von DM-Überbewertung. Ggf. Spannungen wegen „richtiger“ Wechselkurse untereinander	Kaum mehr Änderungen, ggf. Korrektur übertriebener Abwertungen	Anhaltend schwächerer Schweizer Franken; starkes Pfund v.a. bei Teilnahmeerwartung; Dollar: unkalkulierbar
Gefahr des Abdriftens der Peripherie	Weitere Aufwertungen gegenüber Peripheriewährungen, sonst wie oben	Anhaltend schwach, kein Korrekturspielraum	Schweizer Franken u.U. wieder stärker, sonst wie oben
… 1999 bis 2001 →			
EWS II bewährt sich	Fixierte Wechselkurse; kaum mehr Wechselkursschwankungen gegen Peripheriewährungen	Stabile Paritäten untereinander und gegenüber Teilnahmewährungen; Beitritte zum Euro	Weiterer Rückgang des Schweizer Frankens; schwächeres Pfund bei dauerhaftem britischen Sonderweg
„Zwei-Klassen-Europa“	Sehr starker Euro	Weitere Abwertungen gegenüber Euro wahrscheinlich	Schweizer Franken und Pfund evtl. stark als zusätzliche europäische „save havens“

der DM gegenüber den Teilnahmewährungen ist – spiegelbildlich dazu – als Indiz dafür zu werten, daß die Märkte nicht mit einer Verschiebung rechnen.

Neutralität beim Pfund Sterling

Die DM gegenüber den „opt-out"-Währungen Pfund und dänische Krone: Das *britische Pfund* und die *dänische Krone* werden voraussichtlich kaum Euro-induzierte Marktbewegungen zu überstehen haben, da mit der Teilnahme dieser Währungen ohnehin nicht gerechnet wird.

Nichtteilnahmewährungen unter Druck

Die DM gegenüber Nichtteilnahmewährungen: Unter Druck geraten die südeuropäischen Währungen Escudo, Peseta und Lira. Einerseits werden Kapitalbewegungen aus diesen Währungen deren Paritäten schwächen, andererseits ist gleichzeitig nicht auszuschließen, daß sie bei feststehender Nichtteilnahme zu einer lockereren Geld- und Haushaltspolitik übergehen werden, um ihren Volkswirtschaften die erforderlichen konjunkturellen Impulse zu geben.

Schwierige Dollar-Prognosen

Teilnahmewährungen gegenüber Nicht-EU-Währungen: Wie sich die Paritäten der DM und der anderen Teilnehmerländer bis zur definitiven Festlegung des Teilnehmerkreises entwickeln werden, ist schwer prognostizierbar. Zweifellos werden einerseits aus dem Prozeß in Richtung auf eine Stabilitätsunion europäische Impulse entstehen, welche den *US-Dollar* und die übrigen Dollarwährungen eher schwächen werden. Tatsächlich aber sind die Bestimmungsgründe für die Entwicklung des Dollarkurses so vielfältig und auch von außereuropäischen Faktoren geprägt, daß der US-Dollar auch dann noch steigen kann, wenn die Stabilitätsunion bereits auf dem Papier steht. Namentlich sind es die Entwicklung der US-Zinsen sowie die *„politische Großwetterlage"* (Wahlausgang in den USA!), die bis auf weiteres bei Dollarprognosen mitbeachtet werden sollten.

Verlierer Schweizer Franken

Dagegen mag als sicher gelten, daß der *Schweizer Franken* – noch immer (Juni 1996) deutlich über 120 DM je 100 Franken notiert und damit überbewertet – in dem Maße schwächer werden wird, in dem der Euro-Prozeß auf eine Stabilitätsunion zuläuft.

Während der Phase A (Frühjahr 1998 bis 31. 12. 1998)

Wechselkursfixierung zu Marktparitäten

Teilnahmewährungen: Auch in der Phase A – also im Zeitraum von der Festlegung der Teilnehmerländer bis zur Fixierung der Wechselkurse – wird es bei einem *„normalen Lauf der Dinge"* nicht zu nennenswerten Verwerfungen an den Devisenmärkten kommen. Vielmehr kann man davon ausgehen, daß die festzusetzenden Paritäten der einzelnen Währungen zum Euro und damit auch untereinander sehr nahe bei jenen Werten liegen werden, die sich auf den Märkten in den vergangenen Jahren bereits herausgebildet haben.

Währungsdumping nicht ausgeschlossen

Im Auge allerdings sollte stets behalten werden, mit welchem Verfahren die Wechselkursfixierung erfolgen wird: Wird – was allerdings unwahrscheinlich ist – das Paritätsgefüge per 31. Dezember 1998 (und nicht eine Art Durchschnittsverfahren, vgl. Abschn. 2.5) dafür maßgeblich sein, dann könnten Kraftproben zwischen den Märkten einerseits, die für einzelne Währungen bestimmte Paritäten erwarten oder erzwingen wollen, und den Zentralbanken andererseits, welche die *„richtigen"* (oder als *„richtig"* erachteten) Paritäten verteidigen müßten, stattfinden. Auch nicht ausgeschlossen, aber sehr unwahrscheinlich: Einzelne Länder des Teilnehmerkreises versuchen ein *„Währungsdumping"*, um sich mit möglichst niedrigen Wechselkursen Startvorteile im Währungsverbund zu verschaffen.

Nicht teilnehmende Währungen: Inwieweit in der Phase A die Währungen der nichtteilnehmenden Länder mehr noch als zuvor in Bedrängnis kommen werden, wird sehr stark davon abhängen, welche Signale noch in der Phase A für das zukünftige Zusammenwirken des Euro mit den Währungen seiner Peripherieländer gegeben werden.

Erhebliche Währungsrisiken

Grundsätzlich gilt: Bis zum 31. Dezember 1998 ist das bisherige EWS mit seinen Bandbreiten Grundlage für die Bewegung aller am Wechselkursmechanismus teilnehmenden europäischen Währungen. Das heißt, daß das Abwertungspotential bei *Peseta und Escudo* auf 15 Prozent ihres gegenwärtigen EWS-Leitkurses beschränkt ist, es sei denn, eine Neufestsetzung der EWS-Leitkurse vergrößert ihren Abwertungsspielraum. Keine untere Begrenzung gibt es bei Pfund und Lira, die seit den EWS-Turbulenzen im Jahr 1993 aus dem Interventionsmechanismus des EWS ausgetreten sind.

Schon während der Phase A wird sich herausschälen, ob die Stabilitätsunion mit ihrem relativ kleinen Teilnehmerkreis politisch auch mitgetragen wird von den Nichtteilnahmeländern, und ob um den Euro herum ein EWS-Nachfolgesystem installiert wird, welches das erklärte Ziel hat, auch die Nichtteilnahmeländer möglichst rasch teilnahmefähig zu machen. Gelingt dies, werden die Paritäten der Nichtteilnahmeländer gegen Ende der Phase A eher wieder gestärkt und die anfänglich erlittenen Paritätsverluste teilweise wieder wettgemacht.

Paritätsverluste teilweise wettgemacht

Unwahrscheinliche Abkoppelung

Eine solche Entwicklung halte ich – auch mit Blick auf das Abstimmungsverfahren und die bereits oben geschilderten Mehrheitsverhältnisse – für weitaus wahrscheinlicher als eine Abkoppelung der Nichtteilnahmeländer vom Euro, die zweifellos deren Paritäten weiter schwächen würde.

Anhaltende SFR-Schwäche

Nicht EU-Währungen: Mit Blick auf US-Dollar und Schweizer Franken wird dieser Prozeß hin auf eine Hartwährungsunion zu anhaltenden Stärketendenzen der Teilnahmewährungen führen. Vor allem in der ersten Zeit der Phase A könnte es zu erheblichen Absetzbewegungen aus dem Schweizer Franken mit entsprechendem Druck auf die Frankenparität kommen. Für den Dollar bleibt auch in Phase A festzustellen: Seine Bewegungen werden maßgeblich von Kräften mitbestimmt, die nicht aus der Dynamik des Euro-Einführungsprozesses stammen.

Während der Phase B (1. 1. 1999 bis spätestens 31. 12. 2001)

In Phase B – wir schreiben dann bereits das Jahr 1999 – wird es den *„Euro zum Anfassen"* zwar noch nicht geben, faktisch jedoch ist er bereits eingeführt.

Die aus dem *Einführungsprozeß* resultierenden Kräfte auf die Devisenmärkte sind dann abgeklungen. Entscheidend wird sein, wie erfolgreich die Europäische Zentralbank operieren wird und wo die Konjunkturen in Europa und den anderen Wirtschaftszentren stehen werden.

Zentralbankpolitik im Zentrum

Da wir in diesem Szenario von einer Stabilitätsunion ausgehen und damit nicht nur die Kriterien bei der Auswahl des anfänglichen Teilnehmerkreises, sondern auch dessen zukünftiges geld- und fiskalpolitisches Verhalten meinen, wird der Euro in diesem Szenario in der Tendenz zu einer der stärksten Währungen der Welt gehören. Prognosen darüber, welche Paritäten sich gegenüber den Dollar-Währungen einstellen werden, halte ich allerdings aus oben genannten Gründen für unmöglich.

Sehr starker Euro

5.3.3 Zinsen

Nun einen Blick auf die Kräfte, die vom Euro-Einführungsprozeß in der Variante *„Stabilitätsunion“* auf die deutschen und europäischen Zinsen einwirken werden.

Wie hoch werden die Euro-Zinsen am Ende der Währungsumstellung sein?

Es erscheint – mit Blick auf die Zinsentwicklung in den Teilnehmerländern – sinnvoll, mit einem Blick ins Jahr 2000 zu beginnen.

> Die Wechselkursrisiken für Kapitalengagements innerhalb der teilnehmenden Länder sind im Jahr 2000 weggefallen, und die Europäische Zentralbank formuliert ihre – wie auch immer geartete – Politik in Euro; die von ihr festgelegten Leitzinsen werden für alle Teilnehmerländer gelten. Es wird sich also ein einheitliches Zinsniveau in den Teilnehmerländern herausgebildet haben.

Einheitliches Zinsniveau

Der Wegfall von Zinsdifferenzen, die im wesentlichen auf Paritätsrisiken und auf unterschiedliche fiskalpolitische Ausrichtungen zurückzuführen sind, wird jedoch nicht zu einem quer durch alle Teilnehmerländer exakt identischen Zins- und Rendite-

Renditedifferenzen durch unterschiedliche Bonität

niveau führen. Vielmehr werden auch unter dem Regime des Euro unterschiedliche Schuldnerbonitäten zu Renditedifferenzen innerhalb der einzelnen Laufzeitklassen führen.

Welche Effekte von der Einführung des Euro im Szenario *„Hartwährungsunion“* auf das im Prinzip einheitliche Niveau der Zinsen in Deutschland und Europa ausgehen werden, sollte aus zwei Blickwinkeln betrachtet werden:

Minimale anfängliche Zinserhöhungen am langen …

- Die Frage, ob durch den Euro-Einführungsprozeß das Zinsniveau in Deutschland höher zu liegen kommen wird als ohne den Euro-Einführungsprozeß, kann einmal quantitativ untersucht werden. Bei dieser quantitativen Untersuchung ermittelt man den Durchschnitt der mit dem jeweiligen Bruttoinlandsprodukt gewichteten Zinssätze der einzelnen Teilnehmerländer (vgl. dazu die Ermittlung des „Inflationseffekts“, S. 63/64). Als Ergebnis erhält man einen geringfügig, nämlich um 0,1 Prozentpunkte, höheren Zinssatz als gegenwärtig bei der DM im langen Bereich. Per Mai 1996 würde dies also ein Renditeniveau von ca. 6,6 Prozent *bei zehnjährigen Regierungsanleihen* bedeuten.

Stabilitätsunion: Zinseffekte durch den Euro

Land	**Renditen** Langläufer (%)	**Renditen** Kurzläufer (%)
Deutschland	6,51	3,4
Frankreich	6,54	4,1
Niederlande	6,32	2,85
Belgien	6,7	3,5
Irland	7,4	5,7
Luxemburg	6,4	3,4
Finnland	7,2	5,1
Österreich	6,4	3,5
Durchschnittlich		
ungewichtet	**6,68**	**3,94**
gewichtet	**6,59**	**3,73**

Stand: 20. Mai 1996

- Im Bereich der *kurzen Gelder* würde diese quantitative Methode zum Resultat führen, daß im Bereich der Dreimonatsgelder die Zinsen des Euro ebenfalls um 0,3 Prozentpunkte höher lägen als die der DM; sie würden also per Mai 1996 bei etwa 3,7 Prozent liegen.

... und am kurzen Ende

- Diese quantitative Analyse ist allerdings insofern statisch, als sie die Effekte des ungleich größeren, einheitlichen Kapitalmarkts und der Geldpolitik der Europäischen Zentralbank nicht berücksichtigt. Hier gehen – meines Erachtens zu Recht – viele Euro-Studien, vor allem der Banken, mittlerweile davon aus, daß das Szenario *„Hartwährungsunion"* – das eine stabilitätsorientierte, erfolgreiche Europäische Zentralbank ebenso einschließt wie das Vertrauen der internationalen Märkte in den Euro – *die aus deutscher Sicht zinssteigernden Effekte der rein quantitativen Analyse überkompensieren kann.*

Chancen auf rückläufige Zinsen im weiteren Verlauf

> Bitte beachten Sie jedoch auch an dieser Stelle: Wir untersuchen hier ausschließlich modellhaft die Impulse, die von der Euro-Einführung auf die Zinsen ausgehen werden; tatsächlich aber werden mindestens ebenso gewichtige Effekte aus dem konjunkturellen Umfeld in Europa und den Weltfinanzmärkten, die unabhängig vom Euro sind, bei der Herausbildung des Euro-Zinses eine große Rolle spielen.

Impulse von Konjunktur und Weltfinanzmärkten

Wir haben per Saldo – also in Erwartung einer Stabilitätsunion – kaum nennenswerte, vor allem keine dramatischen Veränderungen bei den europäischen Zinsen zu erwarten. Dies allerdings bedeutet nicht zwingend, daß sich die Zinsen der Teilnehmerländer sukzessive und kontinuierlich angleichen werden, bis sie im Rahmen der durch unterschiedliche Bonitäten vorgegebenen Spielräume identisch sein werden. Auch auf die Zinsen in den Teilnehmerländern werden während der einzelnen Phasen des Euro-Einführungsprozesses unterschiedliche Marktkräfte einwirken. Folgende Bewegungen sind wahrscheinlich:

Unterschiedliche Phasen des Zinsangleichungsprozesses

Bis zum Ende der Phase A (bis 31. Dezember 1998)

Anfängliche Unsicherheiten ...

Teilnehmerländer: Frühestens im Herbst 1997 wird sich – siehe oben – herausgestellt haben, daß der Zeitplan der Währungsunion eingehalten wird und daß der Teilnehmerkreis eine stabile Währung erwarten läßt. Bis dahin wird namentlich die Unsicherheit, ob die *Euro-Einführung* verschoben werden wird, eine mehr oder weniger große Rolle bei den Dispositionen der Marktteilnehmer spielen.

... Kapitalzuflüsse in die DM ...

Tendenziell wird diese Unsicherheit zu Kapitalzuflüssen in die DM führen, da die Paritäten der anderen EU-Länder bei einer Verschiebung unter Druck geraten würden. Das bedeutet, daß bis zum Herbst 1997 hinein die *gegenwärtigen Zinsdifferenzen* zwischen den EU-Teilnehmerländern jedenfalls dann erhalten bleiben werden, wenn *keine anderen Faktoren außer der Euro-Einführung* in Betracht gezogen werden (ein solcher Faktor könnte für Deutschland die Haushaltssituation sein, die zu schwindendem internationalen Vertrauen in die DM und entsprechenden Abflüssen von ausländischem Kapital führt):

... zinssenkende Impulse in Deutschland

> In Deutschland würden die Euro-bedingten Kapitalzuflüsse die Politik der tiefen Zinsen unterstützen, außerhalb Deutschlands sind kaum Zinssenkungsspielräume gegeben, wenn nicht die Stabilität der Währungsparitäten gegenüber der DM (eines der Konvergenzkriterien!) aufs Spiel gesetzt werden soll.

Prämien für Paritätsrisiken auch in Phase A

Auch wenn sich im Frühjahr 1998 mit der Festlegung des Teilnehmerkreises die Markterwartung *„Stabilitätsunion"* bestätigen sollte, wird der Beginn der Phase A nicht zwingend der Startschuß für die Angleichung des Zinsniveaus der Teilnehmerländer sein. Noch sind dann auch innerhalb der Teilnahmewährungen Wechselkursrisiken vorhanden, für welche die Märkte Prämien fordern.

Denkbar ist sogar, daß für einzelne der Teilnahmewährungen die Wechselkursrisiken höher als zuvor eingeschätzt werden, da

Die *Kapitalmärkte* auf dem Weg in die Stabilitätsunion

	Kern-EU	Peripherie-EU	Sonstige
Bis Anfang 1998 … →			
Keine Verschiebungsdiskussion	Keine besonderen Einflüsse auf Zinsen, weiterer Rückgang der Zinsdifferenzen	Vermindertes Zinssenkungspotential	Keine Euro-induzierten Impulse auf die Zinsen in der Schweiz, England und USA
Verschiebungsdiskussion	Zinssenkungspotential im engeren DM-Block, ansonsten leichte Zinssteigerungen. Vorübergehend höhere Zinsdifferenzen.	Erhöhtes Risiko für steigende Zinsen	Zinssenkungspotential beim Pfund, darüber hinaus Zinsentwicklung schwerpunktmäßig unter rein nationalen Gesichtspunkten
… im Jahr 1998 →			
Vorübergehendes „Europa der zwei Geschwindigkeiten"	Prozeß der Zinsangleichung setzt sich ungestört fort. Konjunkturelle Erfordernisse steuern die Richtung. Mäßige Spannungen u.U. bei Wechselkursfixierung	Leichte Zinssenkungen möglich, aber nur von kurzer Dauer. Deutliche Zinsdifferenzen zu Kerneuropa bleiben bestehen	siehe oben
Gefahr des Abdriftens der Peripherie	siehe oben	Zinssenkungen aufgrund vorwiegend nationaler Ausrichtung von Geld- und Wirtschaftspolitik	Kapitalflucht aus den Peripherieländern bewirkt zinssenkende Impulse
… 1999 bis 2001 →			
EWS II bewährt sich	Weitgehend identische Zinsen auf relativ niedrigem Niveau, kaum bonitätsbedingte Differenzen. Flachere Zinsstrukturkurve	Konvergenzfortschritte ermöglichen sukzessive Zinssenkungen. Erhebliches Zinssenkungspotential bei Euro-Beitritten.	Zinssenkungspotential in England bei Beitrittserwartung; business as usual im übrigen.
„Zwei-Klassen-Europa"	Sehr tiefes Zinsniveau möglich; maßgeblich: konjunkturelle Entwicklung	Inflationäre Entwicklung führt zu dauerhaft hohen Zinsen	Kapitalflucht aus den Peripherieländern bewirkt zinssenkende Impulse

erwartet wird, daß sie zu tieferen Paritäten ins Währungsgefüge eingegliedert werden. Das könnte vorübergehend zu höheren Zinsdifferenzen beitragen.

Einfluß durch das Verfahren der Wechselkursfixierung

Spannend wird also auch für den Zinsprozeß: Wann und auf welche Weise werden die Wechselkurse unter den Teilnahmewährungen unwiderruflich festgeschrieben?

Politischer Konsens …

Nichtteilnahmeländer: Bei der Analyse der Zinsentwicklung in den Ländern, die (vorläufig?) nicht teilnehmen werden, gilt es zu unterscheiden: Erfolgt die Festlegung des Teilnehmerkreises einvernehmlich und ist eine schnellstmögliche Aufnahme der vorläufigen Nichtteilnahmeländer beabsichtigt – oder aber werden die Nichtteilnahmeländer versuchen, Sonderwege zu gehen?

… beeinflusst die Zinsentwicklung

Letzteres wird dazu führen, daß die Nichtteilnahmeländer ihre auf die Erfüllung der Konvergenzkriterien gerichtete Politik aufgeben, was für sie Zinssenkungsspielräume eröffnet. Wird dagegen die schnellstmögliche Aufnahme in den Währungsbund angestrebt, wird es dort bei hohen Zinsen bleiben, eventuell sogar zu steigenden Zinsen kommen, die allzu große Abwertungen der Währungen verhindern sollen.

Konjunktur für US-Zinsen entscheidend

„Opt-out"- und Nicht-EU-Länder: Hinsichtlich der Zinsen der *Dollarwährungen* sind aus dem europäischen Währungsprozeß resultierende Impulse nicht zu erwarten. Namentlich die konjunkturelle Entwicklung in den USA und die Zinspolitik der amerikanischen Notenbank werden für die Entwicklung der Dollarwährungen ausschlaggebend bleiben. Beim *Schweizer Franken* wird die nachlassende Nachfrage erst einmal die Diskussion um die Einführung von *„Negativzinsen"* beenden. Zinserhöhungen sind jedoch eher unwahrscheinlich: Bern könnte die Gunst der Stunde nutzen, um mit anhaltend tiefen Zinsen den deutlich überbewerteten Franken auf einen für die Schweizer Wirtschaft attraktiven Wert von um 110 DM oder tiefer fallen zu lassen. Beim *britischen Pfund* schließlich – mit einer Rendite von 8 Prozent eine attraktive Anlagewährung – würden vor

Erwünschte Entspannung (=Abwertung) beim Schweizer Franken?

allem eventuell aufkommende Erwartungen eines baldigen Beitritts in die Währungsunion zu Zinssenkungen führen.

Während der Phase B (Januar 1999 bis Dezember 2001)

Mit Beginn der Phase B wird der Angleichungsprozeß zwischen den Zinsen der Teilnahmewährungen beendet sein. Legt man den oben zusammengestellten Teilnehmerkreis zugrunde, werden dann am langen Ende (jedenfalls, wenn nur die quantitative Analyse zugrunde gelegt wird)

Länder mit Zinssenkungen …

- *Zinssenkungen* vor allem in *Finnland, Irland* und *Belgien* stattgefunden haben,

… und Zinserhöhungen

- während in *Österreich,* den *Niederlanden* und in *Deutschland* mit geringfügigen *Zinssteigerungen* zu rechnen ist.

Per Saldo werden sich die Eurozinsen am langen Ende in etwa auf dem Niveau des französischen Francs einpendeln.

Chancen für sinkende Zinsen in Phase B

Im weiteren Verlauf der Phase B – der Euro und die Europäische Zentralbank gewinnen das Vertrauen der Märkte, seine schiere Größe macht den Euro-Kapitalmarkt international attraktiv, eventuell sogar von internationalen Entwicklungen unabhängig *(Stichwort: Abkoppelung von den USA)* – werden in der Tendenz zinssenkende Impulse bei der neuen Währung zum Tragen kommen.

5.4 Szenario „Weich und groß“: Der Euro als Konzession an die europäische Vision

5.4.1 Szenario und Teilnehmerkreis

Wie gezeigt, deutet vieles darauf hin, daß nur wenige und zudem kleinere europäische Länder zum Jahresende 1997 den eng ausgelegten Zahlenkranz der Konvergenzkriterien erreichen werden. Vor allem, wenn die öffentlichen Defizite in Frankreich und Deutschland nicht durch ein stärkeres Wirtschaftswachstum wieder in die Nähe der Referenzwerte laufen – was dem Euro-

Groteske Situationen

päischen Rat erlauben würde, von seinem Ermessensspielraum Gebrauch zu machen –, könnte die groteske Situation entstehen, daß etwa nur Luxemburg und Irland als reif für die Währungsunion befunden werden würden.

Wenngleich nach den Buchstaben des Maastrichter Vertrags diese beiden Länder die Währungsunion bilden müßten, ist dieses kaum zu erwarten. Europa stünde dann vor der Wahl,

Verschiebung oder Weichwährungsunion?

- die Einführung des gemeinsamen Geldes entweder zu verschieben
- oder aber die Konvergenzkriterien mitsamt dem Ermessensspielraum des Maastrichter Vertrags so zu ändern, daß die gewünschte Teilnehmerzahl zusammenkäme.

Würde der Weg gewählt, die Konvergenzkriterien aufzuweichen, wird kaum argumentierbar sein, die Länder Südeuropas auch in diesem Fall *„auszusperren"*.

Teilnehmerkreis

Das Szenario *„Weich und groß"* hat also den gesamten Kreis der EU-Länder als Teilnehmer, wobei eine eventuelle Nichtteilnahme Griechenlands wegen allzu deutlichen Verfehlens der Konvergenzkriterien kaum etwas am Weichwährungscharakter des so zusammengesetzten Euro ändern würde.

Politisch in Deutschland nicht durchsetzbar

Eine solche Entwicklung ist alles andere als wahrscheinlich; vor allem weil sie in Deutschland politisch nicht durchsetzbar wäre. Gleichwohl soll auch dieses Szenario beleuchtet werden. Dies mit dem einschränkenden Hinweis darauf, daß die düsteren Perspektiven, die sich aus dem Szenario ergeben, angesichts der Unwahrscheinlichkeit einer solchen Entwicklung nicht viel hergeben, Vorbehalte gegen die Währungsunion zu hegen oder gar in Panik zu verfallen.

Frühe Klarheit

Sollte es dennoch zu einer solchen Entwicklung kommen, wird sich dies schon früh im Jahr 1997 abzeichnen. Dies aus zwei Gründen:

- Einerseits liegen dann die Schätzungen über den Ende 1997 voraussichtlich erreichten Stand der Konvergenz auf dem

Tisch, aus denen die Notwendigkeit ersichtlich ist, daß Europa sich entweder auf eine Verschiebung oder aber auf eine Weichwährungsunion einstellen muß.

- Andererseits ist es undenkbar, daß die deutsche Politik erst im Frühjahr 1998 – bei der Festlegung des Teilnehmerkreises – vollendete Tatsachen schafft, die sich diametral von ihren früheren Forderungen nach einem stabilen Euro unterscheiden. Bereits weit im Vorfeld der Festlegung des Teilnehmerkreises müßte in Deutschland für diesen Frontenwechsel geworben werden.

> Eine Entscheidung für eine große, aber weiche Währung wird zu Belastungen der Devisen- und Kapitalmärkte führen, deren Ausmaß kaum abzuschätzen ist. Keineswegs unwahrscheinlich ist, daß das Währungsprojekt diese Belastungen nicht überstehen wird.

Weichwährungsunion kann Euro sprengen

5.4.2 Devisenmärkte

Vor Beginn der Phase A (bis Frühjahr 1998)

Die Entscheidung zugunsten einer Weichwährungsunion wäre – gemessen am Stand zur Jahresmitte 1996 – eine Wendung, die gegen die Markterwartung erfolgen würde. Massive *Kapitalabflüsse* aus den europäischen Hartwährungsländern – vor allem *also aus Deutschland, aber auch aus Frankreich und den Beneluxstaaten* – wären per Saldo die Folge:

Kapitalabflüsse

> Vor allem der *US-Dollar,* aber auch der *Schweizer Franken* und das voraussichtlich nicht teilnehmende *britische Pfund* werden als *„save havens"* gesucht und in ihren Paritäten gegenüber der DM aufgewertet werden.
>
> Weitere Ziele werden die südeuropäischen Währungen *Lira* und *Peseta* und im Norden die *schwedische Krone* sein, deren Teilnahme zunächst nicht erwartet wurde, die nun aber – bei hohen Zinsdifferenzen gegenüber der DM – von Aufwertungsphantasien erfaßt werden.

Save havens ...

... und Aufwertungsphantasien

Heftige Schwankungen

Dabei ist davon auszugehen, daß sich diese Ergebnisse nicht linear, sondern unter heftigen und zeitweise auch gegenläufigen Schwankungen einstellen.

Bis zu dem Termin, an dem mit der Festlegung des Teilnehmerkreises *„Weiche Währungsunion"* die Markterwartungen definitiv bestätigt würden, ist dabei typischerweise zu erwarten:

Nervöse Suche nach Indizien

- Die verbleibende Unsicherheit der Märkte, ob ihre nunmehr auf eine Weichwährungsunion gerichtete Erwartung bestätigt wird – sie werden als Alternative dazu stets auch mit einer Verschiebung rechnen –, führt zu massiven spekulativen Zu- und Abflüssen in die oben genannten Währungen. Diese werden nicht gleichzeitig, sondern können auch phasenverschoben stattfinden. Wird auf der politischen Ebene die Grundlage für die Erwartung *„Weichwährungsunion"* gelegt – zum Beispiel: Bei einem Besuch in Rom würdigt Kanzler Kohl die wirtschaftlichen Fortschritte Italiens –, werden sich die Kapitalströme zunächst auf die Lira richten, danach auch auf die übrigen Währungen außerhalb Kerneuropas. Umgekehrt werden *„Indizien"*, die nach Meinung der Märkte auf eine Verschiebung hindeuten, exakt umgekehrte Marktreaktionen hervorrufen.

Überreaktionen

- Die spekulativen Wellen werden ein größeres Ausmaß annehmen, als durch die *„fundamentals"* eigentlich gerechtfertigt wäre. *„Die Hausse nährt die Hausse, die Baisse nährt die Baisse"* – unter diesem Stern steht das Marktgeschehen. Gleichzeitig herrscht höchste Nervosität, denn die Märkte sind sich in ihrer Einschätzung einer möglichen Weichwährungsunion nie sicher. Seismographisch werden sie das Geschehen auf der politischen Bühne kommentieren, indem sie eben erst bewirkte Marktbewegungen immer wieder korrigieren.

Während der Phase A (Frühjahr 1998 bis 31. Dezember 1998)

Entscheidend: Wechselkursfixierung

Sofern der Zeitplan der Euro-Einführung und die Absicht, eine große Währungsunion zu bilden, diese Marktturbulenzen über-

Die *Devisenmärkte* auf dem Weg in die Weichwährungsunion

	Kernwährungen	**Peripherie-währungen**	**Sonstige**
Bis Anfang 1998 … →			
Vorangehende Verschiebungsdiskussion	Vorübergehende Überbewertung der DM und Schwäche vor allem beim Franc; große Nervosität	Gefahr turbulenter Auf- und Abwärtsbewegung je nach „Indizienlage"	Schweizer Franken, Pfund und Dollar als „save haven" eher stark
Überraschende politische Verlautbarungen/ Aufweichung der Konvergenzkriterien	Deutliche Abwertungen der Währungen Kerneuropas	Deutliche Aufwertungen bei Teilnahmewährungen, u.U. aber auch Auf und Ab wegen fehlender Glaubwürdigkeit	Anhaltend starker Schweizer Franken; starkes Pfund v.a. bei Teilnahmeerwartung; Dollar stark
… im Jahr 1998 →			
Definitiver Beschluß der Weichwährungsunion gegen Verschiebungserwartung	Starke Abwertungen der Währungen Kerneuropas, später Korrekturen bei Paritätsfixierung	Heftige Kursgewinne, später spekulative Zu- und Abflüsse je nach erwarteter Paritätsfixierung; eventuell „Test" der Unumkehrbarkeit	Schweizer Franken wegen großer Zuflüsse sehr stark; Pfund auch bei Nichtteilnahme stark; deutliche Dollargewinne wahrscheinlich
Definitiver Beschluß wurde von den Märkten erwartet	Weitere Abwertungen der Währungen Kerneuropas, später Korrekturen bei Paritätsfixierung	Zunächst stark, später spekulative Zu- und Abflüsse je nach erwarteter Paritätsfixierung; eventuell „Test" der Unumkehrbarkeit	Anhaltend fest, starke Abhängigkeit vom Ausmaß der Turbulenzen in der EWU; Korrekturen bei baldiger Marktberuhigung
… 1999 bis 2001 →			
Starke EZB gegenüber Nationalstaaten, Konvergenzfortschritte	Zunächst anhaltend schwacher Euro, im weiteren Verlauf einsetzendes internationales Vertrauen. Paritätserholungen wahrscheinlich, Stabilisierungseffekte durch die Größe des Währungsgebiets.		Verhaltene Rückbildung spekulativer Übertreibungen
Schwache EZB gegenüber Nationalstaaten, keine Konvergenzfortschritte	Strukturelle Ungleichgewichte im Währungsgebiet bauen sich auf; internationales Vertrauen kommt nicht auf. Spekulationen gegen einzelne Teilnehmerländer und Auseinanderbrechen der Währungsunion nicht völlig auszuschließen		Anhaltende Stärke; bei Gefahr des Scheiterns des Euro stark steigende Paritäten.

lebt – was eher unwahrscheinlich ist –, wird sich nach der Festlegung eines so gestalteten Teilnehmerkreises das Augenmerk der Märkte im wesentlichen auf den Modus richten, nach dem die Wechselkurse zum Jahresende 1998 festgelegt werden.

Korrektur verzerrter Paritäten …

Bei der Festlegung dieses Verfahrens wird der Europäische Rat vermutlich berücksichtigen müssen, daß durch die Marktturbulenzen verzerrte Paritäten entstanden sind: Die Währungen der Peripherie-Länder sind tendenziell über-, die Währungen Kerneuropas tendenziell unterbewertet. Da solche Paritätsstrukturen zu erheblichen Wettbewerbsverzerrungen führen, werden sich die Märkte auf ein Verfahren einstellen, das die überhöhten Paritäten in Richtung der fundamental gerechtfertigten Wechselkurse korrigiert.

… Umkehrung der Kapitalströme

Da das Verfahren noch nicht feststeht, läßt sich für diese Phase nur die Wahrscheinlichkeit feststellen, daß es zu einer Umkehrung der Kapitalströme kommen wird. Die Märkte werden erwarten, daß die überhöhten bzw. unterbewerteten Paritäten, die sie selbst erzwungen haben, nicht diejenigen sein werden, mit denen der Euro an den Start gehen wird.

Während der Phase B (1. 1. 1999 bis spätestens 31. 12. 2001)

Geringes internationales Vertrauen

Wiederum vorausgesetzt, daß ein *„Weichwährungseuropa“* den Beginn der Phase B der Währungseinführung überhaupt erleben wird, haben die vorangegangenen Turbulenzen in jedem Fall bewirkt, daß das internationale Vertrauen in den Euro zunächst sehr gering ist. Die Dollarwährungen, der Schweizer Franken und das britische Pfund werden über längere Zeit sehr stark gegenüber dem Euro sein.

Dieses Mißtrauen muß nicht zwingend dauerhaft sein; ob es auszuräumen ist, wird von zwei Faktoren abhängen:

Faktor 1 für einen dennoch stabilen Euro: Entsprechen die festgelegten Wechselkurse den fundamental gerechtfertigten Wechselkursen?

Tun sie das nicht, werden die Märkte Phantasien dahingehend haben, daß bei einzelnen Währungen noch eine Korrektur stattfinden könnte. *„Angriffsfläche"* für die Märkte bietet der Umstand, daß während der Phase B in allen teilnehmenden Ländern neben dem Euro noch die bisherige Landeswährung existiert. Wird also zum Beispiel die schwedische Krone mit einem von den Märkten als überhöht erachteten Wechselkurs gegenüber dem Euro fixiert, könnte eine faktische Abwertung der Krone dadurch entstehen, daß sie als Zahlungsmittel nur noch mit einem Abschlag gegenüber ihrem Euro-Kurs akzeptiert werden wird.

Spekulationen gegen einzelne Länder

Solche Gedankenspiele können ausgedehnt werden bis hin zur Korrektur des Teilnehmerkreises, also bis zum Ausschluß des einen oder anderen Landes aus der Währungsunion. Dies wäre gleichbedeutend nicht nur mit dem Bankrott der betroffenen Länder, sondern auch mit einem massiven Vertrauensverlust gegenüber dem Euro.

Korrektur des Teilnehmerkreises

Faktor 2: Wird die Europäische Zentralbank eine Stabilitätspolitik betreiben?

Diese Frage spielt sich in erster Linie im Spannungsfeld ab, ob einerseits die nationalen Regierungen die erforderliche Disziplin in ihrer – noch immer weitgehend unabhängigen – Budgetpolitik walten lassen, und ob andererseits die Europäische Zentralbank ihre Unabhängigkeit auch faktisch bewahren und einen an der Geldwertstabilität ausgerichteten Kurs fahren wird.

Solide Budgetpolitik

Will man einzelnen Ländern nicht unterstellen, daß sie sich in der Art Trojanischer Pferde in den Teilnehmerkreis hineinschmuggeln, um später die Stabilität ihres eigenen Geldes zu sabotieren, dann wird im wesentlichen das konjunkturelle Umfeld, in welchem die Europäische Zentralbank an den Start geht, zu beachten sein. Eine an der Geldwertstabilität orientierte Zentralbankpolitik wird in dem Maße leichter durchzusetzen sein, in dem *die Volkswirtschaften der Teilnehmerländer prosperieren und ihre zyklischen Entwicklungen im wesentlichen synchron verlaufen.*

Konjunkturelle Erholung

5.4.3 Zinsen

Auch in diesem Szenario wollen wir uns – bevor wir auf die wahrscheinlichen Entwicklungen während der einzelnen Phasen des Einführungsprozesses eingehen – zunächst der Frage annähern, wie hoch die Zinsen des Euro im Jahr 2000 sein werden.

> Bitte beachten Sie: Auch an dieser Stelle müssen wir das gegenwärtige Zinsniveau in den Teilnehmerländern zugrunde legen und können nur Euro-induzierte Impulse und nicht solche, die sich vor allem aus dem sonstigen internationalen Umfeld und den konjunkturellen Erfordernissen ergeben, berücksichtigen.

Zinsen am langen Ende

Bei der Teilnahme aller EU-Länder ergibt die quantitative Methode *ungewichtet* einen Euro-Zins im Bereich zehnjähriger Staatsanleihen, der 1,5 Prozentpunkte über den Zinsen der DM liegt, also ca. 8 Prozent. *Gewichtet* nehmen sich die zu erwartenden Zinssteigerungen allerdings weniger dramatisch aus:

Es stellt sich – nur die quantitativen Aspekte berücksichtigt – ein Euro-Zins von 7,2 Prozent ein.

Zinssteigerungen

Zinssenkungen

> Zinssteigerungen werden also stattgefunden haben in *Deutschland, Frankreich, den Beneluxländern und Österreich,*
> Zinssenkungen stehen vor allem in *Italien, Spanien, Portugal, Schweden und Griechenland* bevor.

Doch spricht – spiegelbildlich zum Szenario *„Alles wird gut“* – vieles dafür, daß es nicht bei diesen auf rein quantitativer Basis ermittelten Zinssteigerungen bleiben wird. Vor allem die Währungsturbulenzen während des Prozesses der Euro-Einführung und die sich anschließende Notwendigkeit für die EZB, einen restriktiven Kurs in der Geldpolitik zu steuern, tragen weitere Euro-induzierte Zinssteigerungsimpulse in sich, die für einen

Die *Kapitalmärkte* auf dem Weg in die Weichwährungsunion

	Kern-EU	Peripherie-EU	Sonstige
Bis Anfang 1998 …			
Vorangehende Verschiebungsdiskussion	Höhere Zinsdifferenzen zwischen DM und Franc möglich; DM-Zinsen unverändert.	Mit steigenden Zinsen werden die Währungen stabilisiert.	Kein Druck auf die Zinsen in der Schweiz und in England; Dollarzinsen unkalkulierbar
Überraschende politische Verlautbarungen/ Aufweichung der Konvergenzkriterien	Deutlicher Zinsanstieg in allen Ländern möglich. Kurzfristig steigende Zinsdifferenzen	Zinssenkungspotential wird in allen Ländern genutzt	Gefahr von Negativzinsen beim Schweizer Franken; sinkende Zinsen beim Pfund; Dollarzinsen unkalkulierbar
… im Jahr 1998			
Definitiver Beschluß der Weichwährungsunion gegen Verschiebungserwartung	Massive Zinssteigerung in Deutschland, deutliche Zinssteigerung in anderen Ländern; leichte Normalisierung bei Paritätsfixierung	Zunächst großes Zinssenkungspotential in allen Ländern, später steigende Volatilität im Zusammenhang mit der Wechselkursfixierung. Zinserhöhungen bei „Teilnahmetests" gegen einzelne Länder.	Negativzinsen beim Schweizer Franken wahrscheinlich. Sinkende Zinsen beim Pfund auch bei Nichtteilnahme; vorübergehend auch sinkende US-Zinsen möglich.
Definitiver Beschluß wurde von den Märkten erwartet	Mäßiger weiterer Zinsanstieg, leichte Normalisierung bei Paritätsfixierung	Zunächst weitere Zinssenkungen, im weiteren Verlauf wie oben.	Tendenz: wie oben, jedoch wegen längerer Vorbereitungsphase weniger dramatisch
… 1999 bis 2001			
Starke EZB gegenüber Nationalstaaten, Konvergenzfortschritte	Grundsätzlich einheitliches Zinsniveau, jedoch spürbare Differenzen wegen unterschiedlicher Bonitäten. Zunächst anhaltend hohe Euro-Zinsen im weiteren Verlauf schrittweise Zinssenkungen möglich. Wichtig: Konjunkturelle Situation!		Übertriebene Zinsentwicklungen bilden sich langsam zurück.
Schwache EZB gegenüber Nationalstaaten, keine Konvergenzfortschritte	Effizienz der gemeinsamen Geldpolitik ist in Frage gestellt. Deutliche Zinsdifferenzen zwischen den Teilnehmerländern wegen erhöhter Länderrisiken sind möglich. Weitere Zinssteigerungen, insbesondere bei Gefahr des Scheiterns der Währungsunion		Anhaltende Impulse für tiefe Zinsen.

Zinsen am kurzen Ende

Weichwährungsunion: Zinseffekte durch den Euro (langes Ende)	
Land	**Renditen** %
Deutschland	6,5
Frankreich	6,5
Italien	9,7
Großbritannien	8,1
Spanien	9,2
Niederlande	6,3
Belgien	6,7
Dänemark	7,3
Portugal	8,0
Griechenland	15,0
Irland	7,4
Luxemburg	6,4
Schweden	8,3
Finnland	7,2
Österreich	6,4
Durchschnittlich	
ungewichtet	7,94 %
gewichtet	7,20 %

Stand: 4. Juni 1996

zusätzlichen Prozentpunkt gut sind.

Am kurzen Ende (einjährige Titel) ergeben sich vor allem für die Länder Kerneuropas bereits nur unter quantitativen Aspekten Zinssteigerungen, die deutlich höher ausfallen. Die ungewöhnlich steilen Zinsstrukturkurven dieser Länder – Fachjargon: der *„spread"* zwischen den kurz- und langfristigen Zinsen – wird massiv korrigiert durch die deutlich flacheren Zinsstrukturen der übrigen Teilnehmerländer. In Deutschland ist danach eine Zinserhöhung von über einem Prozentpunkt zu erwarten, die – verstärkt durch die nicht-quantitativen Effekte – verdoppelt wird.

1,5 Prozentpunkte in Deutschland

Insgesamt sind also für die Länder Kerneuropas am langen Ende satte Zinssteigerungen zu erwarten – für Deutschland um über 1,5 Prozentpunkte –, während die Zinssenkungen in den europäischen Peripherieländern geringer ausfallen werden, als sich aus der quantitativen Methode ergibt.

Bis dahin – also bis zum Beginn der Phase B Anfang 1999 – werden für den Euro-Einführungsprozeß folgende Zinsbewegungen charakteristisch sein:

Weichwährungsunion: Zinseffekte durch den Euro (kurzes Ende)	
Land	**Renditen** %
Deutschland	3,5
Frankreich	4,1
Italien	8,5
Großbritannien	6,4
Spanien	7,4
Niederlande	3,0
Belgien	3,4
Dänemark	4,8
Portugal	6,4
Griechenland	13,0
Irland	4,7
Luxemburg	3,4
Schweden	6,4
Finnland	5,6
Österreich	3,5
Durchschnittlich	
ungewichtet	5,61 %
gewichtet	4,61 %

Stand: 20. Mai 1996

Zinssteigerungen gegen Kapitalabflüsse

Teilnahmewährungen: Sobald die Märkte annehmen, daß die Entwicklung auf ein *„Weichwährungsszenario"* hinausläuft – dies wird gegebenenfalls schon in der ersten Jahreshälfte 1997 der Fall sein –, werden die Notenbanken der von Kapitalabflüssen bedrohten Länder Kerneuropas mit deutlichen Zinserhöhungen versuchen müssen, sich gegen die Spekulation zu stemmen. Parallel dazu werden die Notenbanken der Peripherieländer mit Zinssenkungen versuchen, das Wechselkursgefüge zu stabilisieren.

Verminderte Zinsdifferenzen

Prämien für Währungsrisiken

Die Zinsdifferenzen unter den Teilnahmewährungen werden deutlich geringer, aber nicht völlig verschwinden, da bis zur definitiven Bestätigung die Märkte sich ihrer Einschätzung nicht vollständig sicher sein und ferner Prämien für das Risiko einer Abwertung bei der Wechselkursfixierung fordern werden. Dies kann auch bedeuten, daß gegen *Ende der Phase A* die Zinsen in den Peripherieländern noch einmal anziehen können, wenn nämlich eine deutliche Korrektur der unter Umständen stark verzerrten Paritäten erwartet wird.

„Opt-out"- und Nicht-EU-Währungen: Auch die Dollarwährungen, das britische Pfund und der Schweizer Franken werden

zu Zielen der Kapitalflüsse aus Kerneuropa. Inwieweit dies Impulse auf die Dollarzinsen ausüben wird, muß dahingestellt bleiben. Mit Sicherheit wird jedoch die *Schweiz* die Einführung von *Negativzinsen* in Erwägung ziehen, um die Attraktivität des Schweizer Franken zu mindern; beim Pfund sind ebenfalls Zinssenkungen zu erwarten.

Abwehrmaßnahmen in der Schweiz

5.5 Szenario „Neuer Anlauf": Der Euro wird verschoben

5.5.1 Das Szenario

Einvernehmlichkeit und Überschaubarkeit

Das Verschiebungsszenario geht davon aus, daß die Europäische Union einhellig zu der Auffassung kommt, daß Europa noch nicht reif sei, dem Zeitplan des Maastrichter Vertrags zu folgen. Ebenso einvernehmlich wird beschlossen, den Ländern Europas noch eine überschaubare Frist zuzugestehen, innerhalb derer sie die Konvergenzkriterien erfüllen können.

Zwei Kriterien kennzeichnen ein – gegenüber der Preisgabe der Währungsunion – *glaubwürdiges* Verschiebungsszenario:

- Die Einvernehmlichkeit unter den Beteiligten sowie die Überschaubarkeit der zusätzlich eingeräumten Frist, die nicht länger als maximal *zwei Jahre* dauern sollte;
- die Kriterien des Maastrichter Vertrags werden nicht aufgeweicht, sondern nach Ablauf der zusätzlichen Frist wie vereinbart – eventuell sogar mit eingeschränktem Ermessensspielraum – bei der Festlegung des Teilnehmerkreises angewandt.

Keine Aufweichung der Kriterien

Denkbar ist zum Beispiel, daß die Verschiebung einhergeht mit der Rückkehr zu den alten Bandbreiten im EWS von ± 2,25 Prozent, womit ein Signal gesetzt würde, daß es sich bei der Verschiebung weder um die Preisgabe des Währungsprojekts im

Ganzen noch um die Aufgabe seiner Stabilitätsorientierung handelt.

Verschiebung als Königsweg?

Die Verschiebung wird häufig als Königsweg aus dem Dilemma der Euro-Konstrukteure angesehen, entweder die Maastricht-Kriterien aufweichen oder aber mit einer Miniatur-Währungsunion starten zu müssen:

- Die Länder Kerneuropas hätten – so die Argumentation – mehr Zeit, die Konvergenzkriterien in strikter Auslegung zu erfüllen und könnten dabei darauf hoffen, von konjunktureller Erholung unterstützt zu werden.
- Die Länder an Europas Peripherie hätten ebenfalls Zeit gewonnen, sich den Konvergenzkriterien zumindest deutlich anzunähern.

Angesichts des dann – auch im Sinne des Zahlenkranzes des Maastrichter Vertrags – harten Kernes wäre ihre Aufnahme in den Teilnehmerkreis selbst dann kaum mehr schädlich, wenn sie die Konvergenzkriterien nicht punktgenau erfüllten.

Risiko Haushaltsdisziplin

Daß sich bei genauer Betrachtung der vermeintliche Königsweg als *riskante Notlösung* herausstellen könnte, muß erläutert werden: Einerseits gibt es keinerlei Garantien, daß die erhoffte Unterstützung durch die Konjunktur eintreten wird; zum anderen bleibt in bestimmtem Umfang das Risiko stets erhalten, daß der zeitliche Aufschub von einzelnen Ländern dazu genutzt werden wird, die Stabilitätszügel – zumindest vorübergehend – zu lockern und sich von der Erfüllung der Konvergenzkriterien wegzubewegen.

Anfang vom Ende

> Eine Verschiebung beinhaltet also das Risiko, daß sich die Länder Europas am Ende der zusätzlich eingeräumten Frist genau dort wiederfinden, wo sie heute bereits stehen. Das aber wäre das Ende des Währungsprojekts.

Auch die leichtere Einbindung der Peripherieländer durch eine Verschiebung ist kein überzeugendes Argument: Eine im Zeitplan errichtete Hartwährungsunion, die vom Ermessensspielraum Gebrauch macht und die Peripherieländer mit einem *Nachfolgesystem für das Europäische Währungssystem* eng an sich bindet, wird voraussichtlich eine schnellere Eingliederung auch der Peripherieländer in die Währungsunion ermöglichen als eine Verschiebung mit ihren Verlockungen, vom Pfad der Tugend abzuweichen.

Einbindung durch EWS II

Diese Einschätzung bedeutet:

Entscheidung erst 1998 …

- Es ist damit zu rechnen, daß der Europäische Rat bis zuletzt darauf bestehen wird, am Zeitplan festzuhalten. Eine frühzeitige Entscheidung zugunsten einer Verschiebung, etwa schon in der ersten Jahreshälfte 1997, halte ich für ausgeschlossen.

… als Alternative zur Weichwährungsunion

- Kommt es zu einer Verschiebung, ist sie in erster Linie als *Alternative zur Bildung einer Weichwährungsunion* für den Fall zu bewerten, daß auch eine angemessene Auslegung des Ermessensspielraums des Maastrichter Vertrags keinen wirtschaftlich sinnvollen Teilnehmerkreis entstehen ließe.

Die Märkte werden also ab Jahresmitte 1997 darüber zu befinden haben, wie glaubhaft die Durchhalteparolen selbst dann sind, wenn sich in der Jahresmitte 1997 abzeichnet, daß der Konvergenzfortschritt ungenügend ausfallen wird. Sie werden dabei hauptsächlich das Verschiebungsszenario gegen das Weichwährungsszenario abwägen.

5.5.2 Devisenmärkte

Vor dem Verschiebungsbeschluß

Heftige Marktreaktionen

Wenn sie die *„Alternative: Weichwährungsunion“* zu diesem Zeitpunkt nicht mit großer Wahrscheinlichkeit ausschließen, können die Märkte vorübergehend ähnlich heftig reagieren wie im Szenario *„Weichwährungsunion“*. Vor allem im Vorfeld des Verschiebungsbeschlusses wird sich die für die Verschiebung (per Saldo zu Recht) prognostizierte Stärke der DM nicht zwingend einstellen:

- Zeitweise wird die Unsicherheit, ob es nicht doch zu einer *„Weichwährungsunion"* kommt, auch zu Kapitalbewegungen in jene Länder führen, deren Märkte von der Weichwährungsunion profitieren würden und die auf höhere Paritäten bei den Währungen vor allem der südeuropäischen Länder setzen.

Vorübergehende Schwäche der DM möglich

- Auch die Kurse der *Dollarwährungen* und des *Schweizer Frankens* können vorübergehend von der Marktunsicherheit profitieren.

- Unsicherheit wird an den Märkten bereits vor dem definitiven Verschiebungsbeschluß auch über die Erfolgschancen der möglichen Verschiebung herrschen; hierunter leidet in erster Linie der französische Franc, dessen Teilnahme am Währungsprojekt als „Bank" galt.

Wird die Verschiebung gelingen?

> Grundsätzlich gilt aber für diese Phase, daß die DM in dem Maße zur Stärke tendiert, in dem die *erfolgreiche Verschiebung* für wahrscheinlich gehalten wird. Auch das Paritätsgefüge zwischen den Ländern Kerneuropas wird weitgehend stabil bleiben, wenn die erfolgreiche Verschiebung für die wahrscheinlichste Lösung gehalten wird. Umgekehrt werden dann die südeuropäischen Währungen eher leichter gehandelt werden; auch die *„save haven-Währungen"* – vor allem der *Schweizer Franken* – sind weniger attraktiv.

Nach dem Verschiebungsbeschluß

Entscheidende Nuancen

Spätestens, wenn der Verschiebungsbeschluß offiziell ist – nach meiner Einschätzung wird dies erst Anfang 1998 der Fall sein –, werden Nuancen entscheiden. Halten die Märkte die Verschiebung für glaubwürdig und erfolgversprechend – also nicht für den Beginn der Preisgabe des Euro –, dann sind vom Grundsatz her nur geringfügig andere Marktbewegungen zu erwarten, als im Szenario *„Alles wird gut"* bis zum Beginn der Phase A aufgezeigt wurden: Die DM wird zunächst stark tendieren.

Starke DM

Spätere Erholung bei Lira & Co.

Nicht auszuschließen ist, daß – nach ihrer anfänglichen Schwäche – von einer solchen Entwicklung im weiteren Verlauf gerade auch die südeuropäischen Länder profitieren werden, denn sie stehen in diesem Fall – anders als im Szenario *„Alles wird gut"* – (noch) nicht im Verdacht, zukünftig auf Dauer im zweiten europäischen Glied zu stehen.

> Eine teilweise Korrektur der zunächst erfolgten Abwertungen von Lira & Co. gehört also im weiteren Verlauf zu den wahrscheinlichen Ereignissen einer erfolgreichen Verschiebung.

Stimmungswechsel in England?

Sofern sich *Großbritanniens* Vorbehalte gegen die Teilnahme am Währungsprojekt während der zusätzlichen Frist zurückbilden sollten, wird das Pfund dadurch gestärkt.

„Same Procedure ...?"

Je näher Europa schließlich dem neuerlichen Währungsschwur – er wäre spätestens wohl zum Jahresanfang 2000 zu leisten – entgegenläuft, desto mehr werden sich die Diskussionen denen angleichen, die bereits heute mit Blick auf das *„kritische Datum"* 1998 geführt werden; dementsprechend werden auch die Marktreaktionen ausbleibende oder stattfindende Konvergenzfortschritte berücksichtigen. Auch die Szenarien *„Hartwährungsunion"* oder *„Weichwährungsunion"* können eine Neuauflage erhalten. Nach heutigem Ermessen wird es dann jedoch um *„Alles oder Nichts"* gehen: Eine neuerliche, einvernehmliche Verschiebung jedenfalls ist kaum vorstellbar. Kommt eine Hartwährungsunion dann nicht zustande, wird dies das Ende des gemeinsamen Währungsprojekts in Europa sein.

Alles oder Nichts

5.5.3 Zinsen

Vor dem Verschiebungsbeschluß

Stabilität erfordert Glaubwürdigkeit

Auch bei den Impulsen in Richtung Kapitalmärkte wird die Wahrscheinlichkeit ausschlaggebend sein, die die Märkte einer glaubwürdigen und erfolgreichen Verschiebung als Alternative zur *„Weichwährungsunion"* beimessen. Je weniger dies der Fall ist, desto mehr drohen in den Ländern Kerneuropas Zinserhöhungen, mit denen das durch Kapitalbewegungen bedrohte Wechselkursgefüge stabil gehalten werden soll. Spiegelbildlich wird die Unsicherheit dazu führen, daß in den Ländern Periphereieuropas vorübergehend zinssenkende Impulse erwartet werden können.

Nach dem Verschiebungsbeschluß

Zinsentspannung in Kerneuropa

Die anfängliche Stärke der DM führt zu Kapitalzuflüssen nach und damit zu zinssenkenden Impulsen in Deutschland; ähnlich bei den Ländern Kerneuropas. Bei den Peripherieländern werden die Währungsrisiken neu bewertet und höhere Risikoprämien in Form höherer Zinsen eingefordert. Im weiteren Verlauf wird entscheidend sein, ob die Länder Peripherieeuropas Konvergenzfortschritte erreichen oder nicht. Zeichnet sich ihre Teilnahme an der zweiten Euro-Auflage ab, sind am Ende der Verlängerungsfrist erhebliche Zinssenkungen möglich.

Zinssenkungen auch in Resteuropa

5.6 Szenario „Pränataler Exitus“: Das Währungsprojekt wird beerdigt

5.6.1 Das Szenario

Nach heutigem Ermessen wird der Preisgabe des Währungsplans entweder seine Verschiebung vorausgehen, oder aber ein Weichwährungsszenario, das nicht gegen die Märkte durchgesetzt werden kann. Gegenwärtig ist es jedenfalls unvorstellbar, daß Europas politische Klasse ohne ein vorausgehendes Desaster eingesteht, daß der große Plan unsinnig, unnötig oder unrealistisch sei, und sie das Maastrichter Vertragswerk auf dem Beschlußwege aus der Welt schafft.

Keine Preisgabe am „grünen Tisch“

Was kommt nach dem Scheitern?

Wie der eine oder andere Weg ins Scheitern die zukünftige politische und wirtschaftliche Organisation Europas – und damit auch die Reaktionen der Märkte – beeinflussen wird, gehört, jedenfalls gegenwärtig noch, in den Bereich des Kaffeesatzlesens:

EU mit „drei Geschwindigkeiten"

Ein *„Drei-Klassen-Europa"* mit Kerneuropa in der ersten Liga (ggf. mit einer gemeinsamen, kleinen, aber feinen Währung um DM und Franc, was letzteren stark halten würde), der Rest-EU in der zweiten und Osteuropa in der Bezirksliga, alle aber unter einem wie auch immer gestalteten Dach der EU vereint, ist ebenso möglich wie das Scheitern der europäischen Vision insgesamt und der Rückfall in die unselige Nationalstaatlichkeit der ersten Jahrzehnte unseres ausgehenden Jahrhunderts.

Rückfall in Nationalstaatlichkeit

Größeres Gewicht Englands

Nicht wenige Beobachter halten dann auch ein größeres politisches Gewicht Großbritanniens für möglich, dessen bisherige Europa-Position durch das Scheitern des Währungsprojekts bestätigt würde.

5.6.2 Devisenmärkte

Per Saldo ist es müßig zu differenzieren, welche der beiden Vorgeschichten die Preisgabe der Währungsunion haben wird. Die letztendlichen Konsequenzen für Kapital- und Devisenmärkte werden prinzipiell identisch sein:

„Save haven"-Währungen

- Die *DM* wird am Ende – das Scheitern steht fest – eine der *„save haven"*-Währungen sein, daneben die *Dollar-Währungen, der Schweizer Franken* und voraussichtlich auch das *britische Pfund.*

Schwacher Franc

- Innerhalb der *Währungen Kerneuropas* wird vermutlich der bis dahin durch seine erwartete Teilnahme an der Währungsunion gestützte *französische Franc* zu den Verlierern gehören (falls kein neues Währungsprojekt unter seiner Teilnahme aufgelegt wird), während vor allem bei *Gulden und Schilling* eher ähnlich harte Reaktionen wie bei der DM zu erwarten sind.

Größte Abwertungen bei Peripheriewährungen

- Mit den größten Abwertungen ist bei den Währungen der *EU-Peripherieländer* – also vornehmlich *der Lira, der Peseta und der schwedischen Krone* – zu rechnen.

Die Marktbewegungen während der einzelnen Strecken des Weges ins Scheitern werden allerdings sehr unterschiedlich sein, je nachdem, ob das Scheitern aus einer mißlungenen Verschiebung resultiert oder aus einer mißlungenen Weichwährungsunion.

Geradlinig in die Stärke …

Mißlingt das *Verschiebungsszenario,* wird die DM mehr oder weniger geradlinig auf ihre Stärke zusteuern: Selbst wenn das Verschiebungsszenario anfänglich noch glaubwürdig ist, wird – siehe oben – dies bereits mit einer Aufwertung der DM einhergehen. Die Kräfte der Aufwertung werden sich im weiteren Verlauf in dem Maße verstärken, in dem das Scheitern gewiß wird. Dazwischen sind allenfalls vorübergehende und kleinere Korrekturen der DM-Stärke denkbar. Ähnliches gilt für die anderen *„save haven“*-Währungen.

Spiegelbildlich dazu werden die Verliererwährungen das Scheitern in Form von Abwertungen erfahren.

… oder mit heftigen Ausschlägen?

Anders die Situation, wenn das Scheitern aus dem Versuch resultiert, eine *Weichwährungsunion* einzuführen. Sie haben oben gesehen (S. 112), daß in diesem Szenario die DM anfänglich stark unter Druck geraten kann. Der schlußendlichen Stärke der DM geht also zunächst eine gegenläufige Bewegung voraus.

Auch hier die spiegelbildliche Symmetrie bei den europäischen Peripheriewährungen: Sie werden am Beginn dieses Weges ins Scheitern gewinnen, um danach um so stärker zu verlieren, wenn der Euro beerdigt wird.

Durchgängige Stärke der „Save havens“

Im wesentlichen geradlinig wird sich jedoch auch in diesem Fall die Stärke der *Dollars,* des *Schweizer Frankens* und vermutlich auch des *britischen Pfundes* entwickeln, die schon zu Beginn einer Weichwährungsunion als *save havens* vor den aufziehenden Tumulten gewählt würden.

5.6.3 Zinsen

Zinssenkungen bei der DM …

DM-Zinsen: Im Endeffekt werden vom Scheitern des Währungsprojekts bei der DM zinssenkende Impulse ausgehen: Einerseits wird die Stärke der DM internationales Kapital auch ohne *„Zinsbonus"* anziehen; zum anderen wird eine Rolle spielen, den Aufwertungseffekt mit Rücksicht auf die internationale Wettbewerbsfähigkeit der deutschen Wirtschaft mit tiefen Zinsen möglichst gering zu halten.

… vor allem am langen Ende

Bemerkbar machen sich diese Impulse vor allem am langen Ende, wo die bis heute noch verlangten Prämien für das Euro-bedingte Paritäts- und Kursrisiko wegfallen.

Doch auch bei den Zinsen im DM-Bereich wird die Art der Bewegung bis dorthin davon abhängen, welches die Vorgeschichte des Scheiterns ist. Geht ihm eine *Verschiebung* voraus, dann werden die zinssenkenden Impulse im wesentlichen gleichmäßig wirken. Im Verlauf des Versuchs, eine *Weichwährungsunion* zu installieren, sind dagegen zunächst zinserhöhende Tendenzen wahrscheinlich, weil das durch Abflüsse aus der DM bedrohte Paritätsgefüge stabilisiert werden soll. In diesem Fall werden *achterbahnartige Impulse* auf das Zinsgefüge in Deutschland einwirken.

Hohe Volatilität möglich

Europäische Zinsen: Ausschlaggebend für die Zinsentwicklung in den einzelnen europäischen Ländern wird sein, welche neuen Formationen aus den Euro-Trümmern entstehen werden. Eindeutige Tendenzen sind nicht auszumachen: Wird es zu einem Rückfall in *nationalstaatliches Denken* kommen, sind die dann wahrscheinlichen *Abwertungswettläufe* vermutlich auch mit tieferen Zinsen in den betreffenden Ländern verbunden (im Fall des Scheiterns der Weichwährungsunion mit anfänglicher Tendenz zu höheren Zinsen). Wird es zu einer Neuauflage des Währungsprojekts ausschließlich in Kerneuropa kommen, werden die Teilnehmerländer außerhalb Deutschlands (zum Beispiel *Frankreich, Belgien*) vermutlich ihre während des Scheiterns leichter werdenden Währungen durch höhere Zinsen stützen müssen.

Abwertungswettläufe mit tiefen Zinsen?

Save-haven-Währungen: Ähnlich wie bei den Devisenkursen wird ein Scheitern des Währungsprojekts unabhängig von seiner Vorgeschichte bei den *Dollarwährungen,* dem *Pfund Sterling* und dem *Schweizer Franken* zu durchgängig zinssenkenden Impulsen führen. Beim *Schweizer Franken* sollte vor allem beim turbulenten Scheitern nach dem erfolglosen Versuch einer Weichwährungsunion mit *Negativzinsen* gerechnet werden. Die großen Dollarmärkte dagegen werden auf der Zinsseite das Scheitern der Währungsunion nur am Rande vermerken.

Zinssenkungen

Abschottung der Schweiz

5.7 Aktien

5.7.1 Einheitliche Rahmenbedingungen nach der Euro-Einführung

Gehen wir davon aus, daß das große Projekt der gemeinsamen Währung – ob als Hart- oder als Weichwährungsunion – gelingen wird. Europa bzw. die Teilnehmerländer haben dann ab dem 1. Januar 1999

- eine gemeinsame Währung,
- einen weitgehend einheitlichen Zins und eine einheitliche Inflationsrate,
- eine einheitliche Zentralbankpolitik,
- und damit auch weitgehend synchron verlaufende konjunkturelle Zyklen.

Einheitliche Rahmenbedingungen ...

Die Unternehmen in den Teilnehmerländern werden also unter weitgehend identischen Bedingungen miteinander konkurrieren. Das bedeutet:

- Die Unternehmen werden in keinem der Teilnehmerländer mehr *abwertungsbedingte Wettbewerbsvorteile* gegenüber Unternehmen derselben Branche in anderen Teilnehmerländern haben.

... ohne abwertungsbedingte Wettbewerbsvorteile

- Die Unternehmen werden in keinem der Teilnehmerländer mehr *günstigere Finanzierungsmöglichkeiten* als Unternehmen in anderen Teilnehmerländern haben.

... mit identischen Finanzierungskonditionen ...

... und identischem konjunkturellen Umfeld

- Die Unternehmen werden in keinem der Teilnehmerländer mehr eine *günstigere Binnenkonjunktur* vorfinden als Unternehmen in anderen Teilnehmerländern.

Zu *„Wettbewerbsverzerrungen“* wird im Einzelfall natürlich noch die unterschiedliche Strukturpolitik führen; auch die heute bereits heftig beklagte unterschiedliche Subventionspolitik wird mit der Euro-Einführung nicht verschwinden.

Ende der „Länderallokation“?

Kerneuropa

Per Saldo läßt sich der Schluß ziehen: Während es bis zur Euro-Einführung gute Gründe geben kann, wegen einer besseren Konjunktur und/oder günstigerer Zinsen und/oder einer erwarteten Währungsentwicklung bei Aktien einen länderspezifischen Schwerpunkt z. B. auf französische Aktien zu setzen, wird es nach der Einführung innerhalb der Teilnehmerländer kaum mehr einen Grund für die Übergewichtung eines Landes mehr geben.

Ländergewichtungen im Weichwährungsszenario

Diese Schlußfolgerung bedarf allerdings vor allem in einem *„Weichwährungsszenario“* der Einschränkung, daß die Grundlagen einer länderspezifischen Allokation erst dann weggefallen sind, wenn die aufgrund unterschiedlicher Produktivitäten der Volkswirtschaften der Teilnehmerländer unausweichlich schmerzhaften Anpassungsprozesse überwunden sind:

Nähme z. B. im Extremfall Griechenland am Euro teil, bedeutete dies de facto eine *Aufwertung der Drachme* und mit ähnlicher Sicherheit das *„Aus“* für große Teile der griechischen Unternehmen, wie dies seinerzeit für die Unternehmen der neuen Bundesländer der Fall war. Die in diesem Szenario dann in Griechenland tieferen Zinsen würden die Not der griechischen Unternehmen kaum lindern können.

Branchengewichtungen im Hartwährungsszenario

Für Kerneuropa bleibt aber festzuhalten: Die länderübergreifende Allokation unter Branchengesichtspunkten wird nach der Euro-Einführung an Gewicht gewinnen; innerhalb der Branchen werden die weitgehend identi-

> schen Rahmenbedingungen zu deutlich größerer Transparenz und Sicherheit bei der Analyse der einzelnen Unternehmen führen.

Erhöhte Effizienz

Europaweit engagierte Unternehmen werden mit dem Euro eine erhöhte Planungssicherheit haben und effizienter produzieren und vermarkten können; hierzu werden vor allem die weggefallenen Währungsrisiken und mit ihnen auch die weggefallenen Transaktions- und Absicherungskosten beitragen. Hieraus erwächst nicht nur ein Potential für eine stabilere Entwicklung ihrer Gewinne, sondern auch die Chance auf eine Effizienzsteigerung, da *„unproduktive Kosten"* wegfallen.

Höhere Planungssicherheit

Wegfall unproduktiver Kosten

Diese Effizienzsteigerung wird sich nicht nur betriebswirtschaftlich auswirken, sondern auch den Aktienmarkt insgesamt erfassen. Denn mit erhöhter Transparenz und Euro-weit nahezu identischen Rahmenbedingungen wird auch ein wesentlich breiterer Aktienmarkt entstehen: Börsengänge auch kleinerer Unternehmen zum Beispiel werden im gesamten Währungsgebiet des Euro ungleich leichter zu plazieren sein, als dies in einem Europa mit einer Vielzahl nationaler Währungen und makroökonomischen Besonderheiten möglich ist. Denkbar, wenn nicht sogar wahrscheinlich ist, daß die größere Transparenz und Effizienz auch die Attraktivität eines *„Europäischen Aktienmarktes"* für internationale Investoren erhöht.

Breiter EU-Aktienmarkt

Attraktiv für internationales Kapital

Sowohl qualitativ als auch quantitativ werden somit positive Impulse auf die europäischen Aktienmärkte einwirken, wenn die neue Währung eingeführt ist. Bitte beachten Sie aber auch an dieser Stelle:

> Diese optimistische Einschätzung bedeutet nicht, daß mit der Euro-Einführung zwingend ein Boom bei europäischen Aktien ausbrechen wird. Ob dies der Fall sein wird, hängt entscheidend von außerhalb der Euro-Einführung

Externe Effekte für Aktienboom erforderlich

angesiedelten Faktoren ab (zum Beispiel die internationale konjunkturelle Entwicklung), oder solchen, die mit der Euro-Einführung nur mittelbar verknüpft sind (zum Beispiel der Dollarkurs).

5.7.2 Aktien während der Szenarien der Euro-Einführung

Sie haben gesehen, daß mit eingeführtem Euro die Grundlage für einen breiten, effizienten und einheitlichen europäischen Aktienmarkt gelegt ist. Womit haben Sie zu rechnen, bis es soweit ist?

In den zahllosen Informationsbroschüren von Banken und Vermögensverwaltern finden Sie fast ausschließlich folgende Einschätzung zu den Gewinnern und Verlierern auf dem Weg zur gemeinsamen Währung:

Hartwährungsunion: Deutsche Aktien Verlierer?

- Kommt es zu einer *Hartwährungsunion,* dann ist dies schlecht für die Aktien der Teilnehmerländer, insbesondere für deutsche Aktien; *Begründung:* Der starke Euro führt zu geringem Wachstum in den Teilnehmerländern, insbesondere in Deutschland. Boomen werden dagegen die Aktienmärkte der Nichtteilnahmeländer; *Begründung:* deren Währungsabwertungen begünstigen schnelles Wirtschaftswachstum.

Verschiebung: Deutsche Aktien Verlierer?

- Ähnlich die Argumentationen für das *Verschiebungs- und Scheitern-Szenario:* Da die DM Gewinnerin sein wird, gehen von diesen Szenarien wachstumsschmälernde Impulse auf Deutschland und wachstumssteigernde Impulse vor allem auf die Volkswirtschaften der europäischen Peripherie aus.

Weichwährungsunion: Deutsche Aktien Gewinner?

- Kommt es dagegen zu einer *„Weichwährungsunion“*, führen steigende Wachstumschancen in Deutschland und Kerneuropa zu Kurssteigerungen auf den dortigen Aktienmärkten und sinkende Wachstumschancen für den Rest der Teilnehmerländer zu flauen Aktienmärkten in Europas Peripherie.

Allzu nahe will ich Ihnen solches Denken nicht legen, auch wenn teilweise namhafteste Adressen dahinterstehen. Denn bereits innerhalb unserer Modellanordnungen (also ohne externe Einflüsse wie konjukturelle Situationen oder gerade die bei den Aktienmärkten so wichtigen psychologischen Aspekte zu berücksichtigen) vernachlässigen solche Schlußfolgerungen einen entscheidenden Aspekt: daß nämlich das Szenario eines starken Euro einhergeht mit tiefen Zinsen; das Szenario eines schwachen Euro dagegen impliziert hohe Zinsen.

Einfluß der Zinsen

Steigende Attraktivität bei tiefen Zinsen

Die Zinsen bzw. Zinserwartungen sind aber ein für die Bewegung bei Aktien außerordentlich wichtiger Faktor. Wenn sie tief sind oder als zukünftig tief erwartet werden, dann gehen von ihnen grundsätzlich positive Impulse auf die Aktienmärkte aus: Einerseits steigt dann für Anleger die relative Attraktivität der Aktien gegenüber Zinswerten, andererseits versprechen günstige Finanzierungsbedingungen höhere Unternehmensgewinne, was wiederum in der Bewertung der Aktien seinen Niederschlag findet.

Gegenläufige Impulse abwägen

Wir haben es also innerhalb der Szenarien für Kerneuropa mit gegenläufigen Impulsen zu tun: Im Hartwährungsszenario mit negativen Paritätseffekten und positiven Zinseffekten, im Weichwährungsszenario mit positiven Paritätseffekten und negativen Zinseffekten. Für Peripherieeuropa ist die Polung innerhalb der Szenarien umgekehrt.

Wenn wir diese Gegenläufigkeit berücksichtigen, liegt für eine *Hartwährungsunion* folgendes Bild nahe:

Aufwertungsphantasie bei internationalen Anlegern

Bis Ende 1997 werden sich aus anhaltend tiefen Zinsen einerseits und einer starken DM andererseits keine eindeutigen Impulse für den deutschen Aktienmarkt ergeben. Ausländische Käufer könnten die Aktienkurse in die Höhe treiben, *wenn sie die erwartete Aufwertung der DM höher bewerten als die dadurch sinkenden Wachstumschancen der deutschen Industrie.*

Ökonomische Ratio der Hartwährungsunion

> Sie taten Ähnliches im übrigen schon einmal, nämlich im Umfeld der EWS-Währungsturbulenzen des Jahres 1993: Damals wurde die DM in Europa dramatisch aufgewertet, gleichzeitig verzeichnete der DAX einen Anstieg von rund 40 Prozent, der in erheblichem Umfang auf ausländische Käufe zurückzuführen war. Wer will ausschließen, daß nicht auch im Prozeß hin auf eine Hartwährungsunion die Märkte deren *ökonomische Ratio* nicht wieder ähnlich belohnen?

Spiegelbildlich dazu die Ambivalenz der Impulse der Euro-Einführung bis zur Festlegung des Teilnehmerkreises bzw. der Gewißheit darüber, daß der Zeitplan nicht verschoben wird, in anderen EU-Ländern: In der Tendenz ist innerhalb unserer Modellanordnung *„Alles wird gut"* mit eher leichteren Wechselkursen, dafür aber festeren Zinsen zu rechnen – auch hier also keine eindeutigen Impulse für oder gegen Aktien.

Schlüssige Szenarien schwierig

Teilnehmerländer: Auch im weiteren Verlauf – die Teilnehmer stehen fest – lassen sich im Prozeß der Einführung eines stabilen Euro kaum schlüssige Szenarien für die Entwicklung der Aktienmärkte der Teilnehmerländer aufstellen:

Abwertungen entfallen

- Wo mit sinkenden Zinsen zu rechnen ist – also zum Beispiel in Irland und in Finnland –, werden die hiervon eigentlich ausgehenden positiven Impulse für die Aktienmärkte möglicherweise überlagert von einer negativen Marktbeurteilung, weil in diesen Ländern zukünftig Abwertungen als Instrumente zur Herstellung internationaler Konkurrenzfähigkeit nicht mehr möglich sind.

Kursphantasien in Deutschland?

- Mit Blick auf den deutschen Aktienmarkt läßt sich – wiederum konträr zu den eingangs erwähnten Schlußfolgerungen – sogar argumentieren, daß die weggefallenen Aufwertungsrisiken der DM in Europa im Verbund mit der Erwartung anhaltend niedriger Zinsen einer Stabilitätsunion Kursphantasien auslösen werden. Doch sollte, wenn so gedacht wird, der positive Effekt weggefallener Aufwertungsrisiken nicht überbewertet werden; schließlich finden sich im angenommenen Teilnehmerkreis der Stabilitätsunion fast ausschließlich solche Länder, die in den vergangenen Jahren stabile Wechselkurse zur DM aufwiesen.

Nichtteilnahmeländer: Das für die Nichtteilnahmeländer in den Phasen A und B erwartete Kursfeuerwerk erscheint als recht fragwürdiges Kalkül:

Kursfeuerwerk fragwürdiges Kalkül

- Denn wenn einerseits die alsbaldige Aufnahme der Nichtteilnahmeländer angestrebt wird, bedeutet dies, daß diese Länder auch ihren bisherigen restriktiven Kurs in der Geld- und Fiskalpolitik beibehalten werden; auch das Abwertungsinstrument steht ihnen nur noch eingeschränkt zur Verfügung.

Disziplin innerhalb des EWS II

- Wenn andererseits die baldige Teilnahme nicht angestrebt ist, wird über kurz oder lang die fundamentale Frage auftauchen, ob denn die Unternehmen dieser Länder dauerhaft international konkurrenzfähig sein werden.

Fundamentale Fragen

Im übrigen wurde im Mai 1996 die Prognose eines Kursfeuerwerks im Falle Spanien bereits in Frage gestellt. Dort dachte die neue Regierung (unvorsichtigerweise) laut darüber nach, ob es nicht besser sei, den Euro-Zeitplan zu verschieben, weil Spanien aufgrund der Konvergenzentwicklung nicht von Anfang an mit von der Partie sein könne. Konsequenz: Ein deftiger Einbruch an der Madrider Börse.

Beispiel Spanien

Per Saldo bleibt also festzustellen, daß Prognosen über die Reaktion der Aktienmärkte bei allen Szenarien der Euro-Einführung ungleich komplexer sind als diejenigen, die sich mit den Auswirkungen Euro-Einführung auf Devisen und Anleihen befassen.

Aktienprognosen komplexer als bei Anleihen

Schon bei letzteren haben wir es mit einer Vielzahl von Unwägbarkeiten zu tun, die sich außerhalb der Modell-Szenarien

Präzise Gesetzmäßigkeiten bei Anleihen …

abspielen und deswegen nicht auf seriöse Weise berücksichtigt werden können. Immerhin aber können wir innerhalb eines Modells davon ausgehen, daß im Anleihenbereich Zins- und Kursentwicklungen präzise mathematisch miteinander verwoben sind: Wenn wir innerhalb eines Modells zum Schluß kommen, daß die Zinsen steigen werden, dann sinken zwingend die Kurse – und zwar alle. Und auch die Qualität einzelner Wertpapieraussteller brauchen wir – abgesehen von Bonitätsaspekten – nicht zu berücksichtigen.

… Unternehmensanalysen …

… und Zukunftserwartungen bei Aktien

Anders im Aktienbereich. Die Zusammenhänge zwischen einzelnen objektiven Parametern einerseits (Zinsen, Paritätsentwicklungen) und Börsenentwicklungen bzw. einzelnen Aktienkursen andererseits lassen sich allenfalls als Tendenzen feststellen. Bei einzelnen Aktien kommt entscheidend die *„innere Verfassung"* des betreffenden Unternehmens dazu, die ihren Kurs auch heftig gegen den Gesamttrend bewegen kann. Beim Gesamtmarkt gesellen sich Erwartungen und Meinungen hinsichtlich zukünftiger Entwicklungen, psychologischer Stimmungen, politischer Interpretationen und gesellschaftlicher Befindlichkeiten zu den objektiven Parametern.

Bonus für Zukunftsfähigkeit

Vor allem unter längerfristigen Gesichtspunkten kann deswegen erwartet werden, daß die Unternehmen der Teilnehmerländer Kerneuropas von den Märkten einen *„Bonus"* erhalten, in welchem sich ihre *„Zukunftsfähigkeit"* widerspiegelt: Ihnen wird die durch den Euro ermöglichte Effizienzsteigerung im wesentlichen ungeschmälert zugute kommen, da sie keine *„Schocks"* zu überstehen haben, die durch den Wegfall des Abwertungsinstruments als Ausgleich für unterdurchschnittliche Produktivität entstehen.

Aktien zweiter Klasse

Den Unternehmen der Nichtteilnahmeländer dagegen steht zwar die Abwertungsoption grundsätzlich noch zur Verfügung; vor allem aber, wenn sie im Rahmen eines *EWS II* an den Euro herangeführt werden, ist nicht zu erwarten, daß sie davon reichlich

Gebrauch machen. Wählen sie dagegen dauerhaft nationale Sonderwege außerhalb des Euro, ist schwer vorstellbar, daß die Märkte diesen Marsch in Europas zweite Liga mit einem Kursfeuerwerk belohnen werden. Und: Im ersten Fall zeitlich begrenzt, im zweiten Fall unbefristet, werden sie von der größeren Effizienz der Euro-Märkte nicht profitieren.

> Mein Tip deswegen für Sie:
>
> Wenn Sie den Währungsplan bei Ihren Aktiendispositionen berücksichtigen wollen, obwohl seine Auswirkungen schwerlich kalkulierbar sind, sollten Sie davon ausgehen, daß sowohl von einer Weichwährungsunion als auch von einer Hartwährungsunion *positive Impulse* auf die Aktienmärkte Kerneuropas ausgehen werden. Mit eher *negativen Impulsen* sollten Sie in beiden Szenarien für die Aktienmärkte der Peripherieländer rechnen.

Gewinner Kerneuropa

Gewichten Sie aber die positiven Impulse, die von der Euro-Einführung demnach auf den deutschen Aktienmarkt ausgehen werden, insgesamt eher gering:

Größere Probleme als der Euro

„Es gibt nicht nur Maastricht. Deutschland wird in den nächsten Jahren mit viel größeren Problemen zu kämpfen haben. Von ihrer Lösung wird der ‚Return on Equity' in stärkerem Maße abhängen als von der Währungsunion. Das Thema ‚Währungsunion' wird uns in den nächsten Jahren nicht verlassen, aber am Kapitalmarkt wird es Moden unterworfen sein, die man spielen oder auch ignorieren kann."

Diese abschließende Bewertung legte Wilfried Hutmann, Geschäftsführer der *Schröder Münchmeyer Hengst Research GmbH,* den hochkarätigen Teilnehmern eines Seminars *(Management Circle)* zum Euro nahe.

In der Tat: Entscheidend für die deutsche Wirtschaft wird sein,

- Deutschland wieder auf einen Wachstumspfad zu führen,
- die Lohnnebenkosten zu senken und eine Innovationsoffensive zu starten,

- eine umfassende Steuerreform durchzuführen,
- Aktien zu steuerlich gleichberechtigten Instrumenten der Altersvorsorge zu machen,
- Arbeit und nicht Arbeitslosigkeit zu finanzieren,
- Verkrustungen und Besitzstandsdenken in Staat, Parteien und Verbänden aufzubrechen.

Gelingt dies, wird sich dies jenseits aller Euro-Szenarien auch in den Aktienkursen niederschlagen, gelingt es nicht, werden die grundsätzlich positiven Effekte der Euro-Einführung überdeckt.

„Wenn Du mich fragst, was ich tun soll ...“

6 Aktien und Anleihen, Immobilien, Fremdwährungen & Co.: Sinnvoller Einsatz und optimales Timing

6.1 Die Szenarien der Euro-Einführung richtig positionieren

Sie haben in den vorangegangenen Kapiteln gesehen: Die einzig richtige Strategie, die Euro-Einführung bei Ihren Geldangelegenheiten optimal zu nutzen, gibt es nicht. Insbesondere die Szenario-Analysen in Kapitel 5 zeigen, daß die verschiedenen Möglichkeiten der Euro-Einführung zu *entgegengesetzten Marktreaktionen* führen können. Für mittel- und längerfristig orientierte Anleger resultieren daraus auch *unterschiedliche Optimierungsstrategien.*

Unterschiedliche Trends

Kurzfristig und eher *spekulativ orientierte Anleger* werden ferner zu beachten haben, daß sich auf dem weiteren Weg bis zur Vollendung des Währungsprojekts innerhalb der jeweiligen Szenarien vorübergehend auch Marktbewegungen ereignen können, die untypisch für das betreffende Szenario sind:

Marktbewegungen gegen den Trend

So kann die DM auch in einem Prozeß, der mit einer Hartwährungsunion endet, kurzfristig unter Druck geraten (vgl. Abschn. 5.3.2); Peripheriewährungen, die per Saldo die Verlierer einer gescheiterten Währungsunion wären, können auf dem Weg dorthin anfänglich stark tendieren (vgl. Abschn. 5.5.2). So weit – so komplex.

6.1.1 Die Märkte sind das Umfeld

Doch damit nicht genug. Angenommen, Sie wüßten ganz genau, daß es zu einer Hartwährungsunion kommt und daß diese einen zinssenkenden Impuls auf die Zinsen in Deutschland von, sagen wir, 0,2 Prozentpunkten haben wird. Würden Sie allein aufgrund dieser Information soeben geerbte 100 000 DM in zehnjährige Bundesanleihen anlegen, *„weil die Zinsen zukünftig tiefer sind“* und Ihnen Kursgewinne winken? Hand aufs Herz: Sie würden es nicht.

Zyklische Bewegung...

Sie würden, jedenfalls wenn Sie rational handelten, sich kundig machen über den momentanen Stand der Zinsen am langen Ende, dabei feststellen, daß Deutschland am Ende einer fast fünfjährigen Zinssenkungsperiode steht, daß ferner eine tiefe Inflationsrate und schlechte konjunkturelle Aussichten eine sofortige Zinswende zwar nicht wahrscheinlich machen, gleichwohl aus der Deutschland-spezifischen Situation in absehbarer Zeit mit einer Sieben und 1999, wenn es zum Währungsschwur kommen wird, vielleicht sogar mit einer Acht vor dem Komma zu rechnen ist.

... mit Euro-Effekt verbinden

Richtiger gesagt: Zu rechnen *wäre*, wenn es den angenommenen zinsmildernden Impuls der Euro-Einführung nicht geben würde. Wenn Sie also diesen abziehen, wird klar, daß Sie für 1998 mit einem Zinssatz von vielleicht 7,8 Prozent rechnen müssen – was Sie vermutlich veranlassen wird, bis dorthin Ihre 100 000 DM anders, etwa in einem 1998 auslaufenden Laufzeitfonds, anzulegen.

> Wo also kommen die Märkte her, welches sind die Ursachen für ihre gegenwärtige Verfassung, und welche Bestimmungsfaktoren werden ihre weitere Bewegung voraussichtlich dominieren? Wenn Sie hierzu kein Bild haben, in welches Sie die aus dem Prozeß der Euro-Einführung erwartbaren Impulse positionieren, dann gleichen Sie einem Architekten, der in einem Sumpfgebiet einen Wolkenkratzer plant und sich über die Fundamentierung keine Gedanken macht.

Standortbestimmung erforderlich

Deswegen sind eine Standortbestimmung und *„Marschrouten“* für die nächsten Jahre, wie ich sie Ihnen in Abschnitt 6.2 vorschlage, Grundlage für jedwede in sich stimmige Euro-Strategie.

6.1.2 Im Zentrum: Sie selbst!

Doch zuvor müssen wir – neben der zyklenorientierten Standortbestimmung und den möglichen Szenarien der Euro-Einführung – auf einen *dritten Faktor* zu sprechen kommen, den Sie bei Ihren Optimierungsabsichten beachten müssen: Das sind *Sie selbst*. Sie selbst – damit sind gemeint Ihre finanziellen Verhältnisse, Ihre Lebensplanung, Ihre Risikofreude und Ihre Risikofähigkeit, Ihr Know-how und Ihre Informationslogistik:

Subjektive Faktoren bedeutend

- Es macht keinen Sinn, Ihnen etwa eine Spekulation mit der spanischen Peseta nahelegen zu wollen, wenn bei Ihnen die langfristig sichere Kapitalbildung absolute Priorität hat;
- und wie Sie wiederum eine langfristige Kapitalbildung unter Sicherheitsaspekten organisieren, ist entscheidend auch davon abhängig, ob es bei Ihnen um 15 000 DM oder um 150 000 DM geht.
- Auch macht es einen Unterschied, ob Sie im Alter von 60 Jahren eine fällige Lebensversicherung in Höhe von 200 000 DM anlegen wollen oder ob Sie im Alter von 30 Jahren eine Erbschaft in eben dieser Höhe machen.
- Und wenn Sie von zusätzlichen Chancen mit deutschen oder europäischen Aktien aufgrund der Euro-Einführung überzeugt sind und für Ihre Altersvorsorge zukünftig einen Aktienfonds einsetzen wollen, dann ist es nicht unerheblich, ob Ihre bisherige kapitalbildende Lebensversicherung erst drei oder bereits 15 Jahre läuft.

Was unter welchen Umständen richtig und was falsch sein könnte, wollen wir deswegen anhand von *drei Musteranlegern* diskutieren:

Beispiel 1

Höchste Priorität: Sicherheit

Horst (35) und Sabine (30) Schmahl mit Tochter Felicitas (6). Horst ist Werkzeugmacher in einem mittelständischen Betrieb, Sabine arbeitet als ausgebildete Altenpflegerin seit zwei Jahren wieder stundenweise. Zusammen bringen sie es auf ein Monatseinkommen von netto 3 100 DM. Sie wohnen zur Miete (750

DM) und haben ihren Wunsch nach eigenen vier Wänden erst einmal auf Eis gelegt, weil Horsts Arbeitgeber eben erst 30 Kollegen entlassen hat und Horst nicht weiß, ob auch ihn demnächst die Kündigung treffen wird.

Als Felicitas unterwegs war und geheiratet wurde, schloß Horst eine Lebensversicherung mit 20jähriger Laufzeit ab; die monatlichen Prämien liegen bei 253 DM, die garantierte Ablaufleistung beträgt 70 000 DM, inkl. Gewinnbeteiligung kann er 116 000 DM erwarten. Für heute, also das sechste Versicherungsjahr, steht in der Tabelle mit den Rückkaufswerten ein Betrag von 13 750 DM ohne und knapp 15 000 DM mit Gewinnbeteiligung.

Weitere Aktivposten: Im Sommer 1996 schenkten ihnen Sabines Eltern 12 000 DM, die sie in Bundesschatzbriefe des Typs A anlegten, und daneben haben sie ein Monatsultimo-Sparbuch, auf das ihre Sparkasse das Guthaben überweist, das nach sparsamen Monaten auf Horsts Lohnkonto übriggeblieben ist. Dort haben sich immerhin fast 6 000 DM angesammelt, obwohl sie immer wieder, vor allem für den Urlaub, auch Geld abhoben.

Beispiel 2

Risikofreude vorhanden

Thorsten (39) und Gabi (38) Schreyer gehören zur Spezies der DINKS *(double income, no kids)* und verdienen als Software-Entwickler bzw. Grafikdesignerin schon seit geraumer Zeit überdurchschnittlich, gegenwärtig zusammen gut 10 000 DM monatlich. Im Lauf der Jahre hat sich bei ihnen ein Geldvermögen von gut 150 000 DM angesammelt, das sie wie folgt gestreut haben:

- Rund 70 000 DM befinden sich in einem Aktienfonds mit deutschem Anlageschwerpunkt, den sie für ihre Altersversorgung seit acht Jahren regelmäßig mit 500 DM monatlich besparen (in Verbindung mit einer Risiko-Lebensversicherung),
- 26 000 DM sind die 9 %igen Bundesanleihen mit Fälligkeit im Jahr 2000 wert, die sie im Hochzinsjahr 1990 angeschafft haben,

- rund 21 000 DM beträgt der Kurswert der 6 %igen Bundesobligation aus dem Jahr 1993, die 1998 getilgt wird,
- 17 500 DM sind als Festgeld angelegt, das sie üblicherweise dreimonatlich prolongieren,
- und schließlich stecken jeweils rund 12 000 DM in einem Aktienfonds für französische bzw. amerikanische Aktien.

Noch wohnen die Schreyers zur Miete, doch das soll sich ändern: Ihr Vermieter wäre bereit, ihnen die Wohnung zu verkaufen und hat ihnen ein günstiges Angebot gemacht. (Der Einfachheit halber nehmen wir an, daß sie das Eigenkapital für den Erwerb von Thorstens Eltern erhalten werden, so daß hierdurch ihre Überlegungen zur Euro-Optimierung ihres Geldvermögens nicht tangiert werden).

Beispiel 3

Beabsichtigt: Spekulation

Bei Leopold Mann spielen weder Alter noch Lebensverhältnisse eine Rolle. Mit einem deutlich siebenstelligen Vermögen hat er seine Schäfchen im Trockenen, was uns im einzelnen nicht beschäftigen soll (wobei natürlich auch ihm vor allem das Kapitel 6.4 nützliche Hinweise gibt). An ihm interessiert uns hauptsächlich, daß er beschlossen hat, den Prozeß der Euro-Einführung für eine deftige Zockerei zu benutzen, für die er eine „Kriegskasse“ von 100 000 DM bereitstellt. Natürlich will er gewinnen, doch wenn er seinen Einsatz verliert, wird er an Leib und Seele unbeschädigt wieder zur Tagesordnung übergehen.

Auf welchem Fundament können sie planen, welche – für alle gleichen – Ist-Zustände finden sie an den Märkten vor?

6.2 Internationale Standortbestimmung: Zinsen, Währungen und Börsen

6.2.1 Zinsen

Langjähriger Zinssenkungsprozeß

Deutschland steht am Ende eines Zinszyklus oder nahe daran. Sukzessive, allerdings unterbrochen durch einen *„Zinsbuckel“* im Jahr 1994, sank die Umlaufrendite festverzinslicher Wertpapiere seit 1990 von knapp 9 auf 5,5 Prozent zum Jahresende

1995. Seit Jahresbeginn 1996 stiegen die Zinsen, gemessen an der Umlaufrendite aller festverzinslicher Wertpapiere, vorübergehend wieder auf etwa 6 Prozent.

Noch Spielraum nach unten?

Angesichts der nach wie vor schlechten konjunkturellen Situation einerseits und der mit 1,5 Prozent sehr tiefen Inflationsrate war dieser Zinsanstieg untypisch; *„eigentlich"* – so viele Marktbeobachter – habe die Bundesbank noch einen Spielraum für weitere Leitzinssenkungen.

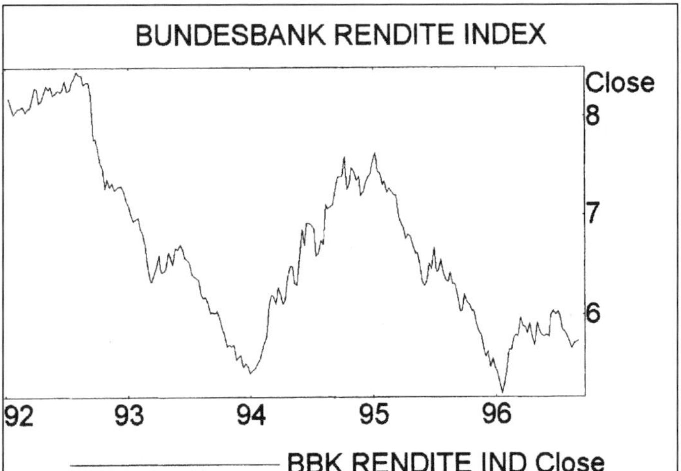

Quelle: Reuter Graphics

Steile Zinsstrukturkurve

Untypisch ist auch die *sehr steile Zinsstrukturkurve* in Deutschland, welche die Zinssätze für die verschiedenen Laufzeitklassen abbildet: Mit über 6,5 Prozent wird im langfristigen Bereich doppelt soviel bezahlt wie für kurze Gelder.

Nivellierung in Kerneuropa

Die internationale Zinsentwicklung folgte sowohl in Europa als auch in den USA im wesentlichen demselben zyklischen Muster; typisch dabei ist allerdings die Nuance, daß die Zinsdifferenzen zwischen der DM und den Währungen Kerneuropas, die während des Zinsbuckels 1994 noch einmal größer wurden, zur Jahresmitte 1996 weitgehend abgebaut waren (vgl. hierzu die Tabelle in Abschn. 5.3.3).

Die eigentümliche Zinssituation in Deutschland ist – neben der stärker als geplant gestiegenen Geldmenge – auf drei Faktoren zurückzuführen: *Faktor 1* ist die Erwartung, daß die Zinsen in den USA steigen werden, *Faktor 2* sind die leeren Kassen in Bonn, und als *Faktor 3* werden vielfach die Markterwartungen zum Euro-Einführungsprozeß angeführt:

Einfluß der US-Zinsen...

Da – so die Argumentation – vor allem beim *Szenario Weichwährungsunion* ab 1999 mit deutlich höheren Zinsen gerechnet werden muß, werden gegenwärtig darüber hinausgehende Restlaufzeiten gemieden oder nur gegen eine *„Euro-Risikoprämie"* in Form höherer Zinsen akzeptiert. Umgekehrt läßt sich so auch das sehr tiefe Zinsniveau am kurzen Ende erklären: Das Angebot an Kapital, das kurzfristig geparkt werden will, bis die Unsicherheiten vorbei sind, ist groß.

... und Markterwartungen zum Euro

Dieses Erklärungsmuster hat einiges für sich, vor allem auch, weil die große Differenz zwischen kurzen und langen Zinsen typisch ist für alle Länder, die bei Euro-Einführung mit einer Zinserhöhung rechnen müssen, während die Zinsdifferenzen bei Währungen, die bei einer Teilnahme mit sinkenden Zinsen rechnen können oder die nicht oder voraussichtlich nicht am Euro teilnehmen werden *(USA, Spanien, Italien)*, sehr viel geringer sind.

Dieses Erklärungsmuster bedeutet aber auch, daß die Märkte in bestimmtem Umfang die zinssteigernden Impulse der Euro-Einführung bereits vorweggenommen haben, so daß am magischen Datum 1999 keine oder nur noch geringfügige Euro-induzierte Effekte auf die Zinsen einwirken werden.

Vorweggenommene Zinserhöhungen ...

Es könnte sogar bedeuten, daß die Unsicherheit darüber, ob es nicht doch zu einer Weichwährungsunion kommt, schon heute zu übertriebenen Marktreaktionen geführt hat, die sich beim Zustandekommen einer Hartwährungsunion zurückbilden werden. Für diese These gibt das Ausmaß der bisherigen Zinssteigerungen in Deutschland seit Jahresbeginn allerdings nichts her: Die Zinssteigerungen in Deutschland haben lediglich dazu geführt, daß sich vor allem das deutsche und das französische

... in Erwartung einer Hartwährungsunion

Zinsniveau (aber auch das Zinsniveau der anderen Länder Kerneuropas) angeglichen haben, das wiederum haben wir – siehe Kapitel 5 – als einen der Begleitumstände einer Hartwährungsunion erwartet.

Zinswende 1997

Zusammenfassend ist gegenwärtig also nicht absehbar, daß die Euro-Einführung Ursache für weitere Zinssteigerungen in Deutschland sein wird. Sollten die Zinsen steigen, dann wird dies nach gegenwärtigem Erkenntnisstand auf die Entwicklung der amerikanischen Zinsen zurückzuführen sein. Wird es in den USA bis Anfang 1997 zu keinen nennenswerten Zinssteigerungen kommen, sind die Chancen für eine Rückbildung der Umlaufrendite in Deutschland auf eine Marke von ca. 5,5 Prozent bis zu diesem Zeitpunkt groß. Dem entspräche eine Rendite im zehnjährigen Bereich von etwa 6,2 Prozent. Im weiteren Verlauf sollte dann mit sukzessiven Zinssteigerungen gerechnet werden, die von der anziehenden Konjunktur in Deutschland/Europa ausgelöst werden.

6.2.2 Währungen

Starke DM bis 1995

Die Gretchenfrage, was nämlich die Märkte von der Euro-Einführung bereits vorweggenommen haben, stellt sich auch im Währungsbereich. Dort war bis Mitte 1995 die DM als strahlende Siegerin zu beobachten (auch wenn ihr Sieg den bitteren Beigeschmack zunehmend bedrohter internationaler Wettbewerbsfähigkeit hatte): Zunächst rissen zwei *Krisen des Europäischen Währungssystems* 1992 und 1993 die Paritäten der EU-Partnerwährungen nach unten, dann begab sich im Frühjahr 1995 der *US-Dollar* auf dramatische Talfahrt, auf der ihn auch europäische Währungen mehr (*Lira, Pfund Sterling, schwedische Krone*) oder weniger (*dänische Krone, französischer Franc, Escudo*) hautnah begleiteten.

Per Saldo gewann die DM bis Mitte 1995 gegenüber allen Währungen außerhalb des engeren DM-Blocks (*Gulden, Schilling*)

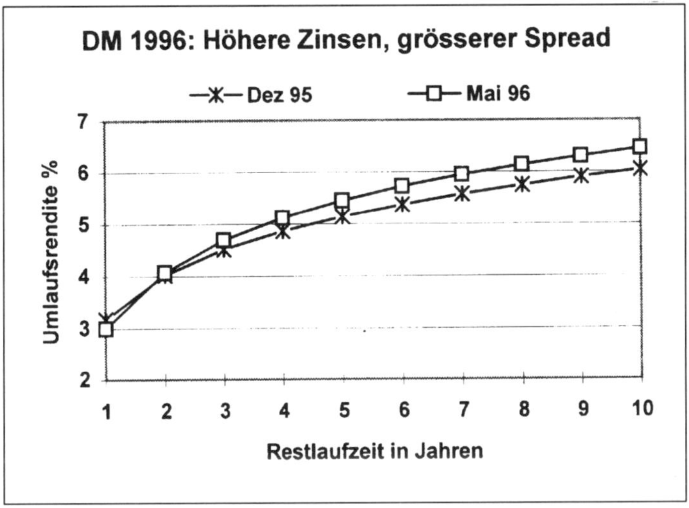
DM 1996: Höhere Zinsen, grösserer Spread
Dez 95
Mai 96
Umlaufsrendite %
7
6
5
4
3
2
1
2
3
4
5
6
7
8
9
10
Restlaufzeit in Jahren

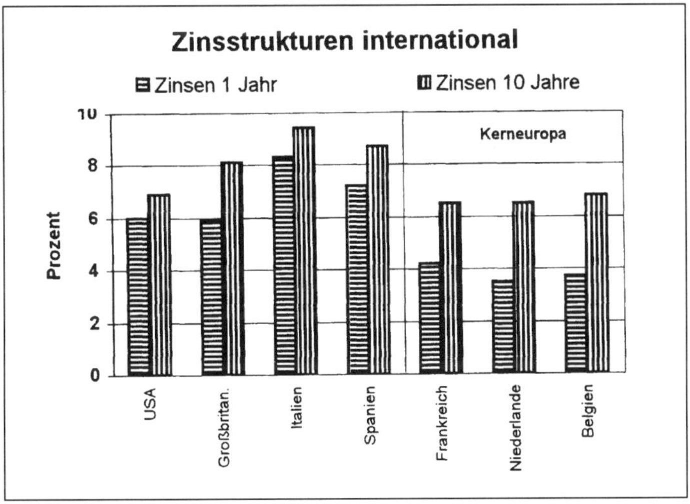
Zinsstrukturen international
Zinsen 1 Jahr
Zinsen 10 Jahre
Kerneuropa
Prozent
10
8
6
4
2
0
USA
Großbritan.
Italien
Spanien
Frankreich
Niederlande
Belgien

Starke Fremdwährungen 1996 …

sowie des Schweizer Frankens und der Finnmark phasenweise zum Teil dramatisch (*US-Dollar, Lira*) an Wert. Spätestens seit Jahresbeginn 1996 hat sich die Wertschätzung jedoch gedreht: Nicht nur gegenüber dem *US-Dollar* wurde die DM wieder schwächer, auch innerhalb der EU verlor die DM; dies zum Teil sehr deutlich *(Lira, britisches Pfund und irisches Punt)*, eher moderat gegenüber dem *französischen Franc*. Nur *der Schweizer Franken* begab sich sukzessive auf den Abstieg von seinem *„Allzeithoch"* von knapp 125 DM.

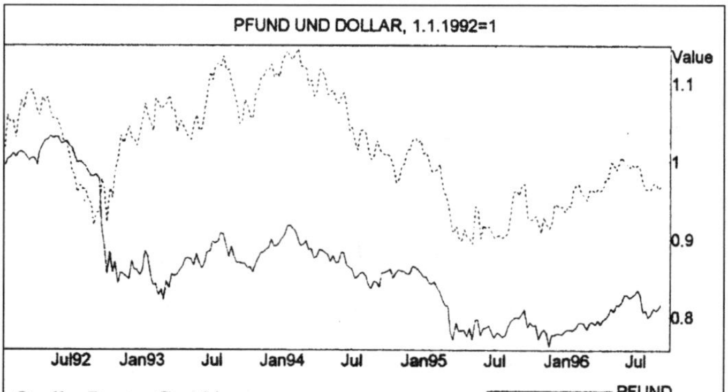

Quelle: Reuter Graphics

… trotz rückläufiger Zinsdifferenzen

Diese DM-Schwäche gegenüber ihren europäischen Partnerwährungen ist insofern bemerkenswert, als sie begleitet wurde von *zumeist rückläufigen Zinsdifferenzen* zwischen Deutschland und den übrigen europäischen Ländern. Galt in den letzten Jahren zum Beispiel beim französischen Franc die Faustregel, daß er gestützt wurde durch ein Zinsniveau, das um rund 0,75 Prozentpunkte höher lag als das deutsche, erholte sich der Franc, obwohl die Zinsen am langen Ende in Frankreich (Stand: Jahresmitte 1996) fast exakt auf deutschem Niveau standen.

Supergewinne mit Lira und Peseta

Auch andere Länder, allen voran Italien, konnten es sich seit Jahresbeginn 1996 erlauben, angesichts der Stärke ihrer Währungen ihre Zinsen herunterzuschleusen. Diese Situation hat übrigens – Genaueres später – von Mitte 1995 bis Mitte 1996 deutschen Anlegern in Lira- und Peseta-Anleihen traumhafte Gewinne beschert.

Verschiedene Botschaften lassen sich aus diesem Marktverhalten herauslesen. Die fundamentale Botschaft könnte sein, daß die *„Deutschland AG"* international an Ansehen verloren hat, weil sie konzeptlos und zerstritten an ihren internen Schwierigkeiten herumdoktert. Sie wird dabei international nicht nur gemessen an den *USA* mit der schon bald legendären (wenn auch nicht unbedingt nachahmenswerten) *„Jobmaschine"*, sondern zum Beispiel auch an *Schweden* (wo man sich frühzeitig daran machte, die notwendigen strukturellen Einschnitte vorzunehmen), oder an *Frankreich* (dort blieb die Regierung im Herbst 1995 trotz eines Beinahe-Volksaufstandes auf hartem Sparkurs), oder sogar auch an *Italien* (dessen kollektive Ratio, sich einen Wirtschaftsfachmann an die Regierungsspitze zu holen, bei manchem Deutschen Neidgefühle auslöste). Deutschland-spezifische Gründe dafür, daß die DM zumindest vorübergehend leichter gehandelt wird, gibt es jedenfalls einige.

Internationale Vorbilder

Aus der Entwicklung auf den Devisenmärkten ließe sich aber auch die Euro-spezifische Botschaft ableiten, daß die DM-Schwäche bedeutet, daß sich die Märkte auf eine Weichwährungsunion einstellen. Diese These läßt sich allerdings, genauer betrachtet, nicht halten. Denn ebenso, wie die Einbrüche der europäischen Währungen im Frühjahr 1995 auf das Konto des US-Dollars gingen, muß auch ihre Rekonvaleszenz dort, auf einem Euro-externen Konto, verbucht werden.

Einfluß des Dollarrückgangs

Die Erholung auch der europäischen Peripheriewährungen der Erwartung einer Weichwährungsunion anzulasten, wäre nur dann erlaubt, wenn die Paritäten des Jahres 1994 überschritten wären. Denn mit der faktischen Preisgabe des EWS im Jahr 1993 können diese Paritäten, die sich ohne das Korsett der Interventionsbandbreiten herstellten, mit hoher Verläßlichkeit als die *„gerechten"* Wechselkurse in Europa betrachtet werden. Noch nicht dort wieder angelangt ist das britische Pfund; die Peseta und der Escudo haben die damaligen Paritäten knapp wieder erreicht.

Paritäten von 1994 wieder erreicht

Sondersituation bei der Lira

Auch der Höhenflug der *Lira,* die mit etwa 1,00 DM ihre Parität des Herbstes 1994 wieder erreicht hat, taugt nicht für die Prognose einer Weichwährungsunion. Bei der Lira ist zu berücksichtigen, daß sie vom Absturz des Dollars in den ersten Monaten 1995 mit einer Abwertung von ca. 18 Prozent am heftigsten betroffen wurde. Mit einer Parität von phasenweise wenig über 80 Pfennigen war sie deutlich unterbewertet, darüber hinaus mit ihren Zinsen von über 10 Prozent und schließlich auch einem vielversprechenden Wahlausgang nahezu risikoloses Objekt für spekulative Gelder, die nicht zuletzt auch aus den USA kamen.

Mit dem nunmehr erreichten Verhältnis zwischen Lira-Parität und Lira-Zinsen hat ihre Attraktivität deutlich nachgelassen, was zu einem baldigen Stillstand der Aufwärtsentwicklung und einer wahrscheinlichen Korrektur führen wird. Im übrigen: Alle Verlautbarungen der italienischen Regierung lassen darauf schließen, daß Italien zunächst nicht zum Teilnehmerkreis gehören wird, sondern sich in die Warteschleife eines EWS II einreihen will.

Starke Währungen Kerneuropas

Tendenziell stark im Sinne unserer Meßlatte sind nur Währungen aus zwei Gruppen: Das sind zum einen die Währungen jener Länder, die wir als *Kerneuropa* bezeichnet haben. Der *belgische Franc*, noch 1993 heftig von der EWS-Krise in Mitleidenschaft gezogen, wurde vom Dollarabsturz des Jahres 1995 nur marginal berührt, beim *holländischen Gulden* bewegt sich die Schwankungsbandbreite im Bereich von 50 Pfennigen, und der *französische Franc* ist höher bewertet als im Jahr 1994.

Starke Währungen des engeren Teilnehmerkreises

Stark sind zum zweiten diejenigen Währungen, von denen aufgrund ihrer Konvergenzentwicklung angenommen werden kann, daß sie eben noch in eine Hartwährungsunion *„hineinrutschen"* könnten. Vor allem die *schwedische Krone* fällt auf, daneben die in *den letzten Jahren immer stärker werdende Finnmark* und schließlich das *irische Punt,* das – anders als das britische Pfund – seine 1994er Parität wieder erreicht hat.

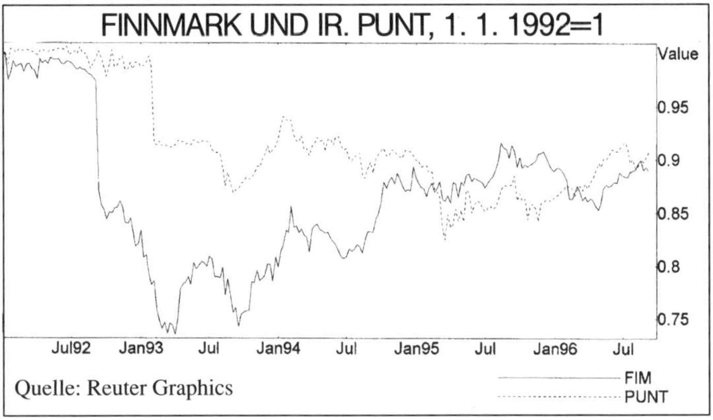

Quelle: Reuter Graphics

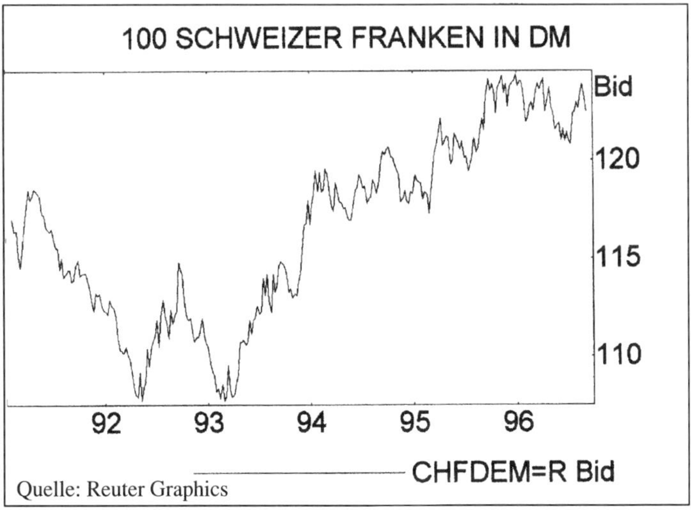

Quelle: Reuter Graphics

Schweizer Franken …

Wie wenig die Märkte eine Weichwährungsunion antizipieren, zeigt sich schließlich beim Schweizer Franken, dessen Kurs traditionell Seismograph für hasenherziges Kapital ist. Für seinen Anstieg in den Jahren 1993 und 1994 dürften Euro-Ängste kaum eine Rolle gespielt haben; vor allem die plötzliche Abwendung des dunkelfarbigen Geldes von Luxemburg brachte frischen Wind in den schon etwas angestaubten *„Bankplatz Schweiz"*, der auch seine Währung kräftig nach oben blies. Doch spätestens seit Mitte 1995 trug auch die aufkommende Euro-Panik dazu bei, den Franken auf fast 125 DM zu treiben.

…auf dem Rückzug

Seit Anfang 1996 allerdings kann aus der weiteren Entwicklung des Frankenkurses nicht mehr auf anhaltenden Fluchtgelddruck geschlossen werden; sein Rückgang auf rund 121 DM läßt eher den Rückschluß zu, daß mit einer Weichwährungsunion nicht gerechnet werden muß – und folgerichtig auch kein save haven benötigt wird.

Per Saldo: entspannte Devisenmärkte

Zusammenfassend wäre es also falsch, die seit Herbst 1995 tendenziell leichtere DM dem Umstand zuzuschreiben, daß die Dinge auf eine Weichwährungsunion zusteuern. Verantwortlich hierfür ist hauptsächlich, daß die Bewertung des US-Dollars wieder auf einem angemessenen – keineswegs aber überhöhten – Niveau erfolgt. Entsprechend korrigiert wurden mit dem Dollar auch die Währungen der Länder außerhalb Kerneuropas. Die somit weitgehend entspannten innereuropäischen Paritätsverhältnisse werden dazu führen, daß die zukünftige Bewertung der europäischen Währungen sich eng an die in Kapitel 5 skizzierten Szenarien der Euro-Einführung halten kann.

6.2.3 Börsen

Hausse an Wall Street

Die internationalen Aktienmärkte standen in den letzten drei Jahren einerseits im Banne der fulminanten Entwicklung in den USA. Fast wie an der Schnur gezogen nahm der *Dow Jones*

Index ein Allzeithoch nach dem anderen, bis er seinen bisherigen Höchststand von ca. 5 800 Punkten erreichte. Begünstigt wurde diese Entwicklung von stetiger konjunktureller Erholung bei anhaltend moderaten Zinsen im langfristigen Bereich.

Zunehmende Nervosität

Immer nervöser allerdings reagierte Wall Street seit Frühjahr 1996 auf die Konjunktur-Statistik. Namentlich die Daten über die neugeschaffenen Arbeitsplätze, die monatlich immer noch günstiger ausfielen als ohnehin erwartet, schürten Ängste, daß die amerikanische Notenbank auf die Zinsbremse treten könnte. Dies, sowie eine Schwäche bei den Technologiewerten, die lange Zeit an der Spitze der Aufwärtsentwicklung amerikanischer Aktien standen, führte schließlich nach mehreren heftigen Kurseinbrüchen dazu, daß der *Dow Jones Index* Mitte Juli mit rund 5 500 Punkten deutlich unter seinem Jahreshoch lag.

Krise in Japan . . .

Eine zweite charakteristische Entwicklung an den internationalen Aktienmärkten ereignete sich in Japan. In mehreren Etappen sackte dort der *Nikkei-Index* auf einen Stand von unter 15 000 Punkten (Juni 1995); er lag Ende 1989 noch bei etwa 37 000 Punkten. Eine handfeste Krise, die von künstlich aufgeblasenen Immobilienpreisen ausging und schließlich strukturelle Mängel im japanischen Bankensystem offenbarte, war der Ausgangspunkt für diesen Niedergang.

. . . 1996 endgültig überwunden?

Nach mehreren gescheiterten Versuchen, sich oberhalb eines Standes von 20 000 Punkten zu etablieren, schien dies zur Jahresmitte 1996 bei etwa 22 000 Punkten gelungen zu sein. Ursache dafür war einerseits die Politik der japanischen Notenbank, die die Yen-Zinsen mit einem Diskontsatz von 0,5 Prozent fast bis zur Unkenntlichkeit herunterfuhr, was dann andererseits der japanischen Industrie zusätzlichen Auftrieb durch den unter 1,40 DM sinkenden Yen-Kurs gab.

Frankfurt: Aufschwung nach Seitwärtsbewegung

Bei deutschen Aktien war nach dem fulminanten Börsenjahr 1993 – der *DAX* stieg von 1545 Punkten auf den Stand von 2267 Punkten – erst einmal eine Erholungspause angesagt, die bis in den Herbst 1995 dauerte. Auch der unerwartete *„Zinsbuckel"* des Jahres 1994 trug zu dieser Seitwärtsbewegung mit teilweise heftigen Ausschlägen bei. Erst im Januar 1996 wurde im Gefolge der auf 5,5 Prozent gesunkenen Umlaufrendite der Jahresendstand von 1993 übertroffen; zur Jahresmitte 1996 hatte sich der maßgebliche deutsche Index auf sein Allzeithoch von rund 2 580 Punkten gehangelt. Im Zeitraum Juli 1995 bis Juni 1996 bedeutete dies einen Zuwachs von 23 Prozent.

Nervosität aus den USA

Allerdings war dabei vor allem im 2. Quartal 1996 erhebliche Nervosität im Spiel: Die amerikanischen Zinsängste schwappten über den Atlantik und bescherten auch Frankfurt mehrere Male deftige Kurseinbrüche. Die Zahl der Optimisten, die einen weiteren Gipfelsturm des DAX auf 2 650 oder mehr Punkte prognostizierten, war so auch zur Jahresmitte spürbar kleiner geworden.

Starke europäische Börsen

Auch im übrigen Europa war das Jahr 1996 ein gutes, teilweise sogar exzellentes Börsenjahr (Stand: 10. 10. 1996).

	Gewinn 1996	**Hoch 1996**	**Stand 10. 10. 1996**
Frankfurt/DAX	16,1 %	2 704,74	2 680,75
London/ FTSE 100	17,2 %	4 046,80	3 994,70
Paris/ CAC 40	18,7 %	2 166,04	2 135,63
Mailand/Mibtel	13,7 %	10 781,00	9 902,00
Zürich/SBV	12,3 %	1 285,12	1 278,95
Wien/ATX	6,4 %	1 112,98	1 072,87

Mailand im Banne der Lira

Einige der europäischen Börsen verdienen genauere Betrachtung. So *Mailand,* wo im Gefolge der ersten Lira-Abwertungswelle 1993/94 (die auch einherging mit einem Rückgang der Lira-Zinsen von fast 14 auf unter 9 Prozent) die Aktien, gemessen am *Mibtel-Index*, innerhalb weniger Monate um gut 40 Prozent zulegten. Bei der zweiten Abwertungswelle allerdings ging die Rechnung *„sinkende Wechselkurse = steigende Aktienkurse“* nicht mehr auf, vor allem, weil die Lira-Zinsen zur Stützung der Währung dramatisch auf phasenweise wieder über 13 Prozent anzogen. Zum Jahresende 1995 fand sich der Index dann wieder dort, von wo aus er Ende 1993 seinen Höhenflug begonnen hatte. Erst als die Lira-Zinsen sich zum Jahresbeginn 1996

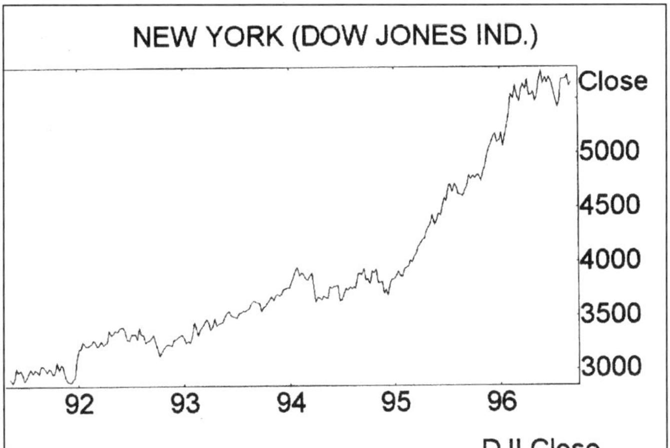

Quelle: Reuter Graphics

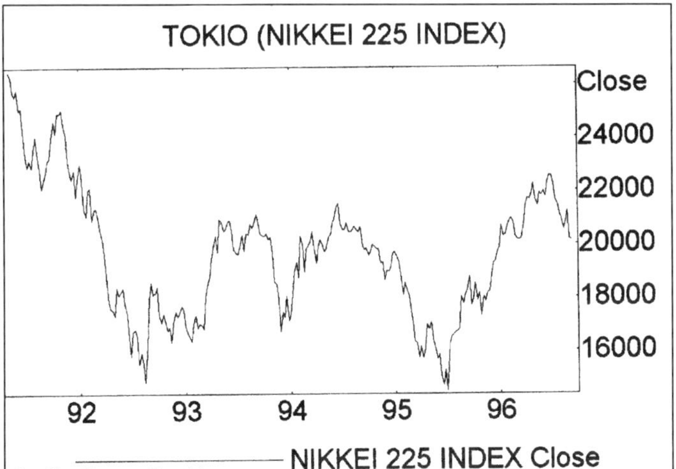

Quelle: Reuter Graphics

wieder der 10-Prozent-Marke näherten, schien der Kursverfall gestoppt zu sein.

Tiefe Zinsen beflügeln Zürich

Interessant ist auch die Börsenkonstellation in der *Schweiz*: Dort stiegen die Aktien 1993, völlig unbeeindruckt von der Stärke des Schweizer Frankens, legten 1994 eine Pause ein und setzten ihren Höhenflug 1995/96 nahezu geradlinig fort, obwohl der Franken phasenweise auf fast 125 DM stieg. Auch hier wirkten als eine der Ursachen sinkende Zinsen: Die Schweizer Nationalbank schleuste den Diskontsatz auf 1,5 Prozent herunter.

London wartet Wahl ab

Schließlich noch ein Blick auf die *Londoner Börse*: Vor allem in der zweiten Jahreshälfte 1995 gab es dort satte Kursgewinne, die auch auf der britischen Insel ungeachtet des deutlich anziehenden britischen Pfundes erfolgten. Seit Jahresbeginn 1996 allerdings ist die Aufwärtsbewegung gebrochen, und auch eine Leitzinssenkung um 0,25 Prozentpunkte (auf 5,75 Prozent) konnte der britischen Börse nicht zu neuer Dynamik verhelfen. Nicht wenige Beobachter meinen, daß die Börse angesichts der Unsicherheit über die politische Zukunft des Landes – Labour mit Tony Blair an der Spitze hat alle Chancen, die in Kürze anstehenden Wahlen zu gewinnen – zunächst in Wartestellung gegangen ist.

6.2.4 Die Marschroute ins Jahr 2000

Zyklische Trends von Konjunktur und Zinsen

Bei unserer Festlegung einer *„Marschroute ins Jahr 2000"* und darüber hinausreichend geht es in erster Linie darum, eine Spur zu legen, der die Zinsen in Deutschland und in Kerneuropa vermutlich folgen werden, sofern die *„Verlängerung"* der Bestandsaufnahme *„nur"* anhand allgemeiner empirischer Erfahrungen, die mit den Zyklen von Konjunktur und Zinsen in der Vergangenheit gesammelt werden konnten, erfolgt. Störende Einflüsse, die etwa von massiven und überraschenden Änderungen im amerikanischen Zinsgefüge ausgehen können, werden dabei ebenso ausgeblendet wie eventuelle Effekte chaotischer Verhältnisse um die Euro-Einführung (sollte es zu letzterem kommen, dann werden die Zinssätze vermutlich um 1,5 Prozentpunkte höher als genannt liegen).

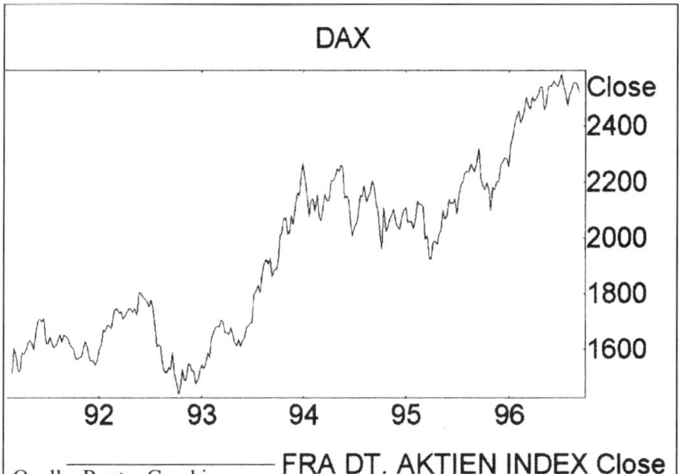

Quelle: Reuter Graphics

Quelle: Reuter Graphics

Für den Fall also, daß der Euro als gemeinsame Währung Kerneuropas eingeführt werden wird, sieht die Marschroute für die DM-Zinsen und später für die Euro-Zinsen so aus:

Leichte Zinssenkungen am langen Ende

Bis ins erste Halbjahr 1997: Es kommt in Deutschland noch einmal zu geringfügigen Zinssenkungen am langen Ende, die im zehnjährigen Laufzeitbereich bei knapp über 6 Prozent enden werden. Im kurzfristigen Bereich wird keine Zinssenkung stattfinden. Die Umlaufrendite aller festverzinslicher Wertpapiere wird auf etwa 5,5 Prozent zurückgehen. Auf die Hypothekenzinsen wird sich diese Entspannung allerdings nur in Nuancen übertragen.

Anspringende Konjunktur

Bis Mitte 1998: Die Konjunkturmotoren in Deutschland und Europa sind wieder angesprungen, und die Zinswende ist manifest. Im zehnjährigen Bereich liegen die Zinsen knapp unter 7,5 Prozent; mit einem Anstieg der Zinsen am kurzen Ende auf 5 bis 5,5 Prozent wird sich die Zinsstrukturkurve spürbar abgeflacht haben. Hypotheken kosten mindestens 8,5 Prozent bei zehnjähriger, mindestens 7,75 Prozent bei fünfjähriger Zinsfestschreibung.

Zinsgipfel um die Jahrtausendwende

Bis zur Jahrtausendwende, wahrscheinlich noch geringfügig länger: Die Phase steigender Zinsen hält an. Sie wird ihren Gipfel bei 8,5 bis 9 Prozent am langen Ende erreichen, im Einjahresbereich wird eine Rendite von 7 Prozent erreicht sein. Hypothekenzinsen: Knapp 10 Prozent für zehnjährige und deutlich über 9 Prozent bei fünfjähriger Zinsfestschreibung.

6.3 Wenn Sicherheit oberstes Gebot ist: Optimierung von DM-Zinsanlagen und Lebensversicherungen

Optimale Kalkulierbarkeit erforderlich

Zurück zu unserem Beispiel 1 aus Kapitel 6.1.2: Bei ihren Überlegungen, wie sie sich mit ihren Geldangelegenheiten auf diese Marktsituation und die zu erwartenden Impulse der Euro-Einführung einstellen sollen, ist Horst und Sabine Schmahl vor allem ein Rat zu geben: Durch eventuelle Umstrukturierungen darf sich ihr Risiko gegenüber dem Ist-Zustand nicht vergrößern. Aufgrund der ohnehin eher schmalen Einkommenssituation, vor allem aber wegen der Unsicherheit um Horsts Arbeits-

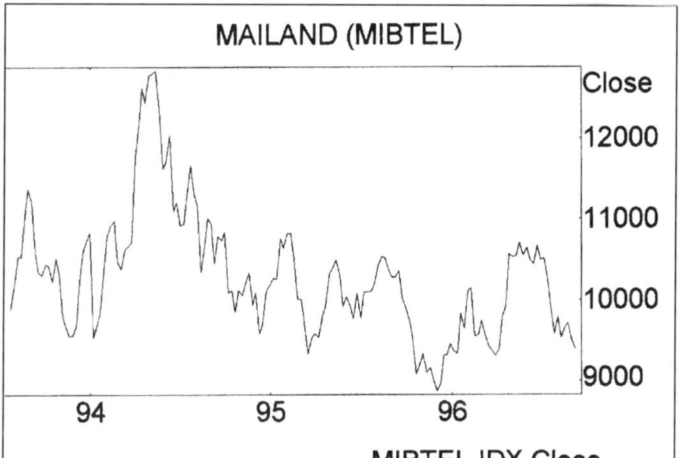

Quelle: Reuter Graphics

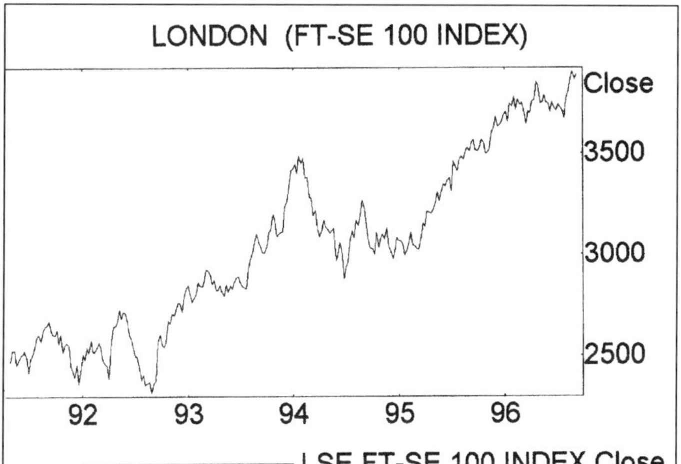

Quelle: Reuter Graphics

platz, sind sie darauf angewiesen, daß sie kein Geld verlieren, sondern es mit der größtmöglichen Kalkulierbarkeit optimal *„arbeitet“*.

Skepsis gegenüber schnellen „Euro-Tips“

Das bedeutet nicht nur, daß sie den Verlockungen eines Fremdwährungsexperiments während des Prozesses der Einführung des neuen Geldes widerstehen müssen; das bedeutet auch – und ist in ihrem Fall besonders wichtig –, daß sie die vielfältigen Tips, wie Anleger mit ihren Sicherheitsanlagen auf die neue Situation reagieren müßten, sehr genau auf die Goldwaage legen.

6.3.1 Kurzfristige Anlagen: Alternativen zum Sparbuch

Geldmarktfonds

Ohne Wenn und Aber kann ihnen folgender Rat gegeben werden: ihr Sparbuch aufzulösen, und die 6 000 DM, die sich darauf angesammelt haben, in einem Geldmarktfonds anzulegen. Sie stellen sich dabei unter einigen Aspekten besser, unter anderen Aspekten nicht schlechter als mit dem Sparbuch:

Bereits ohne die zu erwartenden Aspekte der Euro-Einführung zu berücksichtigen, werden sie mit dem Geldmarktfonds höhere Erträge erzielen. Geldmarktfonds brachten im Zeitraum Juli 1995 bis Juni 1996 durchschnittlich eine Rendite von 3,5 Prozent (netto, weil bei fast allen Geldmarktfonds keine Ausgabeaufschläge anfallen). Da die Investmentgesellschaften nahezu aller Bankengruppen Geldmarktfonds aufgelegt haben (und da aufgrund der eingeschränkten Anlagepolitik dieser Fonds kaum Qualitätsunterschiede zwischen diesen Fonds möglich sind), ist die Umschichtung problem- und risikolos.

Geldmarktfonds (Auswahl):
Sparkassen: DEKA Geldmarkt; *Volksbanken:* Union Geldmarktfonds; *Deutsche Bank:* DWS Geldmarktfonds; *Bank für Gemeinwirtschaft:* BfG Geldmarkt.

Weitere Vorteile:

Automatisch marktgerechte Zinsen

- Auch bei einer Hartwährungsunion sind am kurzen Ende leicht steigende Zinsen zu erwarten. Diese werden – ohne

Kursverluste – unmittelbar und automatisch die Wertsteigerungen der Fonds erhöhen; bei den Spareinlagen ist fraglich, ob und wann Zinserhöhungen an die Sparer weitergegeben werden.

- Bei Geldmarktfonds kann jederzeit in voller Höhe auf das Guthaben zugegriffen werden. Kündigungsfristen oder Limitbeträge gibt es nicht. Zuzahlungen sind jederzeit möglich: Die Schmahls können den Geldmarktfonds also genauso einsetzen wie ihr Sparbuch (Überträge von Monatsend-Guthaben). ***Optimale Verfügungsmöglichkeit***
- Die Investmentgesellschaften, die Geldmarktfonds auflegen, sind rechtlich Banken gleichgestellt. Ebenso wie die Banken stehen sie unter Aufsicht des Bundesaufsichtsamts für das Kreditwesen. Das von ihnen verwaltete Vermögen gilt rechtlich als Sondervermögen: Im (allerdings sehr unwahrscheinlichen) Fall des Konkurses einer Investmentgesellschaft fallen die Spardepots also nicht in die Konkursmasse. ***Sicherheit***

6.3.2 Langfristige Anlagen: Bundesschatzbriefe, DM-Anleihen, Offene Immobilienfonds

Die Schmahls hatten lange darüber nachgedacht, wie sie die 12 000 DM, die sie von Sabines Eltern erhalten hatten, anlegen sollen: Langfristig und sicher natürlich, aber was heißt das schon, *„sicher"*?

Nachgebende Anleihenkurse

Als sie im Sommer 1996 darüber entscheiden mußten, war die Atmosphäre schon geschwängert mit Euro-Ängsten, und so taten sie sich schwer mit dem eigentlich Nächstliegenden, und zwar, eine zehnjährige Bundesanleihe mit einer Rendite von 6,5 Prozent zu erwerben. Bei dieser nämlich – so wurde Horst von einem Arbeitskollegen aufgeklärt – würden die Kurse *„in den Keller gehen"*, wenn im Verlauf der Euro-Einführung die Zinsen steigen würden.

Flucht in Sachwerte

Der Kollege meinte auch, daß es gegenwärtig nur eines gäbe: Sachwerte – und da wären für die *„kleinen Leute"* die Offenen Immobilienfonds ideal, bei denen man schon für wenig Geld sozusagen Bruchteile an Immobilien erwerben kann, und jederzeit verkaufen könne man auch. *„Zehn Milliarden DM können* *sich nicht irren"*, untermauerte der Kollege seinen Tip. Er meinte damit nicht das gesamte Vermögen der Offenen Immobilienfonds, sondern nur die Anlegergelder, die in der ersten Jahreshälfte 1996 dort neu investiert wurden.

Kursstabile Bundesschatzbriefe

Beim Zahnarzt schließlich blätterte Horst in einem Geldanlagemagazin und las: Besonders geeignet für die Euro-Einführung seien die sechsjährigen Bundesschatzbriefe vom Typ A, weil sie nach Ablauf von einem Jahr jederzeit ohne Kursverluste zurückgegeben werden können, damit also das Zinssteigerungsrisiko gebannt sei. *„Wenn also"*, so dachte Horst, *„Mitte 1999 die Zinsen auf vielleicht 8 Prozent gestiegen sind, dann gebe ich die Bundesschätze ohne Verlust zurück und steige um auf eine Anleihe, die mir viel mehr bringt, als ich heute kriegen kann"*.

So lautete dann auch das Urteil des Familienrates, bei dem übrigens die Offenen Immobilienfonds schon bei näherer Prüfung durchfielen: 5,26 Prozent Einstiegsgebühr war den beiden zu viel. Und wenige Tage später hatten sie Bundesschatzbriefe gekauft, die ihnen folgende Konditionen boten (Stand: Ausgaben ab 18. Juni 1996):

Bundesschatzbriefe Typ A: Zinsen und Renditen

Jahr	1	2	3	4	5	6
Zins %	3,25	4,75	6,00	6,75	7,25	7,75
Rendite %	3,25	3,99	4,63	5,11	5,49	5,81

War diese Entscheidung der Schmahls rational? Legen wir Heller und Pfennig auf die Goldwaage, indem wir zunächst davon ausgehen, daß die Schmahls die heute angelegten 12 000 DM in den nächsten zehn Jahren auch angelegt lassen können, daß also keine Notlage sie zwingen wird, kurzfristig die Notgroschen anzugreifen.

6.3.3 Offene Immobilienfonds

Mit großer Wahrscheinlichkeit richtig war die Entscheidung gegen einen Offenen Immobilienfonds; die hohen Einstiegsgebühren, die bei den Schmahls den Ausschlag gaben, sind dabei allerdings nur ein Grund unter mehreren. Die Offenen Immobilienfonds hatten in den letzten zehn Jahren (per Ende Juni 1996) jährliche Wertsteigerungen zwischen 6,5 und 7,1 Prozent, die, wie dies im Investmentbereich üblich ist, ohne Berücksichtigung der Einstiegsgebühren (Ausgabeaufschläge) ermittelt wurden. Rechnet man auf Basis einer durchschnittlich jährlichen Wertsteigerung von 6,8 Prozent, wie sich das Depot der Schmahls voraussichtlich netto entwickeln wird, erhält man folgende Ergebnisse:

Hohe Gebühren bei Offenen Immobilienfonds

Anlage in einen Offenen Immobilienfonds

Anzulegender Betrag 12 000 DM Ausgabeaufschlag 5,26 %
Zur Anlage kommen 11 400 DM Angenommene jährliche Wertentwicklung: 6,8 %

	Jahresende 1	2	3	4	5	6	7	8	9	10
Depotstand DM	12 175	13 003	13 887	14 832	15 840	16 917	18 068	19 296	20 608	22 010
Rendite auf Einsatz	1,5 %	4,1 %	5,0 %	5,4 %	5,7 %	5,9 %	6,0 %	6,1 %	6,2 %	6,3 %

Erwartbare Anlageergebnisse bei Offenen Immobilienfonds

Ein genauerer Blick darauf, wie die Offenen Immobilienfonds konstruiert sind, zeigt, daß auch die Annahme eines drastischen Inflationsszenarios die wenig überzeugenden Wertsteigerungserwartungen kaum essentiell verbessern kann. Denn was als Offene Immobilienfonds bezeichnet wird, sollte präziser als gemischte Fonds aus Immobilien und Anleihen verstanden werden: Üblicherweise rund ein Drittel der Vermögen dieser Fonds ist in festverzinslichen Wertpapieren angelegt, gegenwärtig sind es etwa 40 Prozent, phasenweise waren es auch schon 50 Prozent.

Hoher Anteil von Zinswerten …

Zwei Ursachen gibt es im wesentlichen für den hohen Anteil von Zinswerten im Vermögen der Offenen Immobilienfonds:

- Die Fonds brauchen *Liquiditätsreserven*, um Rückgabewünsche ihrer Anleger jederzeit problemlos (d. h. ohne die Immobiliensubstanz angreifen zu müssen) bedienen zu können;

- zum anderen finden die Fonds, die traditionell fast ausschließlich in gewerbliche Immobilien investieren, vor allem in Zeiten großer Mittelzuflüsse *nicht genügend profitable Immobilienobjekte*, in welche sie die Anlegergelder investieren können.

... bewirkt nur partiellen Inflationsschutz

Fazit also: Der Sachwertschutz vor Inflation ist grundsätzlich nur partiell vorhanden; ob ferner die gegenwärtige Lage auf dem Immobilienmarkt sich schnell so dreht, daß der Immobilienanteil in den Fonds wieder hoch- und der Anteil der Zinswerte heruntergefahren werden kann, ist fraglich. Falls also mit der Euro-Einführung die Zinsen tatsächlich deutlich steigen sollten, werden sich die dann stattfindenden Kursverluste auf dem Rentenmarkt auch in den Vermögen der Offenen Immobilienfonds niederschlagen.

Steuerliche Vorteile

Anders wäre die Entscheidung der Schmahls dann zu beurteilen, wenn sie – unter ansonsten identischen Anlagevoraussetzungen („*Sicherheit geht über alles*") – hochbesteuert wären und über die Freibeträge von 12 200 DM hinausgehende Zinserträge hätten. In solchen Fällen können mit Offenen Immobilienfonds Steuern gespart werden, da in der Regel nur 60 bis 70 Prozent der jährlichen Wertsteigerung versteuert werden müssen (Anteil von Zinsen und Mieteinnahmen); dann können für sicherheitsorientierte Investoren die Offenen Immobilienfonds eine echte Konkurrenz zu anderen Sicherheitsanlagen sein.

6.3.4 Festverzinsliche Wertpapiere: Wie Zinsänderungen die Kurse beeinflussen

Kapitalmarktrenditen und Wertpapierkurse

Wie verhält es sich mit den Überlegungen, welche die Schmahls hinsichtlich der Alternativen im Bereich festverzinslicher Wertpapiere anstellten? Zunächst ist natürlich richtig, daß es zu Kursverlusten am Rentenmarkt kommt, falls wegen des Euro oder aus anderen Gründen die Zinsen steigen werden. Die nachfolgenden Tabellen zeigen, in welchen Größenordnungen sich

Kursveränderungen bei festverzinslichen Wertpapieren

Kurze Laufzeiten **Anleihenrendite aktuell: 4,50 %**

Restlaufzeit (Jahre) am 1. 1. 1999	*Kapitalmarktrendite am 1. 1. 1999 in Prozent* 4	5	5,5	6	6,5
	Kursgewinn/-verlust				
1	0,48 %	-0,48 %	-0,95 %	-1,42 %	-1,88 %
2	0,94 %	-0,93 %	-1,85 %	-2,75 %	-3,64 %
3	1,39 %	-1,36 %	-2,70 %	-4,01 %	-5,30 %

Mittlere Laufzeiten **Anleihenrendite aktuell: 5,50 %**

Restlaufzeit (Jahre) am 1. 1. 1999	*Kapitalmarktrendite am 1. 1. 1999 in Prozent* 5	6	6,5	7	7,5
	Kursgewinn/-verlust				
1	0,48 %	-0,47 %	-0,94 %	-1,40 %	-1,86 %
2	0,93 %	-0,92 %	-1,82 %	-2,71 %	-3,59 %
3	1,36 %	-1,34 %	-2,65 %	-3,94 %	-5,20 %
4	1,77 %	-1,73 %	-3,43 %	-5,08 %	-6,70 %
5	2,16 %	-2,11 %	-4,16 %	-6,15 %	-8,09 %

Lange Laufzeiten **Anleihenrendite aktuell: 6,50 %**

Restlaufzeit (Jahre) am 1. 1. 1999	*Kapitalmarktrendite am 1. 1. 1999 in Prozent* 6	7	7,5	8	9
	Kursgewinn/-verlust				
1	0,47 %	-0,47 %	-0,93 %	-1,39 %	-2,29 %
2	0,92 %	-0,90 %	-1,80 %	-2,67 %	-4,40 %
3	1,34 %	-1,31 %	-2,60 %	-3,87 %	-6,33 %
4	1,73 %	-1,69 %	-3,35 %	-4,97 %	-8,10 %
5	2,11 %	-2,05 %	-4,05 %	-5,99 %	-9,72 %
6	2,46 %	-2,38 %	-4,69 %	-6,93 %	-11,21 %
7	2,79 %	-2,69 %	-5,30 %	-7,81 %	-12,58 %
8	3,10 %	-2,99 %	-5,86 %	-8,62 %	-13,84 %
9	3,40 %	-3,26 %	-6,38 %	-9,37 %	-14,99 %
10	3,68 %	-3,51 %	-6,86 %	-10,07 %	-16,04 %
11	3,94 %	-3,75 %	-7,32 %	-10,71 %	-17,01 %
12	4,19 %	-3,97 %	-7,74 %	-11,30 %	-17,90 %
13	4,43 %	-4,18 %	-8,13 %	-11,86 %	-18,72 %
14	4,65 %	-4,37 %	-8,49 %	-12,37 %	-19,47 %
15	4,86 %	-4,55 %	-8,83 %	-12,84 %	-20,15 %

die Kursveränderungen per Anfang 1999 in den *drei Laufzeitbereichen* kurz (bis vier Jahre), mittel (fünf bis acht Jahre) und lang (mehr als acht Jahre) bewegen werden, je nachdem, wo sich das Niveau der Kapitalmarktzinsen dann befinden wird, und welche Restlaufzeit ein Papier Anfang 1999 noch haben wird.
Hätten sich die Schmahls also für die zehnjährige Bundesanleihe entschieden und würden zum 1. Januar 1999 die Kapitalmarktzinsen auf 8 Prozent gestiegen sein, dann hätten sie – die Restlaufzeit ihrer Anleihe betrüge dann 7,5 Jahre – einen Kursverlust zwischen 7,81 und 8,62 Prozent zu verdauen.

6.3.5 Euro-optimierte Restlaufzeiten

Sicherheit bei „Kaufen und Halten"

Doch dieser Verlust stünde zunächst nur auf dem Papier und würde sich mit jedem Jahr, mit dem die Schmahls ihre Bundesanleihen halten können, verringern, bis schließlich zur Jahresmitte 2006, wenn die Anleihe zurückgezahlt wird, wieder der Nennwert von 100 erreicht ist. Deswegen können sie ihr Anlageergebnis, das sie mit Rückzahlung der Anleihe erreicht haben werden, auch heute schon sehr präzise kalkulieren: Es wird sich auf 22 525,60 DM belaufen, jedenfalls, wenn sie die Zinserträge umgehend wieder anlegen und auch für jede Wiederanlage 6,5 Prozent bekommen. Dieser Betrag ist also die *„Meßlatte"*.

Längere Bindung erst 1999 ...

Messen wir an diesem Betrag die alternative Überlegung, die hinter der Schmahlschen Entscheidung stand: sich mit dem Bundesschatzbrief den Rücken freizuhalten, 1999 verlustfrei auf eine höheres Zinsniveau als die heutigen 6,5 Prozent aufspringen zu können. *Die Frage ist: Wie hoch müssen die Zinsen 1999 für eine siebenjährige Laufzeit sein, damit ihr Kalkül aufgeht?*

... kann zu besseren Anlageergebnissen führen

Wiederum vorausgesetzt, die Zinserträge aus dem Bundesschatz werden umgehend wieder angelegt, sind die angelegten 12 000 DM bis 1999 auf 13 745 DM gewachsen, die dann zu neuen Zinskonditionen angelegt werden können. Ein Blick in eine Zinseszinstabelle, oder zeitgemäßer die Anwendung eines Tabellenkalkulationsprogramms, ergibt, daß es 1999 eines Anschlußzinssatzes von 7,31 Prozent bedarf, damit innerhalb von sieben Jahren 13 745 DM auf die als Meßlatte vorgegebenen 22 526 DM wachsen. Gemessen an den heutigen Zinsen im siebenjährigen Bereich ist also eine Zinssteigerung von ca. 1,2 Prozentpunkten erforderlich, damit die Rechnung der Schmahls aufgeht.

Sinnvolle Strategie

Für die Jahresmitte 1999 sind 7,3 Prozent ein Wert, der – vgl. Abschn. 6.2.4 – im Rahmen der Marschroute liegt, die für den nächsten Zinszyklus erwartet werden kann, selbst wenn es zu einer Hartwährungsunion ohne nennenswerte zinssteigernde Impulse kommen wird. Mit der von ihnen gewählten Strategie stehen die Schmahls also vermutlich nach zehn Jahren besser da, als wenn sie sich heute auf die zehnjährige Anleihe festgelegt hätten.

Chancen und Risiken

Weiterer Vorteil: Kommt es zu einer Weichwährungsunion und mit ihr zu einem zusätzlichen zinssteigernden Effekt, dann ermöglicht die von den Schmahls gewählte Vorgehensweise spürbare Mehrerträge: Werden Mitte 1999 für siebenjährige Anleihen etwa 8,3 Prozent bezahlt – in der Summe *Zinszyklus + Euro-Effekt* durchaus realistisch –, dann haben die Schmahls nach zehn Jahren 24 020 DM erwirtschaftet, also rund 1 500 DM mehr als bei der heutigen Bindung an die zehnjährige Anleihe. Dagegen steht allerdings – auch das sollte erwähnt weren – das Risiko, daß sie bei der Neuanlage 1999 nur 6 Prozent Zinsen realisieren können, was einen Minderertrag von rund 1 350 DM bedeutet.

Und in der Lage der Schmahls auch nicht zu vergessen: Wenn sie bis 1999 ihre Anlage auflösen müssen, können sie dies ohne Verluste tun, unabhängig davon, in welche Richtung sich die Zinsen entwickeln werden.

Auch 1997 erfolgversprechend

Sie werden nun vielleicht einwenden, daß unser Beispiel in der Jahresmitte 1996 spielt – nun aber, wo Sie dieses Buch lesen, man vielleicht bereits das Jahr 1997 schreibt. Gilt dies auch dann noch? Vorausgesetzt, die Bundeszinsen im kurzen Bereich sind dann unverändert, können Sie aus der nachfolgenden Tabelle entnehmen, daß diese Strategie im festverzinslichen Bereich auch dann den wahrscheinlichen Entwicklungen noch immer entspricht. Anstelle des *Bundesschatzbriefes* setzen wir für die Erstanlage den *zweijährigen Finanzierungsschatz* des Bundes an (4,30 Prozent) – zweijährig deswegen, weil wir im Jahr 1999 handlungsfähig sein müssen.

Aus dieser Tabelle können Sie entnehmen: Wenn Sie 1997 im Zehnjahresbereich eine Rendite von 6,85 Prozent vorfinden, fahren Sie mit der *Strategie „Erst kurz, dann lang"* immer dann mindestens ebenso gut wie mit der zehnjährigen Zinsfestschreibung, wenn Sie 1999 im achtjährigen Bereich eine Rendite von mindestens 7,5 Prozent erhalten. Auch diese Rendite liegt innerhalb der Marschroute von *Zinszyklus plus Euro-Effekt*.

Erst kurz, dann lang ...

Finanzierungsschatz Ergebnis 1999	Ergebnis 2007 aus Neuanlage 7/99 bei einer Anschlußrendite von ...						
	6,0 %	6,5 %	7,0 %	7,5 %	8,0 %	8,5 %	9,0 %
13 054 DM	20 806 DM	21 605 DM	22 430 DM	23 282 DM	24 162 DM	25 072 DM	26 011 DM
	entspricht einer Rendite über 10 Jahre von						
	5,66 %	6,06 %	6,45 %	6,85 %	7,25 %	7,65 %	8,04 %

Als nachteilig mag beim Einsatz von Bundesschatzbriefen für die skizzierte Strategie gewertet werden, daß wegen des Rückgabelimits von 10 000 DM je Monat und Person die hundertprozentige Flexibilität, zum richtigen Zeitpunkt zu reagieren, nicht gegeben ist. Wo dieses Limit eine Rolle spielt, bieten sich als Alternative vor allem an:

Laufzeitfonds mit geringem Risiko

- *Laufzeitfonds*, die im Zeitraum von Mitte 1999 bis Mitte 2000 aufgelöst werden. Sie bieten zwar kein garantiertes Renditeniveau, werden sich aber auch nach Berücksichtigung eventueller Ausgabeaufschläge erfahrungsgemäß im Bereich von Bundeswertpapieren vergleichbarer Laufzeitklasse bewegen. Vorteil vor allem: die börsentägliche Verfügbarkeit und das unkomplizierte Handling. Nachteil: Wird ein im Jahr 2000 auslaufender Laufzeitfonds gewählt, soll aber wegen der Zinsentwicklung bereits 1999 reagiert werden, besteht ein – allerdings begrenztes – Kursrisiko.

- *Börsennotierte Wertpapiere* mit vergleichbaren Restlaufzeiten, insbesondere *Inhaberschuldverschreibungen*, die von Banken und Sparkassen mit Laufzeiten ab zwei Jahren emittiert werden. Vorteile und Risiken: wie bei Laufzeitfonds.

Inhaberschuldverschreibungen

Welche Alternativen kommen für Sicherheitsstrategien, hinausgehend über die von den Schmahls erwogenen, noch in Frage?

6.3.6 Anleihen mit variabler Verzinsung

Interbanken-Zinsen

Anleihen mit variabler Verzinsung werden immer wieder genannt, wenn es darum geht, in Erwartung von Zinssteigerungen, die auf den Euro oder auf andere Ursachen zurückzuführen sind, Kursverluste zu vermeiden. Einerseits ist dies richtig, weil die *„Floater“* (*Floating Rate Notes, FRN*) weitgehend kursstabil sind, da bei ihnen die Zinszahlungen periodisch an das Marktniveau angepaßt werden. Fixpunkte sind dabei zumeist der *FIBOR („Frankfurt Inter Bank Offered Rate“)* – also der im Frankfurter Interbankenhandel geltende Zinssatz, oder der *LIBOR* (dito für London).

Geldmarktniveau

Das bedeutet aber andererseits, daß die Floater nur geldmarktnahe Renditen bringen: So betrug beispielsweise der Kupon einer in der Jahresmitte 1996 begebenen FRN *„Drei-Monats-LIBOR plus 12,5 Basispunkte“*, was zu diesem Zeitpunkt knapp 3,5 Prozent entsprach. Das macht die FRNs nur dann attraktiv, wenn mit einer deutlichen Zinssteigerung gerechnet wird und/oder jederzeitige Verfügungsmöglichkeit ohne Realisierung von Kursverlusten gewünscht ist. Für die Schmahlschen Umstände und Anlageziele machen sie keinen Sinn (deren „Kasse“ ist mittlerweile mit einem Geldmarktfonds abgedeckt).

6.3.7 DM-Rentenfonds

Wie sind die traditionellen Rentenfonds mit mittleren und längeren Restlaufzeiten im Zusammenhang mit der Euro-Einführung zu beurteilen?

Betrachten wir an dieser Stelle nur solche Rentenfonds, bei denen gegenwärtig noch die DM den Anlageschwerpunkt bildet. Drei Aspekte sind dann wichtig:

Zukünftig Euro-Renditen

- Fonds, die heute noch schwerpunktmäßig auf die DM-Anleihen festgelegt sind, werden ab 1. Januar 1999 quasi *automatisch in Euro-Rentenfonds* hinübergewachsen sein. Selbst wenn sie hauptsächlich Anleihen deutscher Emittenten im Fondsvermögen haben, werden sie ab dem magischen Datum das neue Renditeniveau aufweisen, das durch den Zusammenschluß der europäischen Währungen entstehen wird.

Eventuell bonitätsbedingte Renditeunterschiede

- Spezifische Länderorientierungen innerhalb des Teilnehmerkreises – also etwa nur Renten deutscher oder französischer Emittenten – könnten allerdings insofern noch einen Sinn machen, als *länderspezifische Bonitäts- und damit auch Renditeunterschiede* auch weiterhin existieren werden. Sofern also zukünftig ein Rentenfonds schwerpunktmäßig auf deutsche Emittenten festgelegt ist, wird er – wegen der europaweit besten Bonität der deutschen Schuldner – vermutlich am unteren Ende der Renditebandbreite des Euro innerhalb der jeweiligen Laufzeitklassen angesiedelt sein.

„open-end"-Charakter

Kein fester Rückzahlungsbetrag

- Rentenfonds unterscheiden sich nicht nur dadurch von einem einzelnen festverzinslichen Wertpapier, daß sie eine Streuung auf verschiedene Emittenten und in gewissen Bereichen auf unterschiedliche Restlaufzeiten vornehmen. Ein weiterer sehr wichtiger, gleichwohl häufig nicht beachteter Unterschied besteht darin, daß die traditionellen Rentenfonds ihren Anlegern *keinen festen Rückzahlungstermin und keinen festen Rückzahlungsbetrag* bieten. Sie sind – im Gegensatz zu einer einzelnen Anleihe – *„open-end-Veranstaltungen"*, die zu jedem Zeitpunkt durch entsprechende Käufe und Umschichtungen jene durchschnittliche Restlaufzeit ihres

Fondsvermögens herstellen, auf die sie sich in ihren Anlagerichtlinien festgelegt haben.

> Die Konsequenz aus dem *„open-end-Charakter“*: Anders als bei einzelnen Anleihen nimmt die Sensibilität der Anteilswerte von Rentenfonds gegenüber Veränderungen der Kapitalmarktrendite nicht ab, je länger ein Anteil gehalten wird.

„Kursrisiko“ unabhängig von Haltedauer

Ein Beispiel: Der Kurs der von den Schmahls auserkorenen Bundesanleihe wird – vgl. Abschn. 6.3.4 – um rund 8,2 Prozent gesunken sein, wenn die Kapitalmarktrendite zum 1. Januar 1999 auf 8 Prozent gestiegen ist. Danach aber werden die Kursverluste beim selben Anstieg der Kapitalmarktrendite mit sinkender Restlaufzeit immer geringer.

Einfluß des Fondsmanagements

Dagegen wird ein Anteil eines Rentenfonds mit einer durchschnittlichen Restlaufzeit von 7,5 Jahren und einer durchschnittlichen Rendite von 6,5 Prozent auch nach dem 1. Januar 1999 um 8,2 Prozent sinken, wenn die Kapitalmarktrendite auf 8 Prozent steigt. (Bitte beachten Sie: Dieses Beispiel dient der prinzipiellen Illustration des erwähnten Unterschieds. In der Praxis wird natürlich das Fondsmanagement bei steigender Kapitalmarktrendite vermutlich die durchschnittliche Restlaufzeit verkürzen, wodurch dann der Rückgang des Anteilswerts geringer ausfallen würde als oben. Das Management wird diese Verkürzung der Restlaufzeiten allerdings nur im Rahmen der Anlagerichtlinien vornehmen können, was im Fall von traditionellen Rentenfonds bedeutet, daß sie in der Regel immer mindestens eine Restlaufzeit von vier Jahren *„vor sich herschieben“.)*

Diese erhöhte Sensibilität gegenüber Veränderungen der Kapitalmarktrendite funktioniert natürlich auch in die andere Richtung:

Erhöhte Chancen bei sinkenden Renditen

Wenn die Kapitalmarktrenditen sinken, nehmen die Kursgewinne, die mit einem heute erworbenen Rentenfondsanteil erzielt werden können, nicht ab, wenn es zum Renditerückgang nicht schon in zwei, sondern vielleicht erst in vier Jahren kommt. Sie bleiben vielmehr wegen der konstant *„vor sich hergeschobenen“* durchschnittlichen Restlaufzeit prinzipiell immer gleich groß (bitte auch hier die Unterschiede beachten, die sich durch Verlängerung der durchschnittlichen Restlaufzeiten bei sinkenden Renditen ergeben können).

Was dies für die Schmahls bedeuten könnte, wird deutlich, wenn wir ein überzeichnetes Szenario entwerfen. Auf der einen Seite soll dabei wiederum die zehnjährige Bundesanleihe stehen, bei der Sie gesehen haben: Das mit dieser Bundesanleihe nach zehn Jahren erzielte Ergebnis können die Schmahls sehr präzise kalkulieren, ganz unabhängig davon, wo die Kapitalmarktrendite nach zehn Jahren steht (Unsicherheiten gibt es nur hinsichtlich der Renditen, zu denen die Kupons wieder angelegt werden können; dies jedoch beeinflußt das Gesamtergebnis nur geringfügig).

Anlageergebnis nicht verläßlich planbar

Betrachten wir dagegen einen Rentenfonds und nehmen an, daß die Kapitalmarktrendite in den nächsten zehn Jahren *sukzessive steigen* wird. In der Bilanz des Rentenfonds wird sich dies so niederschlagen, daß den Zinserträgen *Wertminderungen durch* jährlich aufs neue stattfindende *Kursverluste* gegenüberstehen. Dieses Szenario bedeutet, daß die Schmahls mit ihrem zehnjährigen Planungshorizont nicht wissen, wieviel ihre Anlage dann erwirtschaftet haben wird – außer, daß es nach allem Ermessen weniger sein wird als mit der Bundesanleihe.

> Insofern gilt für den Einsatz eines DM-Rentenfonds in Erwartung steigender Zinsen sozusagen doppelt, was für einzelne Anleihen mit längeren Restlaufzeiten gilt: Hände weg.

Vergangene Anlageergebnisse nicht verlängerbar

Das mag zur Jahresmitte 1996 nicht ganz leichtfallen, können doch die DM-Rentenfonds mit guten Einjahres- und glänzenden Fünfjahresergebnissen (durchschnittlich 8,1 Prozent p.a., in der Spitze 9,6 Prozent p.a.) aufwarten, von denen man nur zu gerne annehmen möchte, sie würden auch zukünftig erzielt werden.

Erhöhte Chancen bei sinkenden Renditen

Richtig aber ist, daß diese Ergebnisse auf die fünfjährige Zinssenkungsphase im Deutschland zurückzuführen sind, von der die Rentenfonds aufgrund ihres *„open-end-Charakters"* – spiegelbildlich zu oben – doppelt profitierten. Wenige Prognosen in der Geldwelt sind so sicher wie diese: Die Zeiten fetter Wertsteigerungen mit Rentenfonds sind im Jahr 1996 erst einmal vorbei.

Optimaler Einsatz am Zinsgipfel

Wären die Schmahls nicht die Schmahls – wäre ihre Risikofähigkeit also nicht äußerst gering –, gäbe vor dem Hintergrund der zu erwartenden Zinsentwicklung folgende Überlegung einen Sinn: Sie halten ihren Bundesschatzbrief so lange, bis der nächste Zinsgipfel erreicht ist – und steigen dann um in einen Euro-Rentenfonds. Bei diesem nehmen sie dann einerseits die hohen Zinsen und andererseits die Kursgewinne mit, die sich im Fondsvermögen durch die anschließend aufgrund sinkender Kapitalmarktrenditen steigenden Kurswerte ansammeln werden.

Auch diese Option wollen wir auf die Goldwaage legen, wofür angenommen wird, daß der nächste Zinsgipfel zum Jahresanfang 2002 erreicht sein wird. Wenn die Schmahls also zum Jahresbeginn 1997 ihr Vorgehen starten (bei unveränderten Konditionen bei Bundesschatzbriefen), dann hätten sie zum Jahresanfang 2002 eine Rendite von 5,49 Prozent erzielt, was ihren Einsatz von 12 000 DM auf 15 676 DM gesteigert hätte. Der Rentenfonds, in welchen sie dann in Erwartung von deutlichen Kursgewinnen umschichten, müßte anschließend für die nächsten fünf Jahre durchschnittlich 7,5 Prozent bringen, damit das gegenwärtig mit einer zehnjährigen Bundesanleihe mögliche Anlageergebnis im Jahr 2007 (22 526 DM) erzielt wird.

Chancen auf bessere Anlageergebnisse

Diese jährlich erforderliche Wertsteigerung liegt tiefer als die durchschnittlich in den per Juli 1996 endenden fünf Jahren (8,1 Prozent) erzielte; mit jährlich 8,1 Prozent gerechnet, hätte sich das kleine Vermögen der Schmahls am Ende ihres zehnjährigen Planungshorizonts auf 25 000 DM vermehrt, mit der Wertsteigerung des besten Rentenfonds der letzten fünf Jahre wären ca. 27 200 DM daraus geworden.

Risiken beim Timing

Doch ernsthaft kann man nur Anlegern zu solchen Überlegungen raten, die bei einer insgesamt auf Sicherheit ausgerichteten Strategie einen nicht unbeträchtlichen spekulativen *„Touch"* verkraften können. Die Risiken sind:

- Die Entwicklung bei den Zinsen wird falsch eingeschätzt, und der Zeitpunkt des Wechsels in den Rentenfonds ist ungünstig;
- die Zinssenkungsphase dauert nicht so lange wie angenommen wurde und/oder hat nicht dieselben Ausmaße;

Risiko der Fonds-auswahl

- die Wahl fällt auf einen Fonds, der schlecht gemanagt ist und deswegen die erforderlichen Wertsteigerungen nicht erreicht;

Höhere Kosten

- und schließlich wurden die Eckwerte für die skizzierte Strategie ohne Berücksichtigung von Ausgabeaufschlägen ermittelt, die beim Erwerb von Rentenfonds heute noch anfallen (in der Regel 3 Prozent). Zwar gibt es gute Gründe dafür, anzunehmen, daß im Jahr 2002 bei vielen Fonds die Ausgabeaufschläge weggefallen sein werden; sofern sie allerdings bezahlt werden müssen, wird dadurch das Chancenpotential der Strategie geschmälert.

6.3.8 Euro-Maßanzug oder Unsinn? – Banken kreieren neue Produkte

Mit mehr oder weniger durchsichtigen Konstruktionen haben mittlerweile auch deutsche Banken begonnen, vermeintlich auf den Euro maßgeschneiderte Produkte zu entwickeln.

Stufenzins-anleihe …

Ein Beispiel für ein solches Produkt mit dem sicherheitsorientierten Anleger im Visier ist die Stufenzinsanleihe, welche die *Deutsche Pfandbrief- und Hypothekenbank (Depfa-Bank)* auf den Markt brachte. Die sechsjährige Anleihe startet mit einem Zinssatz von 4 Prozent fürs erste Jahr, der sich jährlich um einen Prozentpunkt erhöht, bis im sechsten Jahr – also im Jahr 2002 – 9 Prozent Zinsen bezahlt werden. Das klingt gut, sogar viel besser als der Stufenzins der Bundesschätze, weil diese Staffelung eine Endrendite von 6,32 Prozent bedeutet (gegenüber 5,81 Prozent bei den Bundesschätzen).

Mehr noch: Kommt es durch *Zinszyklus plus Euro-Effekt* zu solchen Zinssteigerungen, dann sind sie, so scheint es, in dieser Anleihe bereits vorweggenommen und ermöglichen ein sorgenfreies Anlegerdasein. Noch besser, wenn sie ausbleiben: Dann hat man ein *Turbo-Papier*, bei dem man sich entscheiden kann, entweder die überdurchschnittlichen Zinsen weiterzukassieren oder aber die Kursgewinne zu realisieren, die andere Anleger zu zahlen bereit sind, damit sie den vermeintlichen Überflieger in ihre Depots bekommen.

… mit scheinbar attraktiven Konditionen

Die abgestuften Kupons führen auf dem Papier in der Tat zu Renditen, die durchgängig über dem Marktniveau liegen:

Anlegerrendite bei Depfa-Stufenzinsanleihe					
1997	1998	1999	2000	2001	2002
4,00%	4,49%	4,97%	5,43%	5,89%	6,32%

Beim genaueren Hinsehen allerdings stellt sich heraus, daß es sich bei der *Depfa*-Anleihe allenfalls um einen besseren Turbo-Diesel handelt: Die *Depfa* hat nämlich das Recht, die Anleihe nach zwei Jahren zu kündigen. Ob sie kündigt, wird davon abhängen, ob sie ab dem Zeitpunkt der Kündigungsmöglichkeit auf dem Kapitalmarkt günstiger Mittel aufnehmen kann, als es ihren Zahlungsverpflichtungen aus der Stufenzinsanleihe entspricht.

Kündigungsrecht der Emittentin

Interessant ist also diese Konstruktion aus der Sicht der Depfa:

Rendite auf die Restlaufzeit bei Depfa-Stufenzinsanleihe					
1996	1997	1998	1999	2000	2001
6,32%	6,87%	7,41%	7,95%	8,48%	9,00%

So lesen Sie diese Tabelle: Die Zahlungen, welche die *Depfa* zum Beispiel nach 1998 an die Anleihenkäufer noch leisten muß – je Einsatz von 10 000 DM sind dies 600 DM (1999), 700 DM (2000), 800 DM (2001) und 900 DM (2002) –, entsprechen einer

So rechnet die Emmitentin

Rendite von 7,41 Prozent. Wird sich also die *Depfa* nach dem Kupontermin 1998 für die restlichen vier Jahre Mittel günstiger beschaffen können als zu 7,41 Prozent, wird sie dies tun und die Anleihe kündigen. Vieles spricht dafür – vgl. die Marschroute in Abschnitt 6.2.4 –, daß in zwei Jahren dieses Renditeniveau im Bereich vierjähriger Restlaufzeiten nicht erreicht sein wird, vermutlich nicht einmal dann, wenn eine Weichwährungsunion auf uns zukommen wird. Wetten also, daß diese Stufenzinsanleihe das Jahr 1999 nicht erleben wird …?

Wiederanlageproblem wahrscheinlich

Immerhin aber: Wer dies weiß und sich darauf einstellt, steht nach zwei Jahren mit dem *Depfa*-Konstrukt nicht anders oder schlechter da als mit anderen Festverzinslichen mit zweijähriger Restlaufzeit: Mit größter Wahrscheinlichkeit taucht auch bei ihm das *Wiederanlageproblem* auf. Wenn dies, wie anzunehmen ist, schon 1998 der Fall ist, dann müßten die freiwerdenden Mittel zu exakt 7 Prozent für die nächsten acht Jahre angelegt werden, damit im Jahr 2006 das Ergebnis erzielt ist, das 1996 alternativ mit einer zehnjährigen Bundesanleihe zu erzielen ist. Dieser Wert liegt zwar innerhalb unserer Marschroute – doch eine Wunderwaffe gegen die Euro-Einführung ist die *Depfa*-Anleihe gewiß nicht.

6.3.9 Lebensversicherungen

Zurück zu den Schmahls und ihren Überlegungen, wie sie sich optimal auf den Euro einstellen. Besondere Sorge macht ihnen die Lebensversicherung, deren Ablaufleistung später ihrer Tochter Felicitas den Weg ins Erwachsenendasein erleichtern soll.

Sind die Ablaufleistungen in Gefahr?

Kursrisiken durch Anlageschwerpunkt Anleihen …

Auch hierzu hatte sich Horsts Kollege schlau gemacht: Die Lebensversicherungen, so seine Argumentation, legen die Prämien der Versicherten (bzw. was nach Abzug der Verwaltungskosten und der Kosten für die Lebensversicherung von den Prämien noch anzulegen ist) weit überwiegend, nämlich zu 80 Prozent, in festverzinslichen Wertpapieren an. Und da steigende

Zinsen zu Kursverlusten führen, müsse sich Horst Sorgen machen um die Ablaufleistung.

... jedoch kaum Risiken für Ablaufleistung

In der Tat war dies eine der häufigsten Warnungen, die im Sommer und im Herbst 1995 zu hören waren, als in Deutschland die Euro-Ängste besonders hochkochten. Inzwischen jedoch hat sich diese Aufregung weitgehend gelegt: Denn ein ernsthaftes Problem könnte daraus nur entstehen, wenn zeitgleich mit den durch die Euro-Einführung unter Umständen sprunghaft steigenden Zinsen die Versicherten scharenweise ihre Verträge kündigen würden. Dann hätten die Versicherungsgesellschaften in der Tat keine Zeit mehr, Umschichtungen vorzunehmen oder die Rückbildung der Kursverluste mit abnehmenden Restlaufzeiten abzuwarten.

Erfahrungen mit sprunghaftem Renditeanstieg

Erfahrungen mit sprunghaften und unerwarteten Zinssteigerungen hat die Branche der Lebensversicherer schon häufiger sammeln können. Etwa im *„Zinsbuckeljahr“* 1994, als die Umlaufrendite innerhalb nur eines Jahres von 5,5 auf 7,5 Prozent stieg. Quer durch die Lebenversicherungsbranche sanken dadurch zwar die Nettorenditen der Ablaufleistungen für das Jahr 1994, doch mit ± 0,5 Prozentpunkten fiel die Minderung alles andere als katastrophal aus. Mittlerweile redet von diesem Zinsbuckel niemand mehr.

> Wenn überhaupt, sollten also nur Versicherungsnehmer, deren Verträge um die Jahrtausendwende auslaufen, sich Euro-bedingt nach Alternativen umsehen.

Höhere Inflation, höhere Zinsen

Auch eine weitere Befürchtung, die von den Euro-Gegnern auf die kapitalbildende Lebensversicherung projiziert wurde, übersteht eine nähere Betrachtung nicht: daß nämlich mit dem Euro die Inflationsraten steigen, wodurch die Kaufkraft der *„Geldwertanlage Lebensversicherung“* unterhöhlt würde. Selbst wenn von einer deutlich steigenden Inflationsrate ausgegangen wird, übersieht diese Argumentation, daß nach allem Ermessen eine höhere Inflation auch zu höheren Zinsen führen wird. Dementsprechend würden sich damit auch die nominalen Rückkaufswerte erhöhen, es sei denn, der Euro bringt sinkende Realrenditen mit sich. Das aber hat noch niemand behauptet.

Dennoch Kritik angebracht

Es bedarf allerdings solch konstruierter und überzogener Argumentationen nicht, um der kapitalbildenden Lebensversicherung grundsätzlich kritisch gegenüberzustehen. Auch braucht das Wort vom *„legalen Betrug“* nicht bemüht zu werden, um zum Schluß zu kommen, daß die kapitalbildende Lebensversicherung ein höchst unzeitgemäßes Vehikel ist, das zuviel Sprit braucht und trotzdem nicht schnell, geschweige denn komfortabel ist.

Das grundsätzliche Manko der Lebensversicherungen

Analyse eines sechsjährigen Vertrags

So ähnlich ist es jedenfalls den Schmahls gegangen, nachdem sie aufgrund der Warnung von Horsts Kollegen sich mit Hilfe von Sabines Schwester (früher in der Versicherungsbranche tätig, heute freie Vermögensberaterin) daran machten, den vor sechs Jahren mehr oder weniger unbedacht unterschriebenen Lebensversicherungsvertrag im einzelnen aufzubröseln.

Analyse einer Lebensversicherung

... nach sechs Jahren			
Bezahlte Prämien	72	Rückkaufswert garantiert	13 750 DM
			Rendite p.a. -9,25 %
Prämienhöhe	253 DM	Rückkaufswert inkl. Gewinnbeteiligung	15 000 DM
eingezahlt gesamt	18 216 DM		Rendite p.a. -6,39 %
... bei Ablauf nach 20 Jahren			
Bezahlte Prämien	240	Ablaufleistung garantiert	70 000 DM
			Rendite p.a. 1,39 %
Prämienhöhe	253 DM	Ablaufleistung inkl. Gewinnbeteiligung	116 000 DM
eingezahlt gesamt	60 720 DM		Rendite p.a. 6,06 %

Sie finden heraus:

- Einbezahlt haben sie bis heute 18216 DM, die sind allerdings auf höchstens 15000 DM geschrumpft. Sie haben – nach sechs Jahren – also einen jährlichen Verlust von mindestens 6,4 Prozent gemacht.
- Besser sieht es aus, wenn sie die Vertragsdauer von 20 Jahren durchhalten: Dann sind ihnen 70000 DM sicher – die entsprechen einer Rendite auf die Prämien von allerdings nur 1,4 Prozent –, und wenn die in Aussicht gestellte Gewinnbeteiligung ausbezahlt wird, winken ihnen 116000 DM oder eine Rendite von 6,1 Prozent.

Negativrenditen

Ablaufleistungen zwischen schlecht und befriedigend

Die Grafik mit den jährlichen Renditen – gesamte Prämienleistung im Verhältnis zum Rückkaufswert inkl. Gewinnbeteiligung – zeigt, daß die Schmahls erst im zehnten Versicherungsjahr schwarze Zahlen schreiben werden.

Gewinnzone nach zehn Jahren erreicht

Wo das *„fehlende"* Geld der Schmahls bis dahin geblieben ist, kann hier ebensowenig erörtert werden wie die Frage, wieviel Zynismus in der Standardantwort der Lebensversicherer steckt, daß *„langfristiges Sparen eben belohnt"* wird.

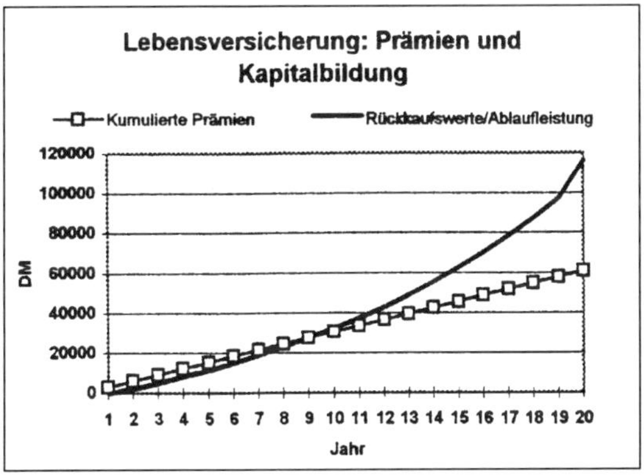

Mit Blick auf die Euro-Einführung interessiert die *„Belohnung"* des langfristigen Sparens allerdings schon: Gehen wir davon aus, daß es durch die Euro-Einführung zu einem scharfen Anstieg der Zinsen kommen wird, durch die Rückkaufswer-

Kündigen wegen Euro?

te der um das Jahr 2000 fälligen Lebensversicherungen bedroht werden. Die Fragestellung lautet dann: *Kündigen Sie die Lebensversicherung und legen Sie den Rückkaufswert anderweitig an, weil Sie sich dann besser stellen?*

Auch bei sinkenden Ablauf-leistungen...

Dies wollen wir untersuchen, indem wir unterstellen, daß eine Lebensversicherung mit exakt denselben Parametern wie diejenige der Schmahls im Jahr 1999 fällig wird; ferner nehmen wir an, daß durch die Euro-Einführung die Rendite – bezogen auf die Ablaufleistung inkl. Gewinnbeteiligung – um 0,5 Prozentpunkte, also auf 5,6 Prozent, sinkt, so daß die Ablaufleistung nicht 116 000 DM beträgt, sondern 110 000 DM.

Für die letzten vier Jahre sähen die Rückkaufswerte bzw. die Ablaufleistung damit so aus:

	Rückkauf/Ablaufleistung	
Jahr	lt. Tabelle	Euro-bedingt
1996	78 365 DM	78 365 DM
1997	87 310 DM	87 310 DM
1998	96 993 DM	96 993 DM
1999	116 000 DM	110 000 DM

Aus diesem Zahlenwerk ergibt sich:

... unrealistische Alternativrenditen erforderlich

- Bei Kündigung 1997 würde die Versicherungsgesellschaft 87 310 DM ausbezahlen, die sich – inkl. der jährlichen Prämienzahlungen alternativ angelegt – auf 110 000 DM vermehren müßten. Dies bedeutet, daß die Alternativanlage eine Rendite von jährlich 8,8 Prozent bringen müßte (genau besehen etwas mehr, da mit einem Teil der monatlichen Prämien eine Risiko-Lebensversicherung abzuschließen wäre, damit auch für die letzten beiden Jahre Versicherungsschutz besteht).
- Bei einer Kündigung erst 1998 läge die alternativ erforderliche Rendite gar bei 10,1 Prozent.

Hohe Risikobereitschaft erforderlich

Im Bereich von Sicherheitsanlagen sind diese Renditen nicht zu erzielen; auch wenn das Risikopotential zum Beispiel durch den Einsatz eines Aktienfonds deutlich erhöht würde, müßte dieser (bei einem Ausgabeaufschlag von 5 Prozent) in zwei Jahren gut 20 Prozent bringen, damit die Rechnung aufgeht. Das ist zwar nicht unmöglich, gleichwohl aber wenig realistisch.

> Fazit also: Selbst größte Euro-Skeptiker sollten Lebensversicherungen, die im Zeitraum der Euro-Einführung fällig werden, nicht vorzeitig kündigen!

Alternativen zur Lebensversicherung – richtig eingesetzt!

Versicherte im Visier

Die Schmahls allerdings interessiert vor allem, welche Möglichkeiten für sie im siebten Versicherungsjahr bestehen, aus ihrer Lebensversicherung etwas anderes zu machen, und wie ihre Aussichten stehen, damit besser abzuschneiden. (Das hat scheinbar mit der Euro-Einführung wenig zu tun; dennoch gehört wenig Phantasie zur Prognose, daß den Schmahls in Kürze jemand begegnen könnte, der sie auf ihre Lebensversicherung, die Gefahren durch den Euro und darauf ansprechen wird, daß sie alles falsch machen, während das Angebot des aus dem Aktenkoffer gezogenen Prospekts die finale Antwort auf alle Gefahren sei. Schon heute beschäftigt sich manch ein Finanzdienstleister, dem Besseres nicht einfällt, vorzugsweise mit dem *„Herauskündigen“* aus Lebensversicherungsverträgen, auf daß das freiwerdende Geld irgendwie anders, jedenfalls aber provisionsträchtig, angelegt wird. Diesen Menschen kommen die Euro-Einführung und die Verunsicherung der Anleger wie gerufen ...)

Fondsgebundene Lebensversicherung

Eine der Möglichkeiten, die sich den Schmahls als Alternative anbietet, ist die *„Fondsgebundene Lebensversicherung“*. Der wesentliche Unterschied zur herkömmlichen kapitalbildenden Lebensversicherung besteht darin, daß der Sparanteil der Prämien (also die um die Kosten des Versicherungsschutzes und die Verwaltungskosten verminderten monatlichen Einzahlungen) nicht in einer *„black-box“* landet, sondern in einem oder mehreren Investmentfonds. Das Schöne daran ist,

- daß dadurch der Kapitalaufbau sehr transparent ist,
- daß der Kapitalaufbau – sofern er mit einem Aktienfonds

vorgenommen wird – auf lange Sicht sehr erfolgversprechend ist,
- und daß die Erträge bei einer Vertragsdauer von 12 Jahren und länger steuerfrei sind.

Verwaltungskosten vs. Steuerprivileg

Weniger vorteilhaft ist, daß durch die Koppelung von Kapitalaufbau und Versicherungsschutz eigentlich unnötige Kosten im Verwaltungsbereich entstehen, die zu Lasten des Sparanteils gehen. Zwar wird dadurch die *Steuerfreiheit* erreicht – die jedoch ist für die Schmahls (und in vielen anderen Fällen auch) *wertlos*, da sie die ohnehin geringen steuerpflichtigen Erträge zum Beispiel eines Aktienfonds locker in den *Freibeträgen* unterbringen können.

Trennung von Kapitalbildung und Risikoschutz

Deswegen kann man den Schmahls bei ihrer Suche nach Alternativen für ihre Lebensversicherung nur die *Entkoppelung von Kapitalaufbau und Versicherungsschutz* empfehlen. Dabei schließen sie in jedem Fall eine reine Risiko-Lebensversicherung ab, was sie bei einer Todesfalleistung von 100 000 DM und einer 20jährigen Laufzeit eine monatliche Prämie von angenommen 27,30 DM kostet.

Als nächste Fragen bei dieser Vorgehensweise tauchen auf: Wo legen wir den freiwerdenden Rückkaufswert an und wo die monatlichen 225,70 DM, die von ihrer monatlichen Sparleistung nach Abzug der Kosten des Versicherungsschutzes noch übrigbleiben? Und die Gretchenfrage: Welche Renditen müssen zukünftig erwirtschaftet werden, damit mindestens die Ergebnisse der Lebensversicherung erreicht werden?

Erforderliche Renditen

Als mindestens erforderliche Renditen ergeben sich für die Konstellation der Schmahls bei Kündigung und Neuanlage nach dem sechsten Jahr:

Erforderliche Jahresrenditen für Erreichen des Rückkaufwerts	
garantiert 70 000 DM	inkl. Gewinnbeteiligung 116 000 DM
3,04 %	**8,32 %**

Welche Anlageinstrumente stehen den Schmahls zur Verfügung?

Zinswerte oder Aktienfonds?

Für die Anlage des freiwerdenden Rückkaufswerts kommt *ein langlaufendes festverzinsliches Wertpapier* oder ein *Aktienfonds* in Frage, für die laufenden Einzahlungen können sie entweder einen Banksparplan oder ebenfalls einen Aktienfonds wählen. Beim festverzinslichen Wertpapier und dem Banksparplan stehen die jährlichen Renditen mit 6,5 bzw. 5,5 Prozent (Sparplan) fest, beim Aktienfonds naturgemäß nicht – im Bereich von 14 Jahren aber ist eine jahresdurchschnittliche Wertentwicklung von 9 Prozent ein realistischer Ansatz.

Für die einzelnen Komponenten und ihre Kombination lassen sich auf dieser Basis die in der Tabelle aufgeführten erwartbaren Ergebnisse ermitteln:

Erwartbare Anlage-ergebnisse

Alternativen zur Lebensversicherung

Anlage Rückkaufswert in	Rendite % p.a.	Spesen Erwerb	Prämie Risiko-LV	Anlagebetrag nach Kosten	Ergebnis nach 14 Jahren
Bundesanleihe	6,5	0,00%		15 000 DM	36 223,11 DM
Aktienfonds	9	4,76%		14 286 DM	47 739,91 DM
Anlage Sparrate in					
Banksparplan	5,5	0,00%	27,30 DM	225,70 DM	56 584,37 DM
Aktienfonds	9	4,76%	27,30 DM	214,96 DM	70 344,81 DM
Gesamtergebnisse nach 14 Jahren					
Bundesanleihe/Banksparplan					92 807,48 DM
Bundesanleihe/Aktienfonds					106 567,93 DM
Aktienfonds/Banksparplan					104 324,28 DM
Aktienfonds/Aktienfonds					118 084,73 DM

Kaum Chancen mit Zinswerten

Daß die sichere Kombination *Bundesanleihe/Banksparplan* deutlich hinter der Ablaufleistung inkl. der in Aussicht gestellten Gewinnbeteiligung zurückbleibt, war aufgrund der für beide Komponenten niedrigeren Renditen als erforderlich zu erwarten. Da es unwahrscheinlich ist, daß die tatsächliche Ablaufleistung so deutlich hinter der in Aussicht gestellten zurückbleibt, sollte diese Kombination für die Schmahls also ausscheiden.

Dies läßt sich – obwohl die Differenzen zur Ablaufleistung inkl. Gewinnbeteiligung mit jeweils etwa 10 000 DM noch immer beträchtlich sind – von den Kombinationen *Bundesanleihe/*

Aktienfonds und *Aktienfonds/Banksparplan* nicht so einfach sagen:

Aktienorientierung erforderlich

- Denn einerseits liegt eine in Höhe der Differenz niedrigere Ablaufleistung im möglichen Bereich,
- andererseits liegen höhere Wertsteigerungen als 9 Prozent p.a. mit Aktienfonds keineswegs außerhalb eines realistischen Ansatzes.

Wird für beide Kombinationen eine jährliche Wertsteigerung des Aktienfonds von 10,5 Prozent zugrunde gelegt, dann ist bei beiden Kombinationen der in Aussicht gestellte Rückkaufswert der Lebensversicherung erreicht. Dagegen steht natürlich das *Risiko, daß die Schmahls in eine schlechte Börsenphase geraten*: Erzielen sie zum Beispiel im Aktienfonds jährlich nur 7,5 Prozent, dann liegen ihre Ergebnisse bei knapp unter 100 000 DM.

Realistische Bandbreite des Anlageerfolgs

Benutzen die Schmahls schließlich einen Aktienfonds für beide Komponenten, dann verzichten sie auf jegliches exakt kalkulierbare Element – können aber bei einem Ansatz von jahresdurchschnittlich 9 Prozent auch mit den höchsten Erträgen rechnen. Die Anlageergebnisse für diese Kombination bei abweichenden Börsenentwicklungen: Bei jährlich 7,5 Prozent kämen die Schmahls auf 102 000 DM, bei 10,5 Prozent auf rund 137 000 DM.

Verwendungsweise wichtig

Welche Entscheidung in einem solchen Fall richtig ist, hängt stark von den subjektiven Umständen ab. Ist etwa die gesamte Versicherungssumme für den Zeitpunkt ihrer Fälligkeit bereits verplant (zum Beispiel für die *Tilgung eines Kredits*), dann sollten alle vermeidbaren Risiken auch vermieden werden. Dies ist jedoch häufig nicht der Fall:

„Puffer“ gegen schlechte Börsenphasen

Vielfach dienen die Versicherungsleistungen als Grundstock für mehr oder weniger *regelmäßige spätere Entnahmen*. Dann ist es auch nicht erforderlich, in einer schlechten Börsensituation ein Aktienfondsdepot aufzulösen; vielmehr kann die Erholung abgewartet werden, so daß es sehr viel wahrscheinlicher wird, mit den Renditen in die Nähe des zweistelligen Bereichs oder darüber zu kommen. Da die Schmahls mit der Lebensversicherung die spätere Ausbildung ihrer Tochter sicherstellen wollen (die mit dem Kapital über vielleicht fünf Jahre ihren Lebensunterhalt bestreiten wird), sind also selbst sie mit ihrem sehr hohen Sicherheitsbedürfnis gut beraten, der Kombination Aktienfonds/Aktienfonds näherzutreten.

Je früher, desto besser

Die Faustregel für den Ersatz einer bestehenden kapitalbildenden Lebensversicherung ist deutlich geworden: Je länger diese bereits läuft, desto geringer sind die Chancen, mit einer Alternative besser abzuschneiden. Ist bereits ein Drittel oder mehr der Versicherungsdauer vergangen, sollte mit besonders spitzer Feder gerechnet werden; besteht das Versicherungsverhältnis noch nicht so lange, wird sich die Umorientierung vor allem dann lohnen, wenn später das gebildete Kapital sukzessive verbraucht werden soll. Eine Zwischenlösung sollte auch stets geprüft werden: den Versicherungsvertrag beitragsfrei stellen, d. h., das angesammelte Kapital in der Versicherung stehen zu lassen und nur mit den monatlichen Prämien *„fremdzugehen“*.

6.4 Optimaler Einsatz von Aktien und Fremdwährungsanleihen, Immobilienfinanzierung

Höhere Erträge verlangen Risikobereitschaft

Objektiv betrachtet, sind die Schreyers – vgl. Beispiel 2 in Abschnitt 6.1.2 – in einer Situation, in der sie es sich leisten können, teilweise auch Anlageinstrumente zu benutzen, deren Erträge unsicher und nicht präzise kalkulierbar sind. Ein maßvoller Verlust wäre zwar schade, jedoch nicht existentiell bedrohlich. Subjektiv sehen sie dies genauso: Sie sind aufgeschlossen für Anlagen mit besseren Ertragschancen, als sie der festverzinsliche DM-Bereich bietet, wohlwissend, daß sie diese *besonderen Chancen* auch mit einem *höheren Risikopotential* erkaufen.

Bevor wir auffächern, welche Möglichkeiten für eine *„kleine Spekulation"* sich ihnen im Prozeß der Euro-Einführung bieten, wollen wir betrachten, ob es denn einen Euro-bedingten Anpassungsbedarf für jene Vermögensteile gibt, für die das Ertrags-/ Risikopotential nicht verändert werden soll.

6.4.1 Aktienfonds als Basisanlage

Eingebauter Inflationsschutz

Darunter fällt zunächst vor allem die Altersvorsorge der Schreyers, die sie auf einen Aktienfonds mit deutschem Anlageschwerpunkt stützen. An ihrer damaligen Grundsatzentscheidung, die Altersvorsorge auf Aktienbasis vorzunehmen, sollten sie unbedingt festhalten; aus keinem der denkbaren Szenarien der Euro-Einführung läßt sich ableiten, daß eine Korrektur erforderlich wäre. Vor allem würde auch ein eventueller Inflationsschub im Gefolge einer Weichwährungsunion das Aktienvermögen der Schreyers nicht aushöhlen, da der Sachwert Aktie mit einer entsprechenden Höherbewertung reagieren würde.

Deutscher Anlageschwerpunkt weiterhin sinnvoll?

Allerdings überlegen die Schreyers zu Recht, ob sie den Aktienfonds mit deutschem Anlageschwerpunkt gegen einen *europäisch*, vielleicht sogar *weltweit streuenden Fonds* austauschen sollten. Welche Aspekte müssen sie bei ihrer Überlegung berücksichtigen?

Ersatz durch einen europäisch ausgerichteten Aktienfonds:

Wegfall des Währungsrisikos

Effizienzgewinn erwartbar

- Grundsätzlich ist es sinnvoll, Aktienfonds mit deutschem Anlageschwerpunkt im Umfeld der Euro-Einführung durch Fonds mit europäischen Aktien zu ersetzen: Solche Fonds werden ein deutlich größeres Investitionsspektrum haben, ohne daß nach der Euro-Einführung Währungsrisiken eingegangen werden müssen. Auch die Gefahr, daß konjunkturelle Sonderentwicklungen in einzelnen Ländern zu schlechter Performance führen, ist voraussichtlich nach der Euro-Einführung kaum mehr vorhanden. Man kann im Gegenteil sogar erwarten, daß der innereuropäische Effizienzgewinn, der durch den Euro entstehen wird, auch zu einer auf breiter Front stattfindenden Höherbewertung europäischer Aktien führen wird.

- Das *Währungsrisiko* bleibt allerdings in jedem Fall bis zum 1. Januar 1999 grundsätzlich erhalten. Wie hoch es de facto sein wird, hängt davon ab, ob es zu einer Hart-, oder aber zu einer Weichwährungsunion kommen wird. Zwar ist in beiden Szenarien mit einer gegenüber den jeweiligen Teilnehmerländern eher neutralen DM (Hartwährungsunion) bzw. leichteren DM (Weichwährungsunion) zu rechnen, so daß bei einem Austausch des Aktienfonds noch vor der Euro-Einführung weniger Währungsverluste, als vielmehr Währungsgewinne argumentierbar sind. Das Risiko besteht somit im Fall einer Hartwährungsunion darin, daß ein Fonds gewählt wird, der auch in den späteren Nichtteilnahmeländern investiert, für deren Währungen eine gegenüber dem Euro schwächere Tendenz prognostizierbar ist.

Risiko der Nicht-teilnahme

> Der *Risiko-minimierte Austausch* eines auf deutsche Aktien ausgerichteten Investmentfonds durch einen europäisch orientierten sollte also frühestens nach Bekanntgabe der Teilnehmerländer erfolgen (Wegfall des Risikos des falschen Ländermixes); wer länger, also etwa bis zur Festsetzung der Wechselkurse, wartet, vergibt sich die theoretische Chance, daß im Falle einer Weichwährungsunion die Paritäten der Teilnahmewährungen gegenüber der DM anziehen.

Ersatz durch einen weltweit streuenden Aktienfonds:

- Durch den zu erwartenden, weitgehenden Wegfall länderspezifischer Entwicklungen im Euro-Europa wird einem europäischen Aktienfonds ein ähnlicher Makel anhängen wie bis dato einem deutschen: Seinem Management ist es nicht möglich, bei schlechter europäischer Börsenentwicklung andere Anlageschwerpunkte zu setzen. Insofern verbleibt auch nach der Einführung die Frage bestehen, ob es im Bereich von Standard-Aktienanlagen überhaupt sinnvoll ist, Länderfonds bzw. Ein-Währungs-Fonds einzusetzen.

Größte Flexibilität

- Empirisch ist dazu allerdings festzuhalten, daß deutsche Anleger in der Vergangenheit mit international orientierten

Internationale Orientierung bei „weichem" Euro

Aktienfonds im Durchschnitt eher schlechter als mit Deutschland-orientierten Fonds gefahren sind. Hierfür war im wesentlichen die *starke DM* verantwortlich, durch welche die internationalen Börsengewinne für in DM rechnende Anleger geschmälert wurden. Wird es zu einer Hartwährungsunion kommen, dürfte sich dies mittel- und längerfristig kaum ändern; bei einer Weichwährungsunion dagegen könnte sich die über Europa hinausgehende internationale Streuung währungsbedingt bezahlt machen.

Auch für die Überlegungen, einen international ausgerichteten Aktienfonds an die Stelle eines Fonds mit deutschem oder – alternativ – europäischem Anlageschwerpunkt zu setzen, gilt somit, daß eine fundierte Entscheidung erst mit Festlegung des Teilnehmerkreises möglich ist.

6.4.2 Aktienfonds für die Diversifizierung

Länderfonds

Die beiden Fonds mit französischen bzw. amerikanischen Aktien hielten die Schreyers, weil sie seinerzeit eine deutlich bessere Entwicklung in Frankreich und den USA gegenüber Deutschland erwarteten. Ihre Rechnung ging zwar nur mit ihren amerikanischen Aktien auf; dennoch hatten beide Positionen eine Existenzberechtigung, weil sie einen echten *Diversifizierungseffekt* bewirkten. Das heißt: Sie machten sich damit mit ihrem in Aktien angelegten Vermögen ein Stück weit unabhängig vom Auf und Ab der deutschen Börse.

Amerikanische Aktien

Aus dem Prozeß der Euro-Einführung gibt es keinen Grund, an der *Nordamerika-Position* etwas zu ändern. Allenfalls sollten die Schreyers überlegen, die satten Gewinne, die ihr Nordamerika-Fonds gemacht hat, zu realisieren, solange sich der Nebel um Wall Street und Greenback noch nicht gelegt hat. Grundsätzlich jedoch sollten amerikanische Aktien bei den Schreyerschen Überlegungen immer eine Rolle spielen.

Ausgewählte *Aktienfonds* für Euro-Strategien

Jahresdurchschnittliche Wertsteigerungen ohne Berücksichtigung der Ausgabeaufschläge (AGA)
Stand: 30. Juni 1996

International breit streuende Fonds

Fonds	Gesellschaft	Währung	AGA	1 Jahr	5 Jahre	10 Jahre
Dt. Vermögensbild. A.	DVG	DM	5 %	67,4 %	12,4 %	7,4 %
Templeton Growth	Templeton	$	6,1 %	27,6 %	11,7 %	9,4 %
CI VIP-Selector	Cittinvest	$	5 %	37,4 %	11,4 %	–
Kapitalfonds Spezial	Gerling	DM	8,1 %	20,7 %	10,3 %	6,8 %

Europäisch breit streuende Fonds

Fonds	Gesellschaft	Währung	AGA	1 Jahr	5 Jahre	10 Jahre
GT Europe Fund	LGT Lux	$	5 %	37,5 %	12,8 %	–
Fidelity Europe	Fidelity	DM	5,25 %	29,8 %	11,7 %	–
Eurovesta	DWS	DM	4 %	27,1 %	9,9 %	–
Industria	DIT	DM	5 %	28 %	8,8 %	6,4 %

Europäische Länderfonds (Peripherie-Europa)

Fonds	Gesellschaft	Währung	AGA	1 Jahr	5 Jahre	10 Jahre
DWS Skandinavien	DWS	DM	4 %	48,9 %	–	–
Fidelity Italy	Fidelity	LIT	5,25 %	42,4 %	3,2 %	–
DIT Iberia	DIT	DM	3 %	36,1 %	4,0 %	–

Europäische Länderfonds (sonstiges Europa)

Fonds	Gesellschaft	Währung	AGA	1 Jahr	5 Jahre	10 Jahre
Fidelity UK	Fidelity	Pfund	5,25 %	42,4 %	12,4 %	–
Fidelity Switzerland	Fidelity	SFR	5,25 %	39,5 %	–	–
DIT Großbritannien	DIT	DM	3 %	32,8 %	7,1 %	–
Parvest Switzerland B	Paribas	SFR	4 %	32,8 %	–	–

Nordamerika-Fonds

Fonds	Gesellschaft	Währung	AGA	1 Jahr	5 Jahre	10 Jahre
SunLife Am. Growth	Sunlife	$	6,95 %	44,1 %	22,3 %	–
Mercury Nth. Am. Opp.	Mercury	$	5,26 %	45,6 %	19,1 %	–
Fleming FF American	Fleming	$	5,26 %	44,1 %	18,9 %	–

Quelle: FCS Finanz Computer Service, Hürth

Aktien aus Teilnehmerländern

> Mit der Einführung des Euro wird mit *auf Teilnehmerländer ausgerichteten Aktienfonds* allerdings kaum mehr eine Diversifizierung möglich sein, denn länderspezifische Sonderentwicklungen an den Börsen der Teilnehmerländer werden allenfalls geringe Ausmaße annehmen. Es wäre sicherlich kein entscheidender Fehler, wenn die Schreyers einen solchen Fonds weiter halten würden; sinnvoll wäre die Bindung von Kapital in diesem Fonds vor allem aber dann nicht, wenn sie ihre Diversifizierungsbreite erhalten wollen.

Timing

Wann verkaufen sie die Anteile an ihrem Frankreich- (oder einem anderen „Teilnahme-") Fonds? – Schon heute, erst bei Festlegung des Teilnehmerkreises oder erst bei der Wechselkursfixierung? Eine in sich schlüssige, nur aus dem Prozeß der Euro-Einführung abgeleitete Antwort gibt es nicht. Sie sollten dann verkaufen, wenn sie, gemessen an den Einstiegspreisen, einen guten Tageskurs realisieren können.

Aktien aus Nichtteilnahmeländern

Anders wäre die Situation zu beurteilen, wenn die Schreyers nicht Anteile eines kerneuropäischen Länderfonds hielten, sondern eines Fonds, der in einem voraussichtlichen Nichtteilnahmeland investiert (z. B. Italien). Der Diversifizierungseffekt bliebe gewahrt, und neben dieser grundsätzlich wünschenswerten Risikostreuung gibt es Gründe anzunehmen, daß die Börsen der Nichtteilnahmeländer zumindest *kurzfristig von der Nichtteilnahme profitieren* könnten.

So gibt es also für die Schreyers mit Blick auf die Wiederanlage der aufgelösten Frankreich-Position drei sinnvolle Möglichkeiten:

- Entweder sie schlagen das freigewordene Kapital ihrer Standardanlage zu (deutscher bzw. europäischer Aktienfonds). Damit würden sie ihre Diversifizierungsbreite schmälern.
- Oder aber sie verwenden es, um die ursprünglich gewünschte Diversifizierung aufrechtzuerhalten – etwa mittels eines Ita-

lien- oder Spanienfonds, wenn sie nicht mit einer Teilnahme dieser beiden Länder und deswegen dort mit besonderen Börsenchancen rechnen.

Erhalt der Diversifizierungsbreite

- Wenn sie hinsichtlich der besonderen Börsenchancen in den Nichtteilnahmeländern eher skeptisch sind, wird für ihre Diversifizierungsabsicht vor allem ein Japan- und/oder ein Schweiz-Fonds in Frage kommen.

Auf die neue Situation wird die „Fondsindustrie" im übrigen sicher reagieren: Sie wird Fonds auflegen, die ausschließlich im Euro-Europa investieren, und solche Fonds, die ihr Vermögen in die Länder Resteuropas streuen. Auch ein *„Resteuropa-Fonds"* kommt dann für die Diversifizierung in Frage.

Neue Fondsorientierungen

6.4.3 „Bessere" und „schlechtere" Anleihen

Keinen Handlungsbedarf haben die Schreyers mit Blick auf die 9 %ige Bundesanleihe, die im Jahr 2000 fällig wird und die bei 113 DM notiert: Sie werden das dort angelegte Kapital vor Fälligkeit nicht benötigen, können also auch eine massive Zinssteigerung im Gefolge einer Weichwährungsunion *„aussitzen"*. Vor allem auch der Fälligkeitstermin, der in der zeitlichen Nähe des erwartbaren Zinsgipfels des nächsten Zyklus liegt (wenn also keine Timing-Überlegungen notwendig sind), wird sie davon abhalten, an dieser Position etwas zu ändern.

Problemloser Fälligkeitstermin

Auch die zweite Rentenposition der Schreyers – die 6 %ige Bundesobligation mit Fälligkeit 1998 – löst für sich genommen heute keinen Handlungsbedarf aus: Umzuschichten in eine lange Restlaufzeit wäre mit großer Sicherheit – vgl. Abschn. 6.3.5 – falsch, und auch heftige Zinssteigerungen im Gefolge der Einführung einer Weichwährungsunion würden sie aufgrund der kurzen Restlaufzeit selbst dann kaum in Bedrängnis bringen, wenn sie noch vor Fälligkeit plötzlichen Liquiditätsbedarf hätten.

Als problematisch bei der Bundesobligation könnte sich allerdings herausstellen, daß bei ihrer Fälligkeit im Jahr 1998 die richtige Einschätzung des Zinstrends und damit die optimale Restlaufzeit für die Anschlußanlage nicht einfach sein könnte. Dann

Problematischer Fälligkeitstermin 1998

kennen die Schreyers zwar bereits den Euro-Teilnehmerkreis – aber seine Auswirkungen auf den Zinszyklus werden noch nicht verläßlich zu beurteilen sein:

- Kommt es zu einer Hartwährungsunion, dann wird sich 1998 schwerlich bereits herausgestellt haben, ob das Potential für zinssenkende Impulse tatsächlich auch zum Tragen kommt, unter Umständen sogar die zinssteigernden Impulse des nächsten Konjunkturzyklus vielleicht sogar neutralisiert werden.
- Einigt sich Europa dagegen auf eine große, aber weiche Währung, dann muß die Entscheidung über die richtige Restlaufzeit vermutlich in einer Atmosphäre höchster Nervosität getroffen werden. Es wird dann schwer zu beurteilen sein, auf welches Niveau die Zinsen steigen werden und wie lange die Phase steigender Zinsen noch dauern wird.

6.4.4 Fremdwährungsengagements mit EU-Währungen

Risikobegrenzung

Deswegen – und auch, weil die 6 Prozent Zinsen nur bedingt attraktiv sind – könnten die Schreyers mit gutem Grund beschließen, die Bundesobligationen zu verkaufen und mit den erlösten 21 000 DM eine möglichst *überschaubare Spekulation* in Erwartung des Euro einzugehen. *„Überschaubar"* bedeutet für sie, daß sie zwar bereit sind, auch Verluste in Kauf zu nehmen. Keinesfalls aber dürfen die Verluste den Kapitaleinsatz erreichen oder gar übersteigen. Mit dieser Maßgabe scheiden z. B. Devisenoptionen oder Zinsdifferenzgeschäfte aus.

In Frage kommt dagegen unter anderem der nicht mit einem Kredit finanzierte *Einsatz von Fremdwährungsanleihen.* Immer wieder sind den Schreyers in diversen Geldpublikationen Tips begegnet, die aus drei Komponenten bestanden:

Chancen mit Hochzinswährungen ...

- Eine Reihe von Fremdwährungen haben ein deutlich *höheres Renditeniveau* als die DM – etwa die Lira und die Peseta, das britische Pfund und die schwedische Krone.
- Wenn eine dieser Währungen in den Euro-Teilnehmerkreis

aufgenommen wird, dann wird sie auf den *Devisenmärkten stark bewertet* werden. Die Wechselkursrisiken werden also gering sein. Scheidet – wie beim britischen Pfund – die baldige Teilnahme aus, dann könnte eine Weichwährungsunion für ein stark bewertetes Pfund sorgen.

- Die Teilnahme eines dieser Hochzinsländer wird bedeuten, daß in diesen Ländern nach der Euro-Einführung die Zinsen deutlich tiefer liegen werden als heute. *Kursgewinne* mit möglichst langlaufenden Anleihen bessern dann die durch die hohen Zinsen und vermutlich stabilen Paritäten ohnehin gute Anleihenperformance auf.

... bei Weichwährungsunion

Alle drei Komponenten sind richtig, und zum Beispiel die Lira wäre ein nahezu todsicherer Anlagetip, wenn ..., ja, wenn es tatsächlich zu einer Weichwährungsunion kommen sollte. Kommt es nicht dazu, stehen den heute hohen Lira-Zinsen mit großer Wahrscheinlichkeit Paritätsverluste gegenüber. Und auch die Erwartung von Kursgewinnen im Gefolge sinkender Zinsen ist dann wenig realistisch.

Risikomanagement erforderlich

Wer – wie die Schreyers – vor dem Hintergrund einer soliden Vermögensstreuung bereit ist, mit begrenztem Einsatz ein begrenztes Risiko einzugehen, wird dennoch ein solches Fremdwährungsengagement nicht a priori ausschließen. Als erstes sollte er sich jedoch eine Vorstellung davon machen, wie hoch das Risiko ist, das er eingeht.

Faktoren für Chancen und Risiken

Dieses hängt einerseits davon ab, wie sich die Fremdwährungszinsen während des Engagements entwickeln werden; andererseits wird das Risiko dadurch bestimmt, wie sich die Parität der gewählten Fremdwährung während des Anlagezeitraums gegenüber der DM verändert. Und schließlich spielt der *„Faktor Zeit“* eine Rolle, denn je länger die höheren Zinsen einer Fremdwährung kassiert werden, desto dicker wird das Polster, das die Fremdwährung im Abwertungsfalle erst durchbrechen muß, bevor die Anlage in die Verlustzone kommt.

Meßlatte „break-even-Paritäten“

Die nachfolgenden Tabellen untersuchen diese Zusammenhänge. Sie ermitteln die *„break-even-Paritäten“*, ab denen Fremdwährungsengagements in Abhängigkeit zur *Zinsentwicklung* und des *„Faktors Zeit“* in die Verlustzone geraten. Angenommen wurde dabei jeweils, daß das Fremdwährungsengagement mit einer zehnjährigen Staatsanleihe des Anlagelandes (Renditen mit Stand Juli 1996) realisiert wird. Kommt es im Anlageland zu sinkenden Zinsen, dann sind die Kursgewinne um so größer, je früher das Engagement aufgelöst wird.

DM-Vergleichsanlage

Eine weitere Annahme der Tabellen: Nicht der nominelle Kapitaleinsatz in DM ist die Meßlatte für das Erreichen der Verlustzone, sondern der Kapitaleinsatz inkl. der während der Anlagedauer in Deutschland alternativ ebenfalls für zehnjährige Laufzeiten erreichbaren Verzinsung von 6,5 Prozent p.a. Die Verwendung der *„relativen break-even-Paritäten“* bewirkt somit, daß die Toleranz des Fremdwährungsengagements gegenüber einer Abwertung geringer ist als der Spielraum, den die Fremdwährung hätte, wenn nur der unverzinste Kapitaleinsatz erreicht werden soll.

Das grundlegende Zahlenwerk

So lesen Sie – am Beispiel des Lira-Tableaus – die Tabellen:

Abwertungspotenial

Aufwertungszwang

Angenommen, Sie rechnen damit, daß die Kapitalmarktrendite in Italien nach drei Jahren auf 7,5 Prozent gesunken ist. Dann muß die Lira nach drei Jahren bei mindestens 0,84 DM/1000 Lire (break-even-Parität) stehen, damit Sie das gleiche Ergebnis erzielen, das für Sie in drei Jahren mit einer heute gekauften zehnjährigen Bundesanleihe erreichbar ist. Dem entspricht ein *„erlaubtes“* Abwertungspotential von 15,4 Prozent (diesen Prozentsatz können Sie auf jeden aktuellen Wechselkurs anwenden, der u. U. in Ihrem Fall der Einstiegskurs ist). Wollen Sie dagegen untersuchen, wo die Lira nach einem Jahr mindestens stehen muß, wenn sich in diesem Jahr die Lira-Zinsen auf 12 Prozent erhöhen, dann ergibt sich bei einer break-even-Parität von 1,09 DM/1000 Lire ein Aufwertungszwang von 10 Prozent.[4]

Lira	**Rendite aktuell: 9,60 %** **Wechselkurs aktuell: 0,987 DM/1000 LIT**				
	Lira-Kapitalmarktrendite (Ende der Anlagedauer) %				
	6	*7,5*	*9*	*10,5*	*12*
Anlagedauer	*Break-even-Parität*				
Jahre	Abwertungspotential(-) / Aufwertungszwang(+)				
1	*0,78*	*0,85*	*0,93*	*1,01*	*1,09*
	-20,6%	-13,4%	-5,9%	1,9%	10,0%
3	*0,79*	*0,84*	*0,89*	*0,94*	*0,99*
	-20,4%	-15,4%	-10,3%	-5,1%	0,1%
5	*0,78*	*0,81*	*0,84*	*0,87*	*0,90*
	-20,9%	-17,8%	-14,6%	-11,5%	-8,4%
10	*0,74*	*0,74*	*0,74*	*0,74*	*0,74*
	-24,9%	-24,9%	-24,9%	-24,9%	-24,9%

Peseta	**Rendite aktuell: 8,60 %** **Wechselkurs aktuell: 1,185 DM/100 Pesetas**				
	Peseta-Kapitalmarktrendite (Ende der Anlagedauer) %				
	6	*7,5*	*9*	*10,5*	*12*
Anlagedauer	*Break-even-Parität*				
Jahre	Abwertungspotential(-) / Aufwertungszwang(+)				
1	*1,00*	*1,09*	*1,19*	*1,29*	*1,39*
	-15,7%	-7,9%	0,3%	8,8%	17,7%
3	*1,00*	*1,07*	*1,14*	*1,20*	*1,27*
	-15,3%	-9,8%	-4,2%	1,5%	7,3%
5	*1,00*	*1,04*	*1,09*	*1,13*	*1,17*
	-15,4%	-11,9%	-8,4%	-4,8%	-1,3%
10	*0,97*	*0,97*	*0,97*	*0,97*	*0,97*
	-17,7%	-17,7%	-17,7%	-17,7%	-17,7%

---

[4] Anmerkung zu allen break-even-Tabellen: Bei der DM-Vergleichsanlage, die Meßlatte für die erforderlichen break-even-Paritäten ist, wird in den Tabellen davon ausgegangen, daß die DM- bzw. die spätere Euro-Rendite mit 6,5 % konstant bleibt; Kursverluste bei steigenden DM- bzw. Euro-Renditen fließen also nicht in die Ermittlung der break-even-Paritäten ein, weil dies den Rahmen einer überschaubaren Darstellung gesprengt hätte. Sollen sie berücksichtigt werden, empfehle ich Ihnen, die break-even-Paritäten im Bereich der dreijährigen Anlagedauer um 4 % herunterzusetzen; das entspräche einem Anstieg der DM-/Euro-Rendite auf 7 % bis 7,5 % in drei Jahren. Die Korrekturfaktoren für andere Renditeniveaus und Laufzeiten entnehmen Sie bitte der Tabelle auf S. 165)

Schwed. Krone	**Rendite aktuell:**	**8,39 %**			
	Wechselkurs aktuell:	**22,4 DM/100 Kronen**			
	Kronen-Kapitalmarktrendite (Ende der Anlagedauer) %				
	6	*7,5*	*9*	*10,5*	*12*
Anlagedauer Jahre	*Break-even-Parität* Abwertungspotential(-) / Aufwertungszwang(+)				
1	*19,14*	*20,91*	*22,78*	*24,73*	26,76
	-14,6%	-6,6%	1,7%	10,4%	19,5%
3	*19,23*	*20,49*	*21,77*	*23,08*	*24,41*
	-14,1%	-8,5%	-2,8%	3,0%	9,0%
5	*19,22*	*20,03*	*20,84*	*21,66*	*22,47*
	-14,2%	-10,6%	-6,9%	-3,3%	0,3%
10	*18,79*	*18,79*	*18,79*	*18,79*	*18,79*
	-16,1%	-16,1%	-16,1%	-16,1%	-16,1%

Finnmark	**Rendite aktuell:**	**7,11 %**			
	Wechselkurs aktuell:	**32,8 DM/100 Finnmark**			
	Finnmark-Kapitalmarktrendite (Ende der Anlagedauer) %				
	6	*7,5*	*9*	*10,5*	*12*
Anlagedauer Jahre	*Break-even-Parität* Abwertungspotential(-) / Aufwertungszwang(+)				
1	*30,47*	*33,39*	*36,47*	*39,71*	*43,10*
	-7,1%	1,8%	11,2%	21,1%	31,4%
3	*30,69*	*32,79*	*34,95*	*37,15*	*39,40*
	-6,4%	0,0%	6,5%	13,3%	20,1%
5	*30,85*	*32,24*	*33,63*	*35,03*	*36,43*
	-5,9%	-1,7%	2,5%	6,8%	11,1%
10	*30,98*	*30,98*	*30,98*	*30,98*	*30,98*
	-5,6%	-5,6%	-5,6%	-5,6%	-5,6%

Was können Sie den vielen Zahlen entnehmen?

Szenario „Weichwährungsunion"

Erwartbare Zinssteigerungen

Spielen wir zunächst das Szenario Weichwährungsunion durch: Sie ist mit der Festschreibung der Wechselkurse per Ende 1998 installiert, und zyklenbedingt sowie bedingt durch ihre Eigenschaft als Weichwährungsunion wird sie zu deutlichen Zinssteigerungen gegenüber dem gegenwärtigen DM-Niveau geführt

Irisches Punt	Rendite aktuell: 7,54 % Wechselkurs aktuell: 2,4 DM/Punt				
	Punt-Kapitalmarktrendite (Ende der Anlagedauer) %				
	6	*7,5*	*9*	*10,5*	*12*
Anlagedauer Jahre	*Break-even-Parität* Abwertungspotential(–)/Aufwertungszwang(+)				
1	*2,17*	*2,37*	*2,59*	*2,81*	*3,05*
	-9,8%	-1,2%	7,8%	17,3%	27,1%
3	*2,18*	*2,33*	*2,48*	*2,63*	*2,79*
	-9,2%	-3,0%	3,2%	9,6%	16,1%
5	*2,19*	*2,28*	*2,38*	*2,48*	*2,57*
	-8,9%	-4,8%	-0,8%	3,2%	7,2%
10	*2,18*	*2,18*	*2,18*	*2,18*	*2,18*
	-9,3%	-9,3%	-9,3%	-9,3%	-9,3%

haben, die wir – gerechnet von heute (Mitte 1996) in drei Jahren – zwischen 7,5 und 9 Prozent ansetzen können.

Erforderliche Wechselkurse

Aus den gegenwärtigen Kapitalmarktrenditen ergeben sich daraus bei einem dreijährigen Planungshorizont folgende Paritäten, zu denen die Währungen außerhalb des engen Kerneuropas in die Währungsunion mindestens aufgenommen werden müssen, damit sich ein Engagement gelohnt hat:

Mindestparitäten bei der Wechselkursfixierung bei Euro – Kapitalmarktrendite von		
	7,5 %	9 %
Lira	0,84	0,89
Peseta	1,07	1,10
Finnmark	32,80	34,95
Schwedische Krone	20,50	21,77
Irisches Punt	2,33	2,48

Abwertungsspielraum der Weichwährungen

Die Wechselkurse von *Lira, Peseta* und der *schwedischen Krone* können somit auch unter der extremen Annahme eines auf 9 Prozent steigenden Euro-Renditeniveaus deutlich tiefer als gegenwärtig festgeschrieben werden. Insofern bestätigt unser Rechenexempel zunächst nur, daß im Falle einer Weichwährungsunion die Spekulation mit der *Lira* und der *Peseta*, in Grenzen auch mit der *schwedischen Krone*, nahezu risikolos ist.

Problematische Teilnahmekandidaten

Die Tabelle weist aber auch auf eine Tücke von Fremdwährungsengagements im Umfeld der Euro-Einführung hin: Käme es tatsächlich zu einer Weichwährungsunion, dann gibt es für die *Finnmark* – häufig als Geheimtip gehandelt – selbst bei einer moderaten Steigerung der Kapitalmarktrendite des Euro gegenüber der DM keinerlei Abwertungsspielraum. Sie muß vielmehr höher als heute bewertet in die Währungsunion aufgenommen werden, wenn (was wahrscheinlich ist) die Euro-Renditen auf mehr als 7,5 Prozent steigen. Kommen die Euro-Renditen höher als 8 Prozent zu liegen, gilt auch für das *irische Punt*, daß es zu höheren als den gegenwärtigen Paritäten in den Teilnehmerkreis aufgenommen werden muß. Vorsicht bei diesen beiden Währungen, wenn sich wider Erwarten eine Weichwährungsunion abzeichnen sollte!

Szenario „Hartwährungsunion"

Anbindung an den Euro

Für den Fall einer Hartwährungsunion sehen die Planungen der Währungskonstrukteure vor, die Nichtteilnahmeländer durch ein *Nachfolgesystem für das EWS* an den Euro anzubinden: Das wird vermutlich mit einem Leitkurs, Interventionsbandbreiten und wie immer gearteten Interventionspflichten zur Stützung der Paritäten geschehen.

Hohe Zinsen für stabile Wechselkurse

Wird dieses Vorhaben umgesetzt, werden hohe Zinsen der Nichtteilnahmeländer eines der Mittel zur Wechselkursstabilisierung sein. Im Falle von Lira, Peseta und der schwedischen Krone, die mit großer Sicherheit nicht an einer Hartwährungsunion teilnehmen werden, taucht für den Anlageerfolg damit die Frage auf, bei welchen Marken Leitkurs- bzw. Interventionsbandbreiten festgesetzt werden – und welche Zinsen in Italien bzw. Spanien erforderlich sein werden, um diesen Leitkurs zu stützen.[5]

---

[5] Die erstmalig festgelegten unteren Interventionsbandbreiten eines EWS II werden sicherlich nicht unabänderbar sein. Mit großer Wahrscheinlichkeit

Auch hierzu liefern die Tabellen erste Aufschlüsse: Wird z. B. bei der *Lira* als untere Bandbreite die Parität von 0,90 DM/1000 Lire festgelegt (das entspräche, noch nicht umgerechnet in den Euro, ungefähr einem Leitkurs von 0,95 DM bei einer Schwankungsbandbreite von ± 5 Prozent), muß diese Marke mit einem Lira-Zinsniveau von weniger als 9 Prozent gestützt werden können. Ist dafür ein höheres Zinsniveau bei einer Sichtweise von drei Jahren erforderlich, dann gerät (wegen geringfügiger oder ausbleibender Kursgewinne) ein heute eingegangenes Lira-Engagement in die Verlustzone. ***Lira***

Bei der *Peseta* kann aus heutiger Sicht eine untere Bandbreite von ca. 1,12 DM/100 Pesetas als realistische Vorgabe bezeichnet werden (was einem Leitkurs von 1,18 DM bei einer Interventionsbandbreite von ± 5 Prozent entspräche). Für diese Konstellation ergibt sich aus der Tabelle für die Peseta, daß die untere Parität mit einem Zinsniveau von nicht höher als knapp 9 Prozent (genau gerechnet sind es 8,75 Prozent) gestützt werden muß. ***Peseta***

Die maximal zulässigen Kapitalmarktrenditen, die gerade noch einen Anlageerfolg bewirken, sind nicht sonderlich realistisch: Denn im Falle Italiens wären gegenüber der heutigen Situation Zinssenkungen erforderlich, während gleichzeitig die Euro-Zinsen in unserer Standard-Marschroute auf 7 bis 7,5 Prozent steigen. Spanien könnte sich eine geringfügige Zinssteigerung „erlauben“, gleichwohl wären aber die Zinsdifferenzen zur DM bzw. zum Euro rückläufig: Wenig realistisch, daß ein Zinsbonus von etwa 1,5 Prozentpunkten genügen würde, die Peseta stabil zu halten. Wer aber ein Risiko eingehen will, mag mit gutem Grund das Peseta-Risiko geringer einschätzen als das der Lira.

Bei der *schwedischen Krone* ergibt sich bei Nichtteilnahme am Euro eine formal ähnliche Situation wie bei der Lira: Selbst wenn man ihre untere Interventionsparität im EWS II mit 21,00 DM/100 ***Schwedische Krone***

---

wird auch das EWS II Abwertungen ermöglichen, wie dies auch bisher unter Europas Währungen mit sog. „realignments“geschah. Die zukünftigen Bandbreiten werden also keine „Versicherung zur Begrenzung von Währungsverlusten“ sein.

Kronen relativ hoch ansetzt, müßte diese Parität durch in Schweden sinkende Zinsen (bei gleichzeitig steigenden Euro-Zinsen) gehalten werden können. Höher als 7,8 Prozent dürften die Kronen-Zinsen bei der abgenommenen kritischen Parität nicht sein.

Vergleicht man schließlich diese drei europäischen Hochzinswährungen auch noch unter dem Blickwinkel der Reife für die Euro-Teilnahme – teils, weil die Reife ein Indiz für ihre zukünftige Stärke gegenüber dem Euro sein könnte, teils, weil auch die überraschende Aufnahme eines der Länder in den Euro-Teilnehmerkreis nicht auszuschließen ist –, *dann steigt das Risiko, daß mit Engagements in einer dieser Währungen schlechtere Anlageergebnisse als mit der DM erzielt werden, in der Reihenfolge Peseta, schwedische Krone, Lira.*

Finnmark und irisches Punt

Betrachten wir nun das *irische Punt* und die *Finnmark* mit der Maßgabe, daß beide Währungen – was vielfach für wahrscheinlich gehalten wird – an einer Hartwährungsunion teilnehmen werden. Steigt die Euro-Kapitalmarktrendite auf 7,5 Prozent, werden beim *irischen Punt* so lange bessere Anlageergebnisse erzielt werden, solange es nicht tiefer als mit 2,33 DM in die Währungsunion aufgenommen wird.

Das Punt hat also einen Abwertungsspielraum auch ohne Berücksichtigung möglicher Kursverluste der DM-Vergleichsanlage.

Die *Finnmark* dagegen hat bei diesem Renditeanstieg nur dann einen Abwertungsspielraum gegenüber ihrer heutigen Parität, wenn auf seiten der DM-Vergleichsanlage die wahrscheinlichen Kursverluste in die Rechnung mit einbezogen werden.

Vor allem das irische Punt und mit Abstrichen auch die Finnmark sollten also zu den Favoriten für eine *„Spekulation mit gebremstem Schaum“* gezählt werden. Dies auch unter dem Aspekt, daß beide Währungen unter Umständen nicht sofort an der Währungsunion teilnehmen werden: Sie sollten dies ohne nennenswerte Paritätsverluste überstehen können, da sie in diesem Fall zu den ersten Anwärtern für die Erweiterung zählen werden.

Keine besonderen Chancen mit Kerneuropa

Schließlich der Vollständigkeit halber noch ein Blick auf *die Währungen des engen Kerneuropas*: Die Kapitalmarktrenditen haben sich – vgl. Abschn. 6.2.1 – *in Deutschland, Frankreich, den Benelux-Ländern* und *Österreich* weitgehend angeglichen, so daß weder bei einer Hart- noch bei einer Weichwährungsunion nennenswert andere Anlageergebnisse als mit der DM erzielt werden können. Da ferner bei einem Scheitern oder einer Verschiebung der Währungsunion vor allem beim französischen Franc mit rückläufigen Paritäten gerechnet werden muß, beinhalten solche Strategien ein Risikopotential.

Geheimtip ECU-Anleihen?

Die weitgehende Nivellierung des kerneuropäischen Zinsniveaus wirkt sich auch darauf aus, wie der Kauf von *ECU-Anleihen* zu beurteilen ist. Der ECU-Tip ist für sich genommen reichlich komplex, denn er setzt einerseits das Verständnis der bisherigen europäischen Korbwährung voraus. Andererseits hantiert er mit Erwartungen hinsichtlich der zukünftigen Beschaffenheit eines über den Euro hinausgehenden europäischen Währungssystems, die zwar plausibel, aber eben noch nicht Realität sind (und bei Fertigstellung dieses Buches nicht beschlossen waren).

Die ECU-Strategie gründet auf drei Faktoren:

- In die ECU-Zinsen gehen gegenwärtig die Zinssätze aller EU-Mitgliedsländer gewichtet ein, unabhängig davon, ob sie sich für die Währungsunion qualifizieren werden oder nicht.

Zinssenkungen ...

- Da sich die Länder mit den höchsten Zinssätzen (also vor allem Italien, Spanien und Griechenland) voraussichtlich nicht für die Euro-Teilnahme qualifizieren, werden die Euro-Zinsen *niedriger* sein als die ECU-Zinsen.
- Der bisherige ECU-Währungskorb wird – so beschloß es der *„Madrid-Gipfel“* im Dezember 1995 – zum 1. Januar 1999

abgeschafft werden (sofern der Zeitplan eingehalten wird). ECU-Anleihen werden dann im *Verhältnis 1:1* auf den Euro umgestellt, wenn die Anleihen-Bedingungen nichts anderes vorsehen.

... ohne Teilnahmerisiko

Diese drei Faktoren bedeuten etwas vereinfacht gesagt, daß der ECU die einzige *„Währung"* ist, von der mit Sicherheit gesagt werden kann, daß – sofern nicht alle ECU-Währungen am Euro teilnehmen – ihre Rendite eine logische Sekunde nach der Währungsumstellung tiefer ist als zuvor. Das läßt sich zum Beispiel zwar auch für die schwedische Krone vermuten – aber nur, wenn sie tatsächlich teilnimmt. Beim ECU fällt dieses *„Teilnahmerisiko"* weg.

Tiefere Euro-Renditen ...

Praktisch sieht die Sache so aus: Der ECU-Bond-Index von *Paribas* (London) wies Mitte Juli 1996 für zehnjährige Restlaufzeiten eine Rendite von 7,24 Prozent auf. Das entspricht – es kann auch gar nicht anders sein – fast exakt jenem Wert, den wir in Abschnitt 5.3.3 für den Fall rechnerisch ermittelt haben, daß es im Sommer 1996 zu einer Weichwährungsunion gekommen wäre. Für eine Hartwährungsunion lautete – vgl. unser Rechenexempel in Abschnitt 5.4.3 – unsere Euro-Rendite 6,6 Prozent für den Einführungszeitraum Sommer 1996.

... führen zu Kurssteigerungen bei ECU-Anleihen

Während also – in diesem Gedankenspiel der Euro-Einführung als Hartwährungsunion im Sommer 1996 – *Euro-Neuemissionen* mit einer Rendite von 6,6 Prozent ausgestattet sein würden, kursierten parallel dazu noch *„alte" ECU-Anleihen*, deren Rendite in Höhe von 7,24 Prozent durch die Umstellung von Kurswert, Nennwert und Kupon im Verhältnis 1:1 erhalten bliebe. Rechnerisch ergibt sich hieraus eine *Kurssteigerung der ECU-Anleihe* um 4,6 Prozent.

Sind also ECU-Anleihen das Ei des Kolumbus, mit denen risikolos mit dem Euro Geld verdient werden kann? Ein deutliches *„Nein"* ist die Antwort – auch wenn die Risiken vielleicht überschaubarer sind als bei anderen Fremdwährungsanlagen.

Verantwortlich für das *„Nein“* ist der Umstand, daß wir zwar wissen, die DM wird am 1. Januar 1999 zu ihrem (wie auch immer ermittelten) ECU-Kurs in den Euro überführt. Wir wissen aber nicht, wie hoch dieser Kurs sein wird. Vielmehr wissen wir, daß bis Ende 1998 alle EU-Währungen die ECU-Parität mit beeinflussen werden, also auch solche, die nicht am Euro teilnehmen und deswegen unter Umständen stark verlieren werden. Auch mit der ECU-Anleihe haben wir uns also ein Währungsrisiko eingekauft:

Währungsrisiken auch bei der ECU-Strategie

ECU	**Anleihenrendite aktuell:**		**7,24 %**		
	Wechselkurs aktuell:		**1,91 DM/ECU**		
	ECU-Kapitalmarktrendite (Ende der Anlagedauer) %				
	6	*6,5*	*7*	*7,5*	*8*
Anlagedauer Jahre	*Break-even-Parität* Abwertungspotential(-) / Aufwertungszwang(+)				
2,5	*1,77*	*1,81*	*1,86*	*1,90*	*1,95*
	-7,4%	-5,1%	-2,8%	-0,5%	1,8%
3	*1,77*	*1,81*	*1,85*	*1,89*	*1,93*
	-7,3%	-5,2%	-3,1%	-0,9%	1,2%
5	*1,78*	*1,81*	*1,83*	*1,86*	*1,89*
	-6,8%	-5,5%	-4,1%	-2,7%	-1,3%
10	*1,78*	*1,78*	*1,78*	*1,78*	*1,78*
	-6,7%	-6,7%	-6,7%	-6,7%	-6,7%

Diese Tabelle haben wir mit den Werten unseres obigen Beispiels gefüttert, also Erwerb einer ECU-Anleihe im Sommer 1996, ansonsten gelten die Annahmen, die auf den Seiten 194/195 beschrieben sind. Sie sehen:

Relativ geringer Abwertungsspielraum …

Wenn es in zweieinhalb Jahren zum Währungsschwur kommt und dann die Kapitalmarktrendite für den neugeborenen Euro bei 7 Prozent liegt (also im Rahmen unserer Marschroute), dann darf die Parität Euro/DM nicht tiefer als 1,86 DM festgesetzt werden – ansonsten wären Sie bei einer zweieinhalbjährigen Planungsdauer mit einer DM-Bundesanleihe besser gefahren. Auch unter Berücksichtigung des Korrekturfaktors wegen eventuell steigender DM-Zinsen ergeben sich erforderliche Wechselkurse zwischen dem Euro und der DM, die keineswegs ausgeschlossen werden können.

... durch nivelliertes Zinsniveau in Kerneuropa

Der relativ geringe Spielraum, den der zukünftige Wechselkurs des Euro in der break-even-Betrachtung noch hat, rührt im übrigen von der oben bereits erwähnten Nivellierung der Kapitalmarktrenditen Kerneuropas her. Da diese Länder mit dem weitaus größten Gewicht in den ECU-Zins- und -Währungskorb eingehen, führte die Nivellierung auch dazu, daß die Zinsdifferenz zwischen DM und ECU (sie bestimmt die break-even-Parität) deutlich geringer geworden ist als die früher üblichen 1,5 bis 2 Prozentpunkte.

Neben diesem aus der Konstruktion von ECU bzw. Euro entspringenden Abwertungsrisiko gilt es, bei einer ECU-Strategie auf zwei weitere Punkte zu achten:

Bitte beachten!

- Die Umstellung von Euro auf ECU im Verhältnis 1:1 darf in den Anleihebedingungen nicht ausgeschlossen sein. Soweit dies gegenwärtig absehbar ist, dürfte dies bei Anleihen kein Problem sein, die unter EU-Recht begeben wurden; Emittenten außerhalb der EU werden allerdings kaum auf die Umstellung im Verhältnis 1:1 zu verpflichten sein.
- Beachten Sie, daß die Anleihen-Bedingungen dem Schuldner nicht das Recht der vorzeitigen Rückzahlung geben. Hat er dieses Recht, wird er sich schwerlich bereitfinden, sich seine Mittel nicht zu neuen, günstigeren Konditionen zu beschaffen.

6.4.5 Fremdwährungsengagements mit Nicht-EU- und „opt-out"-Währungen

Schweizer Franken

Natürlich haben die Schreyers auch eine Zeitlang überlegt, ob sie ihre DM-Zinswerte verkaufen und langfristig in *Schweizer Franken* anlegen sollten: Der Alpendollar, so war phasenweise massiv zu hören und zu lesen, sei eine der sichersten Währungen der Welt, die sich zukünftig deutlich über das inflationär verseuchte Euro-Europa erheben würde.

SFR	**Rendite aktuell: 4,20 %** **Wechselkurs aktuell: 121 DM/100 SFR**				
	SFR-Kapitalmarktrendite (Ende der Anlagedauer) %				
	1	*2,5*	*3,5*	*4,5*	*6*
Anlagedauer Jahre	*Break-even-Parität* Abwertungspotential(-) / Aufwertungszwang(+)				
1	*97,91*	*109,44*	*117,66*	*126,31*	*140,14*
	-19,1%	-9,6%	-2,8%	4,4%	15,8%
3	*108,54*	*117,94*	*124,48*	*131,24*	*141,78*
	-10,3%	-2,5%	2,9%	8,5%	17,2%
5	*119,81*	*126,80*	*131,57*	*136,42*	*143,84*
	-1,0%	4,8%	8,7%	12,7%	18,9%
10	*150,52*	*150,52*	*150,52*	*150,52*	*150,52*
	24,4%	24,4%	24,4%	24,4%	24,4%

Doch es war für die Schreyers nach einem vergleichbar einfachen Rechenexempel leicht, davon abzusehen:

> Die Tabelle für die break-even-Paritäten des Schweizer Frankens zeigt, daß auf Sicht von zehn Jahren der Schweizer Franken auf 150 DM/100 SFR steigen müßte, damit sich die Flucht gegenüber dem Verharren in der DM lohnen würde.

25 Prozent Aufwertung erforderlich

Und das ist selbst bei einem wüsten Inflationsszenario im Euro-Europa völlig unwahrscheinlich, allein schon, weil dies die ohnehin unter dem schon heute überbewerteten Franken leidende Schweizer Wirtschaft strangulieren würde. Käme es zu einem solchen Inflationsszenario, würde die Schweizer Nationalbank sicherlich mit drakonischen Maßnahmen – schon einmal (Ende der 70er Jahre) wehrte sie Fluchtgeld mit *Negativzinsen* ab – den Zufluß ausländischen Geldes und damit die Höherbewertung des Schweizer Franken abwenden.

Nicht im Interesse der Schweiz

Doch ein solches Szenario ist höchst unwahrscheinlich. Schon heute läßt sich – vgl. Seite 152 – feststellen, daß der Schweizer Franken auf dem Rückzug ist und eine Parität unterhalb von 120 DM ansteuert. Das mag sich zwar noch einmal ändern, falls es zu Unsicherheiten über den Teilnehmerkreis kommen sollte (oder, was den Alpendollar schon immer charakterisierte, wenn der Greenback wieder einmal schwächeln sollte).

Per Saldo aber läßt sich sicher sagen: Selbst die schlimmste Variante des Euro wird den Schweizer Franken nicht in lohnenswerte Höhen treiben; die wahrscheinlichste Variante, eine Hartwährungsunion, wird zu weiteren Kursverlusten führen. Damit werden auch andere Varianten von Ausweichmanövern in den Schweizer Franken zu fragwürdigen Veranstaltungen, etwa die Flucht in eine Sfr-Lebensversicherung: Mit geringfügigen Abweichungen gilt auch dafür das Zahlenwerk obiger Tabelle.

Schweizer Franken als Parkplatz?

Wie steht es mit *kurzfristigen, taktischen Manövern*, etwa jetzt in den Franken zu gehen und erst einmal abzuwarten, was an der Euro-Front weiter geschieht? Auch solche Manöver ergeben keinen rechten Sinn. Die Differenz bei den kurzfristigen Zinsen (12 Monate) beträgt rund einen Prozentpunkt zugunsten der DM. Falls es zu einer Weichwährungsunion kommen sollte, wird sie sich vergrößern, weil dann die DM-Zinsen gerade auch im kurzen Bereich steigen werden, während die Franken-Zinsen unter Druck gerieten. Zwar ist nicht auszuschließen, daß vorübergehende Unsicherheiten um die Euro-Einführung den Franken-Kurs stärken und damit die Nachteile auf der Zinsseite wettmachen werden. Abgesehen davon, daß dies eine sensible Timing-Aufgabe ist, lebt die kurzfristige Taktik in der ständigen Gefahr eines plötzlichen Einbruchs beim Franken bereits im Vorfeld einer Hartwährungsunion. Auf massive Stützungsmaßnahmen durch die Schweizer Nationalbank sollte sich dann niemand verlassen.

Ständige Gefahr von Paritätsverlusten

Chancen mit Schweizer Aktien

Das skizzierte Umfeld – tendenziell sinkende Paritäten einer Währung bei anhaltend tiefen Zinsen – ist der Stoff, aus dem *Gewinne mit Aktien* gemacht sind. Zwar sollte nach der steilen Aufwärtsbewegung bei schweizerischen Aktien eine vorübergehende Korrektur ins Kalkül gezogen werden. Spätestens dann aber sind schweizerische Aktien – etwa erworben mittels eines Aktienfonds – wichtiger Bestandteil einer in sich schlüssigen, auf die Euro-Einführung abgestimmten Anlagestrategie. Insofern sind die Schreyers vermutlich sehr gut beraten, wenn sie ihren Fonds mit französischen Aktien durch einen mit schweizerischen Aktien auswechseln (was darüber hinaus für alle Länderfonds gilt, die in einem der Teilnehmerländer investieren).

US-Dollar

Wenn wir die andere, häufig empfohlene Fluchtwährung, den *US-Dollar*, betrachten, stehen wir vor einem dicken Problem: Wird das Geschehen an der Euro-Front die Rahmenbedingungen eines Dollar-Engagements beeinflussen – oder wird es nicht umgekehrt sein: Das Geschehen an der Dollar-Front wird die Rahmenbedingungen eines Euro-Engagements prägen?

Chaotische Euro-Einführung

Allenfalls bei einer ins Chaos ausufernden Euro-Einführung läßt sich mit einiger Berechtigung sagen, daß dies zu steigenden Dollarparitäten führen wird, selbst wenn es um die sonstigen *„fundamentals"* beim Greenback eher schlecht bestellt ist. Wer solches fürchtet, mag heute oder später in den Dollar gehen. Angesichts der Zinsunsicherheit in den USA und der flachen Zinsstrukturkurve des Dollars wäre dann ein Dollar-Geldmarktfonds (der bei steigenden Dollar-Zinsen keine Kursverluste bringt) ein adäquates Vehikel.

Darüber hinaus allerdings ist guter Rat teuer, soll heißen: Wer nicht mit einem Chaos-Szenario in Europa rechnet, soll wegen seiner grundsätzlich positiven Einschätzung in den Dollar gehen, und nicht wegen vermuteter Effekte der Euro-Einführung.

Schwierige Dollar-prognosen

Und was wiederum die Einschätzung des Dollars für sich genommen angeht, muß erwähnt werden, daß das Gros solcher Versuche in der Vergangenheit danebenging. Diese Gefahr ist gerade heute erheblich, da der Greenback bei rund 1,50 DM in Wartestellung gegangen ist. Sind die Prognosen nunmehr falsch geworden, die im Frühjahr 1995 ein weiteres Absinken auf 1,25 DM für fundamental gerechtfertigt hielten? Was ist andererseits von Voraussagen zu halten, die den Greenback in Kürze zwischen 1,60 DM und 1,70 DM ansiedeln?

US$	Rendite aktuell: 6,90 % Wechselkurs aktuell: 1,51 DM/US$				
	US$-Kapitalmarktrendite (Ende der Anlagedauer) %				
	5	*6*	*7*	*8*	*9*
Anlagedauer Jahre	*Break-even-Parität* Abwertungspotential(-) / Aufwertungszwang(+)				
1	*1,34*	*1,42*	*1,51*	*1,61*	*1,71*
	-11,5%	-5,8%	0,2%	6,5%	12,9%
3	*1,37*	*1,43*	*1,50*	*1,57*	*1,63*
	-9,3%	-5,0%	-0,7%	3,7%	8,2%
5	*1,40*	*1,44*	*1,49*	*1,53*	*1,57*
	-7,3%	-4,5%	-1,6%	1,3%	4,2%
10	*1,45*	*1,45*	*1,45*	*1,45*	*1,45*
	-3,7%	-3,7%	-3,7%	-3,7%	-3,7%

Dollar-Engagements von Euro-Einführung unabhängig

Nach meiner Meinung ist jede einzelne Zahl des break-even-Tableaus für den Dollar gleich wahrscheinlich. Damit bleiben der Dollar bzw. Dollar-Engagements, auch unter dem Blickwinkel der Euro-Einführung betrachtet, was sie schon immer waren: entweder *reizvolle Spekulationen* für Anleger, die sich dies leisten können, oder aber *unerläßliche, mittel- oder langfristige Diversifikation* bei der Streuung von Vermögen ab mindestens ca. 100 000 DM; in solchen Fällen ist es nahezu ein *„Muß“*, auch amerikanische Aktien bzw. andere Dollar-Werte zu berücksichtigen.

DM-Anleihe mit Dollar-Option

Darüber hinaus will ich mich beschränken auf die Analyse einer offensichtlich auf die Euro-Einführung zugeschnittenen Anleihe, die von der *Südwestdeutschen Genossenschafts-Zentralbank (SGZ-Bank)* auf den Markt gebracht wurde. Die Anleihe läuft sechs Jahre, hat einen Nennwert von 1 000 DM, einen Kupon von 4,5 Prozent bei einem Ausgabepreis von 96,90 Prozent, was einer Rendite von 5,11 Prozent entspricht. Sie beinhaltet als Clou die Option, 1998 vom Käufer in eine Dollar-Anleihe umgewandelt zu werden. Wird von der Option Gebrauch gemacht, erfolgt die Umwandlung zum festgelegten Kurs von 1,60 DM. Dem Zinsverzicht von heute entspricht also die Chance, 1998 den Dollar billiger einzukaufen, als er zu diesem Zeitpunkt, vielleicht im Gefolge einer chaotischen Euro-Einführung, gehandelt wird.

Sie haben *zwei Möglichkeiten*, die Option dieser Anleihe einzusetzen: *Möglichkeit 1* besteht darin, sie zu kaufen, 1998 in eine Dollar-Anleihe umzuwandeln und bis zur Fälligkeit zu halten. Dann erhalten Sie bei der Wandlung je Anleihe einen Titel über 625 Dollar (= 1 000 DM/1,60), der ein Anrecht auf jährlich 29,13 Dollar Zinszahlung verbrieft. Wenn Sie das mit dieser Verwendungsweise der SGZ-Anleihe erzielbare Anlageergebnis vergleichen mit den Alternativen, nämlich heute mittels eines Bundesschatzbriefes in der DM zu bleiben oder gleich mit einer sechsjährigen Restlaufzeit in den Dollar zu gehen, dann erhalten Sie folgende Parameter:

Kaufen, wandeln, halten?

Break-even-Paritäten bei der SGZ-Anleihe

	DM-Anlage	US$-Anlage	SGZ-Anleihe
Rendite 6 Jahre	5,81 %	6,50 %	5,11 %
Ergebnis je 1000 DM	1 403,33 DM	1 459,14 DM	1 348,54 DM
Spielraum für US$		-3,82 %	4,06 %
Mindestparität US$		1,44 DM	1,56 DM

Bei einer sofortigen Dollar-Orientierung könnte der Dollar am Ende der sechs Anlagejahre um knapp 4 Prozent abwerten (bei einer Einstiegsparität von 1,50 DM also auf 1,44 DM), damit Sie am Ende genausogut dastünden wie mit dem einfachen Bundesschatzbrief.

Erforderliche Dollar-paritäten

Die *SGZ-Anleihe* hingegen würden Sie für eine buy-and-hold-Strategie nur wählen, wenn Sie mit einer Aufwertung des Dollars um knapp 8 Prozent (z. B. von 1,50 DM auf 1,56 DM) rechnen. Aber wenn Sie damit kalkulieren, wären Sie mit der direkten Dollar-Strategie besser dran: Ihr Anlageergebnis würde, zu dieser Parität in DM umgerechnet, ca. 1 518 DM betragen.

Bleibt also die *zweite Möglichkeit*, daß Sie unmittelbar vom Wandlungsrecht profitieren. Angenommen, der Dollar steht 1998, wenn Sie sich entscheiden müssen, bei 1,65 DM. Auf den ersten Blick sieht das nach einem Geschäft aus, denn Sie haben

Kaufen, wandeln, verkaufen?

schließlich das Recht, den Greenback billiger, nämlich für 1,60 DM, zu kaufen.

Trügerisches Geschäft

Rechnen wir also: Nach der Umwandlung haben Sie einen Titel über 625 Dollar und vier Kupons über 28,13 Dollar. Diesen Titel bieten Sie Anlegern an, die an einer Dollar-Anlage interessiert sind. Wieviel diese für den Erwerb zu zahlen bereit sind, wird davon abhängen, wie zu diesem Zeitpunkt die Renditen für den Dollar im Bereich vierjähriger Restlaufzeiten liegen. Bei einer Rendite von 6 Prozent (bei dieser Annahme würden die Dollar-Zinsen also sinken!) ergibt sich rechnerisch ein Kurs von 592,50 Dollar, der bei der angenommenen Parität von 1,65 DM nicht ausreichen würde, Ihnen wenigstens wieder zu Ihrem Kapitaleinsatz von 1 000 DM zu verhelfen. In diesem Fall wäre mindestens ein Dollarkurs von 1,69 DM erforderlich, und wenn die gleiche Rechnung mit einer US-Rendite von 7 Prozent aufgestellt wird, steigt der mindestens erforderliche Dollarkurs bereits auf 1,75 DM. Die erforderlichen Paritäten sind zwar nicht unwahrscheinlich, viel wahrscheinlicher aber ist, daß Sie mit dieser oder einer ähnlich gelagerten Euro-Strategie in eine Sackgasse geraten.

Sinnfrage

Über das reine Rechenwerk der *SGZ*-Anleihe hinaus scheint mir an dieser Stelle eine Bemerkung notwendig zu sein. Wie bereits bei der *Depfa*-Stufenzinsanleihe – vgl. Abschn. 6.3.9 – hat auch die Analyse des *SGZ*-Konstrukts ergeben, daß der Maßanzug für die Euro-Einführung noch nicht geschneidert ist (und nie geschneidert werden wird). Ob deswegen solche und ähnliche Konstruktionen als Unsinn abzutun sind, will ich Ihrer Beurteilung überlassen; dabei wäre auch zu berücksichtigen, daß sich für Anlagestrategien vom Typ *„highly sophisticated*", wie sie hauptsächlich im institutionellen Bereich anzutreffen sind, tatsächliche Verwendungs- und echte Beherrschungsmöglichkeiten ergeben mögen. Wo sie jedoch die Euro-Ängste des durchschnittlichen Publikums von Privatanlegern im Visier haben, sind sie schlicht gefährlich, weil sie entweder besondere Sicherheit oder besondere Chancen vorgaukeln, die so nicht gegeben sind.

Die Bankenwelt hat sich mit Konstruktionen dieser Art bisher weitgehend zurückgehalten. Das mag daran liegen, daß sie stark damit beschäftigt war, in staatstragender Manier jene Aufklärungsarbeit über den Euro zu leisten, die eigentlich in Bonn und/oder Brüssel hätte verrichtet werden müssen. Ein weiterer Grund für die Zurückhaltung dürfte sein, daß die Parameter der Euro-Einführung bis dato noch viel zu schwammig sind, als daß es möglich wäre, Euro-Maßanzüge zu schneidern, die risikominimiert sind – und zwar für die Banken selbst.

Bisherige Zurückhaltung: …

Dies wird vermutlich so nicht bleiben. Je deutlicher sich der Teilnehmerkreis abzeichnen wird, desto stärker muß mit einer Flut von Anleihen mit besonderen Ausstattungsmerkmalen und Derivaten gerechnet werden, die alles Mögliche abdecken. Vor allem der Zeitraum zwischen der Festlegung der Teilnehmer und der Fixierung der Wechselkurse (also das Jahr 1998) wird diesbezüglich inflationär werden. Dann Qualität von Quatsch zu unterscheiden, wird vielfach nur einem geschulten Auge möglich sein. Soll heißen: Ziehen Sie einen neutralen Fachmann hinzu, der erklären kann, wie ein solches Konstrukt funktioniert, und was passieren muß, daß Sie damit etwas verdienen.

… Ruhe vor dem Sturm?

Weiter mit dem *britischen Pfund.* Es steht – hinter dem US-Dollar – am Schluß dieser Betrachtung, weil es von allen europäischen Währungen diejenige ist, die am engsten in der Spur des US-Dollars läuft. Wäre dem nicht so und könnte zusätzlich erwartet werden, daß das Pfund, wenn nicht zu den Gründungsmitgliedern, so doch zu den ersten Erweiterungskandidaten des Euro zählen wird, dann wäre das Pfund einer der heißesten Tips für eine überschaubare Spekulation im Umfeld der Euro-Einführung:

Pfund Sterling

Pfund Sterling	**Rendite aktuell: 8,10 %** **Wechselkurs aktuell: 2,34 DM/Pfund**				
	Pfund-Kapitalmarktrendite (Ende der Anlagedauer) %				
	6	*7*	*8*	*9*	*10*
Anlagedauer Jahre	*Break-even-Parität* Abwertungspotential(-) / Aufwertungszwang(+)				
1	*2,04*	*2,16*	*2,29*	*2,43*	*2,57*
	-13,0%	-7,6%	-2,0%	3,7%	9,6%
3	*2,05*	*2,14*	*2,23*	*2,32*	*2,41*
	-12,5%	-8,7%	-4,8%	-0,8%	3,2%
5	*2,05*	*2,11*	*2,17*	*2,22*	*2,28*
	-12,4%	-9,9%	-7,4%	-4,9%	-2,4%
10	*2,02*	*2,02*	*2,02*	*2,02*	*2,02*
	-13,9%	-13,9%	-13,9%	-13,9%	-13,9%

Bei den Zinsen steht eine Acht vor dem Komma, und im Falle einer Teilnahme wäre eine Wechselkursfixierung unterhalb von 2,30 DM eher unwahrscheinlich. Die Tabelle zeigt, daß mit diesen Vorgaben das Risiko eines Pfund-Engagements minimal wäre.

Pluspunkte des Pfundes

Einerseits wird es also eine Rolle spielen, ob sich die eigensinnigen Inselbewohner doch noch der gemeinsamen Währung anschließen werden. Dies wird vielfach für wahrscheinlich gehalten im Falle eines Wahlsiegs der unter ihrem Leader Tony Blair salonfähig gewordenen Labour-Partei. Andererseits könnte im Falle einer dauerhaften Nichtteilnahme das Pfund profitieren, weil es als letzte große, eigenständige europäische Währung attraktiv für Kapitalanleger werden könnte, die nach *Diversifizierungsmöglichkeiten* suchen. Und schließlich kann mit einiger Berechtigung prognostiziert werden, daß im Falle eines *Scheiterns* oder einer *Verschiebung* des Währungsprojekts das Pfund eher zu jenen Währungen zählen wird, die davon profitieren.

> Fast nur *„gute Karten“* also für das Pfund Sterling, wäre da nicht seine Abhängigkeit vom unberechenbaren Dollar. Doch soviel in jedem Fall: Dollar-Optimisten sollten aufs Pfund setzen!

6.4.6 Internationale Rentenfonds und andere Anlageinstrumente für Strategien mit Fremdwährungen

Zinsänderungsrisiken ausschalten

Die Überlegungen im vorangegangenen Abschnitt basierten auf dem Einsatz von zehnjährigen Anleihen in den jeweiligen Landeswährungen. Das mag einerseits nicht immer praktikabel sein; andererseits stellt sich die Frage, ob es denn nicht auch sinnvoll sein kann, im *kurzen Laufzeitbereich* auf die ausgewählte Fremdwährung zu setzen. Dann sind die Zinsänderungsrisiken bei der Fremdwährung minimal oder ausgeschlossen, und bei den recht flachen Zinsstrukturkurven etwa der Peseta und der Lira bedeutet die Wahl einer kurzen Laufzeit nur geringfügigen Zinsverzicht.

Festgelder auf dem Euro-Markt

Sinnvoll ist die Wahl einer kurzen Laufzeit in der Tat vor allem dann, wenn Sie etwa auf die Lira setzen, *obwohl* sich eine Nichtteilnahme Italiens abzeichnet (in diesem Fall können Sie schwerlich mit Zinssenkungen bei der Lira rechnen). Dann wäre zum Beispiel ein Lira-Festgeld, das Sie über die Schweiz oder Luxemburg auf dem *Euro-Markt* plazieren, eine Möglichkeit für Sie.

Fonds mit kurzen Laufzeiten

Besser aber ist in diesem Fall, Ihr Vorhaben mit einem *Geldmarktfonds* oder einem *Kurzläuferfonds* zu verwirklichen, der in der gewählten Währung geführt wird. Auch dafür müssen Sie vermutlich nach Luxemburg ausweichen (weil es nur sehr wenige solcher Angebote deutscher Investmentgesellschaften gibt), doch für den Fall, daß Sie nicht ohnehin eine Bankverbindung in Luxemburg oder in der Schweiz haben, ist dies mit eher weniger Aufwand (und geringeren Mindestanlagebeträgen) verbunden: Die Chancen stehen gut, daß Ihre Hausbank über ihre Luxemburger Tochtergesellschaft einen solchen Fonds aufgelegt hat.

Kosten beachten!

> Vor allem verbleibt Ihnen bei der Wahl eines Geldmarkt- oder Kurzläuferfonds die Möglichkeit, börsentäglich zu reagieren – und darauf kann es bei einer kurzfristigen Anlage entscheidend ankommen. Beachten Sie aber dann die Ausgabeaufschläge, die bei den Fonds mit kurzen Geldern bis zu 1 Prozent betragen können.

Geeignete Länderfonds

Auch wenn es Ihnen um längere Laufzeiten geht, werden Sie unter den in Deutschland zugelassenen Investmentfonds eine beträchtliche Zahl von Länderfonds finden, mit denen eine Spekulation im Umfeld der Euro-Einführung möglich ist. Allerdings fehlen (bisher jedenfalls) noch Fonds für Renten solcher Länder, bei denen die Wahrscheinlichkeit groß ist, gerade eben noch in den Teilnehmerkreis einer Hartwährungsunion „hineinzurutschen" (*Finnland, Irland*). Eine ganze Reihe von Fonds bietet sich jedoch für ein Pfund-Sterling-Engagement an, und auch für Anlagen in Lira, Peseta & Co. ist die Auswahl beträchtlich.

Ausgabeaufschläge

Prinzipiell gelten auch für den Einsatz solcher Fonds die Zahlenwerke der Tabellen in Abschnitt 6.4.5; da die Ausgabeaufschläge durchschnittlich bei 3 Prozent liegen, erübrigt sich jedoch der Einsatz eines Korrekturfaktors, mit welchem eventuell steigende Renditen in Deutschland berücksichtigt werden. Da ferner auch für die internationalen Rentenfonds gilt, daß ihre Sensibilität gegenüber Veränderungen der Kapitalmarktrenditen aufgrund ihres *„open-end-Charakters"* keinen zeitlichen Einschränkungen unterliegt, können die break-even-Paritäten bei längeren Anlagedauern tiefer als für Anleihen angesetzt werden.

Anpassung bestehender Depots

Wenn es schließlich darum geht, ein bestehendes Depot mit einem international investierenden Rentenfonds an die Euro-Einführung anzupassen, gilt es zu unterscheiden:

Erhalt der Diversifikationsbreite

- Investiert der Fonds in einem der *Teilnehmerländer*, wird nach der Euro-Einführung ein Diversifizierungseffekt nicht mehr gegeben sein; eventuelle Renditevorteile wegen schlechterer Länderbonität sollten – sofern die Diversifikationsbreite erhalten bleiben soll – nicht genügend Grund sein, einen solchen Fonds weiter zu halten. Als Ersatz bietet sich ein Pfund-Sterling- oder Dollar-Rentenfonds an; erste Wahl können auch die Fonds mit Renten der ersten Erweiterungskandidaten sein (Spanien, Schweden), wobei die Art ihrer Anbindung an den Euro durch ein EWS II – insbesondere die

Ausgewählte *Rentenfonds* für Euro-Strategien

Jahresdurchschnittliche Wertsteigerungen ohne Berücksichtigung der Ausgabeaufschläge (AGA)
Stand: 30. Juni 1996, (K): Kurzläufer- oder Geldmarktfonds

International breit streuende Fonds

Fonds	Gesellschaft	Währung	AGA	1 Jahr	5 Jahre	10 Jahre
PEH-Universal IR	Universal	DM	2 %	15,1 %	9,7 %	–
FT Accuzins	FT	DM	3 %	15,5 %	9,2 %	8,3 %
DWS Rendite Spezial	DWS	DM	3 %	15,2 %	9,1 %	–
Allianz Flexi-Renten	Allianz	DM	3,5 %	18,3 %	8,6 %	–

Europäisch breit streuende Fonds

Fonds	Gesellschaft	Währung	AGA	1 Jahr	5 Jahre	10 Jahre
DIT Eurozins	DIT	DM	3 %	21,2 %	8,2 %	–
JB Europe Bond B	J. Baer	ECU	3,25 %	17,9 %	8,2 %	–
Fidelity Europe Bond	Fidelity	ECU	3,5 %	17,2 %	8,0 %	–
Rentensparfonds	Metzler	DM	3 %	10,4 %	8,2 %	–

Europäische Länderfonds (Peripherie-Europa)

Fonds	Gesellschaft	Währung	AGA	1 Jahr	5 Jahre	10 Jahre
Parvest Obli Lira	Paribas Lux	Lira	4 %	39,1 %	–	–
Lire Reserve (K)	DBIM	Lira	1 %	31,6 %	–	–
Frontr. ISEK Res. (K)	Frontrunner	Sch. Krone	1 %	29,8 %	–	–
DVG Espana Bond	DVG	Peseta	1,5 %	27,5 %	–	–

Europäische Länderfonds (sonstiges Europa)

Fonds	Gesellschaft	Währung	AGA	1 Jahr	5 Jahre	10 Jahre
SBC BondPF GBP	SBC	Pfund	1 %	19,7 %	–	–
Parvest Obli Sterling	Paribas Lux	Pfund	4 %	19,6 %	–	–
Fidelity Sterling Bond	Fidelity	Pfund	3,5 %	18,4 %	–	–
Parvest Obli DKK	Paribas Lux	Dän. Krone	4 %	13,9 %	–	–
CB MMF Pf. Sterl. (K)	ALSA	Pfund	0 %	12,6 %	–	–
SBC Bond CHF	SBC	Sch. Franken	1 %	6,7 %	–	–

Nordamerika-Fonds

Fonds	Gesellschaft	Währung	AGA	1 Jahr	5 Jahre	10 Jahre
SBC BondPF CAD	SBC	Can. $	1 %	22,4 %	–	–
Dollarrenta	DBIM	DM	3 %	20,2 %	–	–
SBC GovBd. US	SBC	$	1 %	15,3 %	–	–
CB MMF USDollar (K)	ALSA	$	0 %	15,7 %	–	–

Quelle: FCS Finanz Computer Service, Hürth

Marke der unteren Interventionsbandbreite – beachtet werden sollte.

Größere Risiken

- Investiert der Fonds in einem der voraussichtlichen *Nichtteilnahmeländer,* dann sollten Sie prüfen, ob Sie das durch die Euro-Einführung zumindest vorübergehend steigende Risiko tragen wollen oder können. Falls nein, sollten Sie in einen Fonds mit Renten Euro-Europas wechseln; auch ein Pfund-Sterling- oder ein Dollar-Fonds kann je nach Lageeinschätzung geeignet sind.

International breit streuende Fonds

- Investiert der Fonds *international breit streuend*, besteht auf keinen Fall dann Handlungsbedarf, wenn die Dinge auf eine Weichwährungsunion zusteuern sollten: Dann sind Paritätsgewinne bei den Anlagewährungen des Fonds wahrscheinlich. Aber auch eine Hartwährungsunion sollte in der Regel keinen Handlungsbedarf auslösen, denn auch bei sehr optimistischer Betrachtungsweise dürfte der Euro kaum härter werden als gegenwärtig die DM.

Anlageschwerpunkt bei europäisch orientierten Fonds

- Investiert der Fonds *breit gestreut in europäische Rentenwerte*, dann sollten Sie im letzten Rechenschafts- oder Zwischenbericht nachlesen, wie hoch der Anteil von Rentenwerten jener Länder ist, die voraussichtlich nicht zu den Euro-Gründungsmitgliedern gehören werden. Je höher dieser Anteil ist, desto mehr wachsen die (zeitweiligen) Risiken, wodurch eine Umorientierung sinnvoll werden könnte. Ist er sehr gering oder können Sie den Verlautbarungen Ihrer Fondsgesellschaft entnehmen, daß sich der Fonds zukünftig auf Rentenwerte Euro-Europas festlegen wird, dann werden Sie zukünftig im Standardprodukt der Investmentindustrie schlechthin vertreten sein. Dies bedeutet auch, daß der Diversifikationseffekt, der seinerzeit vermutlich ausschlaggebend für die Wahl eines Nicht-DM-Fonds war, weggefallen ist. Dann könnten Überlegungen sinnvoll sein, die ursprünglich gewollte Diversifikationsbreite wieder herzustellen (siehe oben bei Fonds mit Rentenwerten aus Teilnehmerländern).

6.4.7 Immobilienerwerb und Immobilienfinanzierung

Für den Erwerb ihrer Wohnung müßten die Schreyers einen Kredit über 250 000 DM aufnehmen. Ihre Hausbank, eine der deutschen Großbanken, macht ihnen (Juli 1996) zwei Angebote:

Konditionen

a) *Effektivzinssatz 6,7 Prozent* bei einer Zinsfestschreibung von *fünf* Jahren
b) *Effektivzinssatz 7,65 Prozent* bei einer Zinsfestschreibung von *zehn* Jahren.

Welche Zinsfestschreibung?

Ein Effektivzinssatz von 7,65 Prozent auf zehn Jahre festgeschrieben, ist ein *historisch sehr niedriger* Wert, und die Schreyers ahnen, daß es wohl besser sein wird, sich heute auf zehn Jahre zu binden, als nur auf fünf. Denn auch ohne den möglicherweise zinssteigernden Impuls der Euro-Einführung, das ist den Schreyers klar, sind aufgrund des Konjunktur- und Zinszyklus für das Jahr 2001 (dann benötigen sie die Anschlußfinanzierung) höhere Zinsen wahrscheinlich – vielleicht sogar deutlich höhere, weil in diesen Zeitraum der nächste Zinsgipfel fallen könnte.

Doch sie wollen es genau wissen: Für Zins und Tilgung eines *Annuitätendarlehens* können sie monatlich 2 000 DM aufbringen. Für den Fall der zehnjährigen Zinsfestschreibung ergibt sich dann eine

Restschuldvergleich

Restschuld nach zehn Jahren bei 7,65 % 168 711 DM
Demgegenüber stünde im Fall der fünfjährigen Zinsfestschreibung die
Restschuld nach fünf Jahren bei 6,7 % 204 395 DM
die dann – also im Jahr 2001 – neu zu finanzieren wäre.

> Frage also: Wo dürfen die Zinsen im Jahr 2001 höchstens stehen, damit bei unveränderter Annuität die Restschuld im Jahr 2006 nicht höher ist als bei der Wahl der zehnjährigen Zinsfestschreibung, also 168 711 DM?

Break-even-Konditionen

Es ergibt sich für diese Konstellation ein *break-even-Zins* von 9,35 Prozent: Ist der Marktzins für die fünfjährige Zinsfestschreibung dann höher, stehen die Schreyers schlechter da als heute mit einer zehnjährigen Zinsfestschreibung, ist er niedriger, sind sie besser gefahren.

Genauer betrachtet, fällt also die Entscheidung, heute die längere Zinsfestschreibung zu wählen, weniger eindeutig aus, als die Schreyers zunächst dachten. Denn für die Höhe der Hypothekenzinsen kann als Faustregel gelten, daß sie zwischen einem und anderthalb Prozentpunkte über den Umlaufrenditen festverzinslicher Wertpapiere liegen.

Erwartbare Zinsen

Dies bedeutet, daß die Kapitalmarktrendite im Jahr 2001 im fünfjährigen Bereich über ca. 8 Prozent liegen muß, damit sich die zehnjährige Zinsfestschreibung lohnt. Damit muß zwar dann gerechnet werden, wenn der nächste Zinsgipfel tatsächlich in das Jahr 2001 fällt (oder zumindest in die Nähe des Datums der Anschlußfinanzierung) und/oder der Euro als Weichwährung eingeführt werden sollte. Doch bei einer Phasenverschiebung des nächsten Zinszyklus oder in dem Fall, daß von einer Hartwährungsunion erhebliche Zinssenkungsimpulse ausgehen sollten, könnte sich die zehnjährige Zinsfestschreibung im nachhinein als falsch herausstellen.

Entscheidungshilfe bei anderen Konditionen

Da die Entscheidung zugunsten einer zehnjährigen Zinsfestschreibung damit relativ *„eng“* ist, interessieren auch die *„break-even-Zinssätze“* für die Anschlußfinanzierung, wenn sich die oben angenommenen Konditionen ändern. Die nachfolgende Matrix zeigt diese für Kombinationen von *„aktuellen Effektivzinsen“*:

Erhalten Sie beispielsweise ein Angebot für eine zehnjährige Zinsfestschreibung zu 8 Prozent (erste Zeile) bei einer fünfjährigen Zinsfestschreibung von 6,75 Prozent (erste Spalte), fahren Sie mit der fünfjährigen Zinsfestschreibung dann besser, wenn der effektive Anschlußzinssatz für fünf Jahre tiefer ist als 10,2 Prozent.

Maximale Anschlußzinsen bei Immobilienfinanzierung						
Effektivzinsen	10 Jahre fest (%)					
aktuell	7,00	7,25	7,50	7,75	8,00	8,25
5 Jahre fest						
(%)	Anschlußzins muß tiefer sein als ... %					
6,25	8,35	9,05	9,75	10,45	11,10	11,80
6,50	7,90	8,60	9,30	10,00	10,65	11,35
6,75	7,45	8,15	8,85	9,50	10,20	10,90
7,00	7,00	7,70	8,40	9,05	9,75	10,45
7,25		7,25	7,95	8,65	9,35	10,00
7,50			7,50	8,20	8,85	9,55

Welche Schlußfolgerungen und Entscheidungen im einzelnen aus den Werten der Tabelle getroffen werden, wird stark von individuellem Temperament und persönlicher Lebenssituation abhängen.

So oder so aber sollte die Wahl einer nur fünfjährigen Zinsfestschreibung stets dann ins engere Kalkül gezogen werden, wenn eine aktuelle Kombination von fünf- und zehnjähriger Zinsfestschreibung bewirkt, daß Sie mit jeder Anschlußfinanzierung, die günstiger als 10 Prozent ist, besser fahren.

6.5 Spekulieren ohne Netz: Zinsdifferenzgeschäfte und Devisenoptionen im Umfeld der Euro-Einführung

Wer, wie Leopold Mann, mit einem Teil seines Kapitals ohne Rücksicht auf die Höhe eventueller Verluste spekulieren will, der wird für einen begrenzten Zeitraum besondere Chancen (aber auch Risiken) hauptsächlich im Devisenbereich finden:

Verstärkte Marktschwankungen ab Herbst 1997

Vor allem in der Phase, in der die Festlegung des Teilnehmerkreises immer näher rückt und Markterwartungen auch zu entsprechenden Bewegungen auf den Devisenmärkten führen werden (voraussichtlich ab Herbst 1997) bis zur definitiven Festlegung zunächst der Teilnehmer (Frühjahr 1998) und dann der Wechselkurse (Jahresende 1998), ist auch im Falle eines Hartwährungsszenarios mit innereuropäischen Paritätsverschiebungen zu rechnen, die das übliche Ausmaß überschreiten.

Da die in diesem Abschnitt exemplarisch aufgezeigten Möglichkeiten, hierbei unter Umständen richtig gutes Geld zu verdienen, leicht dazu geeignet sind, Begehrlichkeiten zu wecken, erscheint ein besonderer Risikohinweis unentbehrlich:

„Nitroglyzerin"

Zinsdifferenzgeschäfte, um welche es in diesem Abschnitt schwerpunktmäßig geht, sollten Sie als das *„Nitroglyzerin der Geldanlage"* verstehen. Schon geringe Erschütterungen können verheerende Folgen haben, sprich: Unerwartete Marktbewegungen können den Gesamtverlust Ihres eingesetzten Kapitals bewirken. Und mehr noch: Zinsdifferenzgeschäfte gehören zu der Sorte von Spekulationen, bei denen die Verluste das eingesetzte Eigenkapital überschreiten können. Daran sollten Sie stets denken, wenn Ihnen von Ihrer Bank, Ihrem Berater oder in einer Geldanlage-Publikation ein solcher Vorschlag gemacht wird – auch dann, wenn die dahinterstehenden Marktbewegungen noch so plausibel und die daraus errechneten Eigenkapitalrenditen noch so attraktiv sein mögen.

Verluste können Eigenkapital übersteigen

6.5.1 Chancen- und Risikopotential bei Zinsdifferenzgeschäften

Ein Zinsdifferenzgeschäft besteht im Kern darin, daß in einer niedrig verzinslichen Währung ein Kredit aufgenommen wird, der, vermehrt um einen Eigenkapitalbetrag, in einer hochverzinslichen Währung angelegt wird. Das Anlagedepot wird dabei üblicherweise ganz oder teilweise an die kreditgebende Bank abgetreten; natürlich können auch andere Vermögensteile als Sicherheit für den Kredit dienen. Die Beleihungsgrenze kann dabei bis zu 80 Prozent betragen.

Der *erste Ertragsfaktor* liegt auf der Hand: Er besteht in der Differenz zwischen den Anlageerträgen und den Kreditzinsen. Sofern auf der Anlageseite Zinswerte gewählt werden und auf der Kreditseite eine die beabsichtigte Dauer des Geschäfts abdeckende Zinsbindung erreicht werden kann, ist dieser Ertragsbestandteil relativ sicher zu kalkulieren – die Risiken beschränken sich im wesentlichen auf die Kursveränderungen der Wertpapiere, die auf der Fremdwährungsseite eingesetzt werden. Ein ungleich höheres und nicht mehr kalkulierbares Chancen- und Risikopotential erhält ein Zinsdifferenzgeschäft, wenn auf der Anlageseite nicht ein Zinspapier, sondern zum Beispiel ein Aktienfonds eingesetzt wird: Dann fehlen einerseits die sicheren (Zins-)Erträge, andererseits können die Kursveränderungen wesentlich höher ausfallen.

Zinsdifferenzen als Ertragsfaktor

Außerhalb von Zinswerten unkalkulierbares Potential

Auch der *zweite Ertragsfaktor* ist unschwer zu erkennen. Er entsteht aus einer Verschiebung der Paritäten von Anlage- und Kreditwährung. Wird die Kreditwährung gegenüber der Anlagewährung schwächer, dann wirkt sich dies positiv auf die Erträge aus, weil bei der Tilgung des Kredits weniger zurückbezahlt werden muß, als bei der Aufnahme angelegt werden konnte. Steigt allerdings die Kreditwährung, setzt ein umgekehrter Effekt ein: Die Paritätsverschiebung wird zu einem Verlustfaktor. Besonders unübersichtlich wird ein Zinsdifferenzgeschäft, wenn weder auf der Anlage- noch auf der Kreditseite die Währung eingesetzt wird, in welcher Sie rechnen. Wer als in DM denkender Mensch – als Beispiel – einen Yen-Kredit aufnimmt und dafür Dollarbonds kauft, macht sein Geschäft sowohl von der Dollar- als auch von der Yen-Entwicklung abhängig: Steigt der Dollar, und fällt der Yen, können exorbitante Gewinne entstehen – im umgekehrten Fall allerdings auch ebensolche Verluste.

Paritätsveränderungen als Ertragsfaktor

Mehrstufige Geschäfte

Um den *dritten Faktor* ausfindig zu machen, der das Chancen-/Risikopotential eines Zinsdifferenzgeschäfts bestimmt, muß man etwas genauer hinschauen: Er ist die Quote, zu der das Geschäft fremdfinanziert wird. Hierbei gilt die Mechanik eines jeden *„Hebelgeschäfts“:* Je länger der Hebel – also je höher die

Hebel-Länge als Ertragsfaktor

Fremdfinanzierungsquote gewählt wird – desto *„schärfer"* wird das Geschäft. Eine identische Marktentwicklung beschert, wenn sie positiv ist, einem Zinsdifferenzgeschäft um so höhere Eigenkapitalrenditen, je höher die Fremdfinanzierungsquote ist. Ist die Marktentwicklung aber negativ, gilt spiegelbildlich, daß die aufs Eigenkapital bezogenen Verluste mit steigender Fremdfinanzierungsquote immer dramatischer werden. Und bei der Höhe der Fremdfinanzierungsquote ebenfalls zu beachten: Sie bestimmt auch mit darüber, wo – bei ansonsten identischen Eckdaten – ein Geschäft seinen *„break-even"* findet. Diesbezüglich lautet die Faustregel: Eine hohe Fremdfinanzierungsquote verlangt dafür, daß ein Geschäft im *„schwarzen Bereich"* bleibt, eine günstigere Marktentwicklung als eine niedrige.

Hebel-Länge beeinflußt break-even-Paritäten

Der *vierte Faktor* ist die Zeit – und dies in mehrfachem Sinn. Je länger einerseits ein Zinsdifferenzgeschäft gehalten wird, desto größer wird der Spielraum, um den die Anlagewährung abwerten darf, ohne daß rote Zahlen entstehen. Denn auf der Anlageseite – vgl. Abschnitt 6.4.4 – kumulieren sich die Zinsdifferenzen, die im Zeitablauf ein immer dickeres Polster gegenüber Paritätsverlusten entstehen lassen. Doch nicht nur deswegen ist die Zeit wichtig: Sie zu haben kann unerläßlich sein, um eine vorübergehende Marktschwäche zu überbrücken. Wer ein Zinsdifferenzgeschäft dagegen so auslegt, daß es zu einem bereits feststehenden Stichtag erfolgreich gewesen sein muß, hat demgegenüber geringere Erfolgschancen.

„Time is money"

Der *fünfte Faktor* schließlich ist die finanzielle Flexibilität. Gerade bei hoch fremdfinanzierten Zinsdifferenzgeschäften kann relativ schnell die Situation eintreten, daß eine vorübergehend schlechte Marktentwicklung den Depotwert soweit nach unten treibt, daß der Betrag des aufgenommenen Kredits höher ist als die Beleihungsgrenze, welche die kreditgebende Bank maximal gelten läßt: Wenn ihr dann nicht zusätzliche Sicherheiten gegeben werden können, wird die Bank unter Umständen den Kredit kündigen – und die Verluste können nicht ausgesessen, sondern müssen realisiert werden.

Nachschuß-forderungen möglich

6.5.2 Schweizer Franken und Yen als Kreditwährungen

Welche Auswirkungen die unterschiedlichen Gestaltungsmöglichkeiten auf den Ausgang eines Geschäfts haben, werden wir weiter unten bei der Simulation einiger Währungskombinationen diskutieren, die sich im weiteren Verlauf der Euro-Einführung anbieten könnten. Der Zusammenstellung solcher Kombinationen sollten folgende Überlegungen zugrunde liegen:

Niedrigzins-Währungen

Auf der Kreditseite finden wir gegenwärtig nur zwei Währungen vor, die ein hinreichend tiefes Zinsniveau aufzuweisen scheinen: der Schweizer Franken und der japanische Yen. Kurzfristige Lombardkredite in Schweizer Franken kosten (September 1996) zwischen 4 und 4,5 Prozent, beim Yen sollten 3 Prozent angesetzt werden *(Faustregel: Sie können die Konditionen bei sich ändernden Kapitalmarktsituationen mit der Formel: Eurogeldmarktsätze unter Banken plus 2 Prozentpunkte überschlägig ermitteln).*

Vergleicht man beide Währungen hinsichtlich der Impulse, die von der Euro-Einführung auf ihre Paritäten ausgehen werden, dann läßt sich sagen:

Euro-unabhängiger Yen

- Ein plausibler Zusammenhang zwischen der Entwicklung der Yen-Parität und den diversen Szenarien der Euro-Einführung läßt sich kaum herstellen. Die Hauptkräfte, die auf den Yen einwirken, sind einerseits die japanischen Zinsen; diese wiederum sind ein deutlich innerjapanisches Politikum. Andererseits spielt beim Yen-Kurs das Kräfteverhältnis zwischen den USA und Japan eine wichtige Rolle, bei dem man um sehr viele Ecken herum denken muß, will man es auf eine mögliche Beeinflussung durch die Szenarien der Euro-Einführung hin untersuchen.

Plausible Euro-Zusammenhänge beim SFR

- Anders beim Schweizer Franken, für den wir an verschiedenen Stellen dieses Buches die These aufgestellt haben, daß er gegenüber der DM bzw. später dem Euro unter Druck geraten wird, wenn es zu einer Hartwährungsunion oder zur Verschiebung des Währungsprojekts kommen wird. Wohingegen mit anhaltender Stärke des SFR im Falle einer Weichwährungsunion zu rechnen ist.

SFR bei Hart-...

Unter diesen Gesichtspunkten ist dem Franken wegen seiner größeren Kalkulierbarkeit der Vorzug für den Einsatz als Kreditwährung zu geben bei anhaltenden Anzeichen für das Zustandekommen einer Hartwährungsunion oder bei auftauchenden Indizien für eine Verschiebung. Der Yen dagegen scheint gegenüber dem Franken Vorteile zu haben, wenn sich die Indizien für eine Weichwährungsunion mehren – einfach deswegen, weil in diesem Fall der Franken mit größerer Wahrscheinlichkeit stärker werden wird.

... Yen bei Weichwährungsunion

Timing bei Alpendollar

Wenn Leopold Mann also zunächst die Eckdaten für ein Zinsdifferenzgeschäft im Falle einer Hartwährungsunion untersucht und sich deswegen mit dem Einsatz des Alpendollars auf der Kreditseite näher befaßt, steht er bei der Feinabstimmung vor der Wahl, seine 100 000 DM sofort in ein Zinsdifferenzgeschäft zu investieren. Das sollte er tun, wenn er damit rechnet, daß sich der Prozeß auf eine Hartwährungsunion im wesentlichen linear gestalten wird, mit ebenso linearem Nachgeben des Schweizer Frankens.

Harter Euro: Linearer Rückgang ...

Oder aber er rechnet damit, daß auch bei einer Hartwährungsunion vorübergehende Unsicherheiten und Nervositäten den Schweizer Franken ebenso vorübergehend stärken werden – so daß er in seiner Eigenschaft als Kreditwährung kurzfristig billiger als gegenwärtig zu haben wäre. Vor allem in der zweiten Jahreshälfte 1997 ist eine solche per Saldo untypische Reaktion eher wahrscheinlich. Wir werden aber im folgenden mit einem Kurs von 122 DM rechnen – um so besser, wenn er beim Abschluß eines Zinsdifferenzgeschäfts höher steht.

... oder vorübergehende Stärke beim SFR

Bei der Frage, in welche Währung er seinen Schweizer-Franken-Kredit sowie sein Eigenkapital investieren soll, wird er natürlich zunächst auf die DM bzw. den Euro stoßen: Denn damit geht er auf der Anlageseite kein Währungsrisiko ein, während er beim Einsatz etwa der Lira mit Paritätsverlusten rechnen muß, wenn es zu einer Hartwährungsunion kommt.

Minimierte Währungsrisiken

6.5.3 DM/Euro gegen Schweizer Franken

Der Einsatz der DM bzw. des Euro auf der Anlageseite ist allerdings unter einem Aspekt knifflig: Wenn Leopold Mann dabei auf Zinswerte mit kurzen Restlaufzeiten setzt, vermeidet er zwar Kursrisiken; dafür aber gibt es praktisch keine Zinsdifferenzen, die ihren Anteil zum Gesamtertrag beisteuern könnten. Was an Erträgen erwirtschaftet wird, müßte in gleicher Höhe für die Zinszahlungen verwendet werden – das Geschäft würde also ausschließlich von der Erwartung einer rückläufigen Frankenparität leben.

Geringe Zinsdifferenzen bei kurzen …

Geht er deswegen in längere Restlaufzeiten, kann er zwar mit einer Zinsdifferenz von zwei Prozentpunkten (im zehnjährigen Bereich) kalkulieren, muß aber dagegen stellen, daß die Kurse der DM-Anleihen rückläufig sein werden, wenn die DM-Renditen steigen, solange er das Geschäft laufen läßt. Wenn er aber, um dieses Risiko auszuschließen, an einen Zeitraum von zehn Jahren denkt, während dem er notfalls sein Geschäft laufen lassen wird (um die Anleihen zum sicheren Tilgungskurs von 100 zurückgeben zu können), tauchen neue Risikofaktoren auf: Keinesfalls wird sich die schweizerische Bank auf eine zehnjährige Zinsbindungsfrist einlassen – und mit Blick auf den Frankenkurs reichen die zehn Jahre weit über jenen Zeitraum hinaus, der heute überschaubar ist.

… Kursänderungsrisiken bei längeren Laufzeiten

Zinsänderungsrisiko

Bei der Wahl der richtigen Restlaufzeiten, die auf der Anlageseite eingesetzt werden, ist deswegen auch zu berücksichtigen, wann spätestens mit einem definitiv schwächeren Schweizer

Timing-Anker Jahreswechsel 1999/2000

Franken gerechnet werden kann. Leopold Mann kommt zur Schlußfolgerung, daß dies spätestens um den Jahreswechsel 1999/2000 geschehen wird: Denn spätestens dann müßte es die Europäische Zentralbank vor dem Hintergrund des vorgesehenen Zeitplans geschafft haben, die anfänglich eventuell noch mißtrauischen Kapitalmärkte überzeugt zu haben.

Empfehlenswert: Restlaufzeit fünf Jahre

Also hätte Leopold Mann gute Gründe, ein Zinsdifferenzgeschäft einzugehen, dessen Eckdaten wie folgt aussehen:

Planungshorizont:	3 Jahre
Anfangsparität SFR:	122 DM
Kreditzinsen:	4,125 %
Restlaufzeit DM-Anleihe:	5 Jahre
Rendite DM-Anleihe:	5,4 %

(Mit der Wahl dieser Restlaufzeit erhält das Geschäft eine nennenswerte Zinsdifferenz, gleichzeitig aber nur minimale Risiken für den Anleihenkurs, wenn nach drei Jahren die DM- bzw. die Euro-Renditen gestiegen sein werden.)

Annahme: SFR sinkt

Ein solches Geschäft würde, je nachdem ob Leopold Mann eine Fremdfinanzierungsquote von 25, 50 oder 75 Prozent wählt, folgende Ergebnisse hervorbringen, wenn der Franken nach Ablauf von drei Jahren auf 110 DM gesunken wäre:

Variante 1
Fremdfinanzierungsquote 75 %
(EK: 100 000 DM, Kredit 300 000 DM):

Hohe Fremdfinanzierungsquote

Jahresende	Kurs SFR	Depot DM	SFR Zinsen %	SFR-Zinsen DM	Depot DM nach Zinsen	Kredit DM	Ertrag nach Tilgung (DM)
1	122	421 600	4,125 %	12 375	409 225	300 000	9 225
2	122	431 323	4,125 %	12 375	418 948	300 000	18 948
3	110	441 571	4,125 %	11 158	430 414	270 492	59 922

Variante 2
Fremdfinanzierungsquote 50 %
(EK: 100 000 DM, Kredit 100 000 DM):

Jahres-ende	Kurs SFR	Depot DM	SFR Zinsen %	SFR-Zinsen DM	Depot DM nach Zinsen	Kredit DM	Ertrag nach Tilgung (DM)
1	122	210 800	4,125 %	4 125	206 675	100 000	6 675
2	122	217 835	4,125 %	4 125	213 710	100 000	13 710
3	110	225 251	4,125 %	3 719	221 532	90 164	31 368

Mittlere Fremdfinanzierungsquote

Variante 3
Fremdfinanzierungsquote 25 %
(EK: 100 000 DM, Kredit 33 333 DM):

Jahres-ende	Kurs SFR	Depot DM	SFR Zinsen %	SFR-Zinsen DM	Depot DM nach Zinsen	Kredit DM	Ertrag nach Tilgung (DM)
1	122	140 533	4,125 %	1 374,997	139 158	33 333	5 825
2	122	146 673	4,125 %	1 374,997	145 298	33 333	11 965
3	110	153 144	4,125 %	1 240	151 904	30 055	21 850

Niedrige Fremdfinanzierungsquote

Bezogen auf das bei diesen Varianten eingesetzte Eigenkapital bedeuten die kumulierten Erträge am Ende des dritten Jahres folgende Renditen:

Variante 1: 16,6 % p.a.
Variante 2: 9,5 % p.a.
Variante 3: 6,8 % p.a.

Wer also auf einen sinkenden Kurs des SFR setzt, kann mit einer hohen Fremdkapitalquote also auch aus relativ geringfügigen Zinsdifferenzen zwischen DM/Euro und dem Schweizer Franken mit einem Zinsdifferenzgeschäft erstklassige Renditen erzielen.

Annahme: SFR steigt

Natürlich funktioniert die Sache auch in die andere Richtung. Angenommen, der Schweizer Franken würde am Ende des dritten Anlagejahres bei 134 DM stehen, wären Leopold Manns Bemühungen in allen drei Varianten mehr oder weniger sinnlos gewesen:

Variante 1
Fremdfinanzierungsquote 75 %
(EK: 100 000 DM, Kredit 300 000 DM):

Hohe Fremdfinanzierungsquote

Jahres-ende	Kurs SFR	Depot DM	SFR Zinsen %	SFR-Zinsen DM	Depot DM nach Zinsen	Kredit DM	Ertrag nach Tilgung (DM)
1	122	421 600	4,125 %	12 375	409 225	300 000	9 225
2	122	431 323	4,125 %	12 375	418 948	300 000	18 948
3	134	441 571	4,125 %	13 592	427 979	329 508	- 1 529

Variante 2:
Fremdfinanzierungsquote 50 %
(EK: 100 000 DM, Kredit 100 000 DM):

Mittlere Fremdfinanzierungsquote

Jahres-ende	Kurs SFR	Depot DM	SFR Zinsen %	SFR-Zinsen DM	Depot DM nach Zinsen	Kredit DM	Ertrag nach Tilgung (DM)
1	122	210 800	4,125 %	4 125	206 675	100 000	6 675
2	122	217 835	4,125 %	4 125	213 710	100 000	13 710
3	134	225 251	4,125 %	4 531	220 720	109 836	10 884

Variante 3
Fremdfinanzierungsquote 25 %
(EK: 100 000 DM, Kredit 33 333 DM):

Niedrige Fremdfinanzierungsquote

Jahres-ende	Kurs SFR	Depot DM	SFR Zinsen %	SFR-Zinsen DM	Depot DM nach Zinsen	Kredit DM	Ertrag nach Tilgung (DM)
1	122	140 533	4,125 %	1 375	139 158	33 333	5 825
2	122	146 673	4,125 %	1 375	145 298	33 333	11 965
3	134	153 144	4,125 %	1 510	151 633	36 612	15 022

Die jährlichen Renditen der drei Varianten liegen zwischen – 0,5 Prozent (Variante 1) und 4,8 Prozent (Variante 3).

Vergleicht und bewertet man die Ergebnisse der drei Varianten bei einer günstigen und einer ungünstigen Entwicklung des Schweizer Frankens, dann bestätigt sich zunächst, daß die höchste Fremdfinanzierungsquote zum besten Ergebnis bei einer günstigen und zum schlechtesten bei einer ungünstigen Paritätsentwicklung führt. Vor allem aber kann festgestellt werden, daß auch die ungünstige Annahme einer Paritätssteigerung um 10 Prozent auch im Verbund mit einer hohen Fremdkapitalquote noch immer zu einem überschaubaren Risikopotential führt, mithin ein attraktives Verhältnis zwischen Chancen und Risiken vorhanden ist.

Per Saldo attraktiv

Für kürzere Planungshorizonte fallen die Bandbreiten der je Variante möglichen Renditen wesentlich breiter aus, wenn davon ausgegangen wird, daß die erwartete Paritätsveränderung sich nicht erst nach drei Jahren, sondern bereits am Ende des kürzeren Planungshorizonts eingestellt haben werden:

Kürzere Planungshorizonte

Jahre	Fremdkapital	EK-Renditen bei 100 SFR =	
		110 DM	134 DM
1	25 %	9,2 %	2,4 %
	50 %	16,9 %	- 3,6 %
	75 %	40,0 %	- 25,1 %
2	25 %	5,8 %	4,2 %
	50 %	11,3 %	1,7 %
	75 %	22,3 %	- 6,1 %

6.5.4 Lira gegen Schweizer Franken

Auf der Suche nach einer höheren Zinsdifferenz könnte Leopold Mann auf die Idee kommen, auf der Anlageseite in die Lira zu gehen, für die im fünfjährigen Bereich 7,8 Prozent p.a. bezahlt wird. Gemessen an den mutmaßlichen Reaktionen der Devisenmärkte auf die diversen Szenarien gibt es hierfür zwar keinen plausiblen Grund:

Hohe Zinsdifferenzen

Vermutlich gegenläufige Paritäten

Denn kommt es zu einer Hartwährungsunion, wird neben dem Schweizer Franken allem Ermessen nach auch die Lira fallen. Da das erste gut, das zweite aber schlecht fürs Geschäft ist, würde diese Entscheidung darauf setzen, daß der Schweizer Franken stärker als die Lira fällt. Im Falle einer Weichwährungsunion, die sowohl zu einem steigenden Franken (schlecht) als auch zu einer steigenden Lira (gut) führen dürfte, würde die Entscheidung zugunsten der Lira bedeuten, daß bei ihr ein stärkeres Ansteigen als beim Schweizer Franken erwartet wird. Auf Sicht von drei Jahren ist beides zwar nicht auszuschließen, wohl aber nicht sonderlich wahrscheinlich.

Kurzfristige Chancen

Da aber im Prozeß der Euro-Einführung auch vorübergehende Situationen eintreten können, bei der beide Währungen in einer für ein solches Geschäft günstigen Richtung reagieren – etwa: der Schweizer Franken tendiert leichter in Erwartung einer Hartwährungsunion, die Lira wird durch ihre hohen Zinsen und von der Hoffnung auf Kursgewinne bei Anleihen im Falle ihres Rückgangs vor allem durch internationales Kapital aber noch eine Zeit gestützt –, ergibt es durchaus Sinn, daß sich Leopold Mann das Chancen-/Risikoraster dieser Währungskombination ansieht. Er weiß dann zumindest, welches Risiko er eingeht, wenn die erhoffte, untypische Zwischenbewegung ausbleibt.

Anlageergebnisse bei unterschiedlichen Paritäten

Die nachfolgende Übersicht stellt – wie auch alle weiteren in diesem Abschnitt – die Ergebnisse eines zu 50 Prozent fremdfinanzierten Zinsdifferenzgeschäfts über insgesamt 200 000 DM zwischen der Lira und dem Schweizer Franken nach Ablauf von drei Jahren dar, je nachdem, wie dann die beiden Währungen zur DM bzw. zum Euro stehen. Ist die Lira dann zum Beispiel 90 Pfennig (bzw. den Gegenwert in Euro) wert und kosten 100 Franken 127 DM, dann hätten die von Leopold Mann als Eigenkapital eingesetzten 100 000 DM einen Gewinn von 7 277 DM erwirtschaftet, was einer Eigenkapitalrendite von 2,4 Prozent entspräche.[6]

Lira / Schweizer Franken	Gewinne/Verluste in DM und EK-*Prozent p.a.* je Paritätspaar									
Einstiegskurse:	1,00 DM / 1000 LIT 122,00 DM / 100 SFR			Zinsen: 7,8 % LIT 4,125 % SFR				Anlage: 100 TDM EK 100 TDM Kredit		
Stand nach drei Jahren										
100 SFR	1000 Lire in DM									
in DM	0,75	0,80	0,85	0,90	0,95	1,00	1,05	1,10	1,15	1,20
107	-11 575 *-4,0 %*	264 *0,1 %*	12 104 *3,9 %*	23 943 *7,4 %*	35 783 *10,7 %*	47 622 *13,9 %*	59 462 *16,8 %*	71 301 *19,7 %*	83 140 *22,3 %*	94 980 *24,9 %*
112	-15 742 *-5,5 %*	-3 902 *-1,3 %*	7 937 *2,6 %*	19 777 *6,2 %*	31 161 *9,6 %*	43 455 *12,8 %*	55 295 *15,8 %*	67 134 *18,7 %*	78 974 *21,4 %*	90 813 *24,0 %*
117	-19 908 *-7,1 %*	-8 069 *-2,8 %*	3 771 *1,2 %*	15 610 *5,0 %*	27 449 *8,4 %*	39 289 *11,7 %*	51 128 *14,8 %*	62 968 *17,7 %*	74 807 *20,5 %*	86 646 *23,1 %*
122	-24 075 *-8,8 %*	-12 236 *-4,3 %*	-396 *-0,1 %*	11 443 *3,7 %*	23 283 *7,2 %*	35 122 *10,6 %*	46 962 *13,7 %*	58 801 *16,7 %*	70 640 *19,5 %*	82 480 *22,2 %*
127	-28 242 *-10,5 %*	-16 402 *-5,8 %*	-4 563 *-1,5 %*	7 277 *2,4 %*	19 116 *6,0 %*	30 956 *9,4 %*	42 795 *12,6 %*	54 634 *15,6 %*	66 474 *18,5 %*	78 313 *21,3 %*
132	-32 408 *-12,2 %*	-20 569 *-7,4 %*	-8 729 *-3,0 %*	3 110 *1,0 %*	14 949 *4,8 %*	26 789 *8,2 %*	38 628 *11,5 %*	50 468 *14,6 %*	62 307 *17,5 %*	74 147 *20,3 %*
137	-47 134 *-19,1 %*	-35 999 *-13,8 %*	-24 863 *-9,1 %*	-13 728 *-4,8 %*	-2 593 *-0,9 %*	8 543 *2,8 %*	19 678 *6,2 %*	30 814 *9,4 %*	41 949 *12,4 %*	53 085 *15,3 %*

Realistische Chancen nur bei weichem Euro

Sie sehen darüber hinaus in der Tabelle: Kommt es zu einer Hartwährungsunion, bei der die zu erwartenden Paritätspaare das linke obere Viertel der Tabelle bilden, dann drohen Verluste

---

6 Bei der Darstellung möglicher Ergebnisse von Zinsdifferenzgeschäften kann es ausschließlich darum gehen, ihr grundlegendes Risiko-/Ertragspotential innerhalb realistischer Margen zu ermitteln. Zu viele Komponenten und Unwägbarkeiten gestatten nicht, die ermittelten Werte auch als diejenigen zu bezeichnen, die sich in eben dieser Höhe in der Realität auch einstellen werden. So wird zum Beispiel in den Übersichten dieses Abschnitts davon ausgegangen, daß die Differenz von Soll- und Habenzinsen zur Rendite der Anlagewährung wieder angelegt wird. Die anfänglichen Kreditzinsen werden als während der Laufzeit fix angenommen, weder Zinssenkungen noch Zinssteigerungen werden berücksichtigt. Erwerbsspesen auf der Anlageseite werden nicht berücksichtigt, weil sie in unterschiedlicher Höhe – je nach gewähltem Anlagemedium – anfallen können, ebensowenig Transaktionskosten. Kursänderungen bei den Anlagemedien werden nicht beachtet. Mögliche Verschiebungen der Anfangsannahmen während der Laufzeit können also zu nicht unerheblichen Abweichungen der tatsächlichen von den dargestellten Ergebnissen führen. Namentlich wenn anfängliche Vermittlungsprovisionen zu entrichten sind, können die tatsächlichen Anlageergebnisse deutlich unter den dargestellten liegen. Aufgrund der Vielfalt der Einflußfaktoren sollten Sie, bevor Sie ein Zinsdifferenzgeschäft eingehen, dieses in all seinen Details von neutraler Stelle „rechnen" lassen.

oder nur sehr schmale Gewinne. Im Falle einer Weichwährungsunion dagegen (rechtes unteres Viertel der Tabelle) können hohe Gewinne entstehen. Sie sind allerdings nur dann höher als sie in diesem Fall ohne den Umweg über den Schweizer Franken ausfallen würden, wenn dessen Anstieg eher moderat ausfällt.

Langer Hebel

Wer auf eine für diese Währungskombination günstige Entwicklung setzt (da sie nicht eben wahrscheinlich ist, sollten dies nur Spekulanten wie Leopold Mann tun), kann sein Geschäft richtig scharf machen, wenn er die Fremdkapitalquote erhöht. Er sitzt dann allerdings auf einem regelrechten Pulverfaß, wie die Eckwerte zeigen, die sich für eine 75prozentige Fremdfinanzierung ergeben:

Mega-Gewinne …

… vs. Kapitalvernichtung

In der Spitze winkt mit einem Ertrag von rund 185 000 DM fast eine Kapitalverdreifachung, wenn es zu einem Rückgang des Schweizer Frankens auf 107 DM bei gleichzeitigem Anstieg der Lira auf 1,20 DM kommen sollte. An anderen Ende droht mit einem Verlust von 98 000 DM praktisch die Vernichtung des eingesetzten Eigenkapitals, wenn der Schweizer Franken auf 137 DM steigt und die Lira auf 0,75 DM fällt.

6.5.5 Lira gegen Yen

Bei Weichwährungsunion

Für diese Kombination spricht einerseits der Yen als Niedrigstzinswährung, andererseits kann vom Yen eher als vom Schweizer Franken vermutet werden, daß er deutlich immuner auf die diversen Szenarien der Euro-Einführung reagiert. Vor allem bei Erwartung einer Weichwährungsunion sollte dem Yen auf der Kreditseite der Vorzug gegenüber dem Schweizer Franken gegeben werden.

Die Übersicht liefert folgendes Risiko-/Ertragspotential:

Lira / Yen	Gewinne/Verluste in DM und EK-*Prozent p.a.* je Paritätspaar									
Einstiegskurse:	1,00 DM / 1000 LIT			Zinsen: 7,8 % LIT			Anlage: 100 TDM EK			
	1,35 DM / 100 Yen			3,0 % Yen			100 TDM Kredit			
Stand nach drei Jahren										
100 Yen	1000 Lire in DM									
in DM	*0,75*	*0,80*	*0,85*	*0,90*	*0,95*	*1,00*	*1,05*	*1,10*	*1,15*	*1,20*
1,125	-3 052 *-1,0 %*	8 967 *2,9 %*	20 985 *6,6 %*	33 004 *10,0 %*	45 023 *13,2 %*	57 042 *16,2 %*	69 060 *19,1 %*	81 079 *21,9 %*	93 098 *24,5 %*	105 117 *27,1 %*
1,2	-8 608 *-3,0 %*	3 411 *1,1 %*	15 430 *4,9 %*	27 449 *8,4 %*	39 467 *11,7 %*	51 486 *14,8 %*	63 505 *17,8 %*	75 524 *20,6 %*	87 542 *23,3 %*	99 561 *25,9 %*
1,275	-14 163 *-5,0 %*	-2 145 *-0,7 %*	9 874 *3,2 %*	21 893 *6,8 %*	33 912 *10,2 %*	45 930 *13,4 %*	57 949 *16,5 %*	69 968 *19,3 %*	81 987 *22,1 %*	94 005 *24,7 %*
1,35	-19 719 *-7,1 %*	-7 700 *-2,6 %*	4 319 *1,4 %*	16 337 *5,2 %*	28 356 *8,7 %*	40 375 *12,0 %*	52 394 *15,1 %*	64 412 *18,0 %*	76 431 *20,3 %*	88 450 *23,5 %*
1,425	-25 274 *-9,3 %*	-13 256 *-4,6 %*	-1 237 *-0,4 %*	10 782 *3,5 %*	22 801 *7,1 %*	34 819 *10,5 %*	46 838 *13,7 %*	58 857 *16,7 %*	70 876 *19,6 %*	82 894 *22,3 %*
1,5	-30 830 *-11,6 %*	-18 811 *-6,7 %*	-6 792 *-2,3 %*	5 226 *1,7 %*	17 245 *5,4 %*	29 264 *8,9 %*	41 283 *12,2 %*	53 301 *15,3 %*	65 320 *18,2 %*	77 339 *21,0 %*
1,575	-36 385 *-14,0 %*	-24 367 *-8,9 %*	-12 348 *-4,3 %*	-329 *-0,1 %*	11 690 *3,8 %*	23 708 *7,3 %*	35 727 *10,7 %*	47 746 *13,9 %*	59 764 *16,9 %*	71 783 *19,8 %*

6.5.6 Britisches Pfund gegen Schweizer Franken

Pluspunkte des Pfundes

Diese Währungskombination zu wählen, erscheint nach den Annahmen unserer Szenarien plausibler als Lira/SFR, weil beim britischen Pfund weit weniger zwingend als bei der Lira davon ausgegangen werden muß, daß seine Parität unter der Einführung einer Hartwährungsunion leiden wird. Stichworte hierzu: Daß die Briten nicht so recht wollen, selbst wenn sie dürften, ist heute schon in der Bewertung des Pfundes berücksichtigt; wenn sie dennoch wollen werden, wird dies das Pfund eher stärken. Und wenn sie nie wollen werden, wird das Pfund als letzte „große" europäische Währung international attraktiv bleiben.

Hohe Pfund-Zinsen

> Unter diesen Annahmen – und auch wegen der britischen Zinsen von gut 7 Prozent im fünfjährigen Bereich – erscheint das Pfund als eine attraktive Anlagewährung für Zinsdifferenzgeschäfte, die auf eine Hartwährungsunion setzen.

Die Übersicht, welche die Vielzahl der möglichen Ergebnisse dieser Währungskombination darstellt, sieht so aus:

Pfund / Schweiz. Franken	Gewinne/Verluste in DM und EK-*Prozent p.a.* je Paritätspaar									
Einstiegskurse:	2,35 DM / 1 GBP 122,00 DM / 100 SFR				Zinsen: 7,1 % GBP 4,125 % SFR				Anlage: 100 TDM EK 100 TDM Kredit	
Stand nach drei Jahren										
100 SFR in DM	1 GBP in DM									
	1,76	*1,88*	*2,00*	*2,12*	*2,23*	*2,35*	*2,47*	*2,59*	*2,70*	*2,82*
107	-15 135 *-5,3 %*	-3 533 *-1,2 %*	8 069 *2,6 %*	19 671 *6,2 %*	31 273 *9,5 %*	42 875 *12,6 %*	54 477 *15,6 %*	66 079 *18,4 %*	77 681 *21,1 %*	89 283 *23,7 %*
112	-19 302 *-6,9 %*	-7 700 *-2,6 %*	3 902 *1,3 %*	15 504 *4,9 %*	27 106 *8,3 %*	38 708 *11,5 %*	50 310 *14,6 %*	61 912 *17,4 %*	73 514 *20,2 %*	85 117 *22,8 %*
117	-23 469 *-8,5 %*	-11 867 *-4,1 %*	-265 *-0,1 %*	11 338 *3,6 %*	22 940 *7,1 %*	34 542 *10,4 %*	46 144 *13,5 %*	57 746 *16,4 %*	69 348 *19,2 %*	80 950 *21,9 %*
122	-27 635 *-10,2 %*	-16 033 *-5,7 %*	-4 431 *- 1,5 %*	7 171 *2,3 %*	18 773 *5,9 %*	30 375 *9,2 %*	41 977 *12,4 %*	53 579 *15,4 %*	65 181 *18,2 %*	76 783 *20,9 %*
127	-31 802 *-12,0 %*	-20 200 *-7,2 %*	-8 598 *-3,0 %*	3 004 *1,0 %*	14 606 *4,6 %*	26 208 *8,1 %*	37 810 *11,3 %*	49 412 *14,3 %*	61 015 *17,2 %*	72 617 *20,0 %*
132	-35 969 *-13,8 %*	-24 367 *-8,9 %*	-12 765 *-4,4 %*	-1 162 *-0,4 %*	10 440 *3,4 %*	22 042 *6,9 %*	33 644 *10,1 %*	45 246 *13,2 %*	56 848 *16,2 %*	68 450 *19,0 %*
137	-40 135 *-15,7 %*	-28 533 *-10,6 %*	-16 931 *-6,0 %*	-5 329 *-1,8 %*	6 273 *2,0 %*	17 875 *5,6 %*	29 477 *9,0 %*	41 079 *12,2 %*	52 681 *15,1 %*	64 283 *18,0 %*

Gediegenes Chancen-/Risikopotential

Mit Blick auf die wahrscheinlichen Marktbewegungen ist hier der mittlere Bereich der Tabelle interessant, der in den Schwankungsbereichen des Pfundes zwischen 2,12 DM und 2,47 DM einerseits und des Schweizer Frankens zwischen 112 DM und 127 DM ein sehr gediegenes Chancen-/Risikopotential aufweist. In diesem Bereich realistischer Paritätspaare steht dem Risiko, auf Sicht von drei Jahren praktisch keinen Ertrag zu erzielen, die Chance auf einen Gewinn von 50 000 DM gegenüber. Und wenn Sie Ihr Zinsdifferenzgeschäft mit einer Fremdfinanzierungsquote von 75 Prozent richtig scharf machen, dann winkt Ihnen im positiven Fall eines Paritätspaares von 112 DM für den Franken und 2,47 DM für das Pfund mit einem Ertrag von ca. 121 000 DM eine deutliche Kapitalverdoppelung nach drei Jahren.

Bitte beachten Sie aber: Von allen europäischen Währungen hängt das Pfund Sterling traditionell am US-Dollar, und der wiederum wurde in diesem Buch mehrfach als unkalkulierbar bezeichnet. Wenn Sie also von den Eckdaten der Kombination Schweizer Franken/Pfund überzeugt sind, sollten Sie sich darauf vorbereiten, auch eine längere Dollarschwäche aussitzen zu können (was eventuell zusätzliche Sicherheiten für die kreditgebende Bank bedeuten kann).

Dollarabhängigkeit des Pfundes beachten!

6.5.7 US-Dollar gegen Schweizer Franken

Da die Aussagen, die oben fürs Pfund gemacht wurden, im Prinzip auch für den Dollar gelten, soll die nachfolgende Übersicht nur mit dem Hinweis kommentiert werden, daß das niedrigere Zinsniveau des Dollars zu einem weniger günstigen Risiko-/Ertragspotenial führt, als für das Pfund dargestellt wurde.

Geringere Chancen

US-$ / Schweizer Franken	Gewinne/Verluste in DM und EK-*Prozent p.a.* je Paritätspaar									
Einstiegskurse:	1,51 DM / 1 US$ 122,00 DM / 100 SFR			Zinsen: 6,5 % US$ 4,125 % SFR				Anlage: 100 TDM EK 100 TDM Kredit		
Stand nach drei Jahren										
100 SFR in DM	1 US$ in DM									
	1,13	*1,21*	*1,28*	*1,36*	*1,43*	*1,51*	*1,59*	*1,66*	*1,74*	*1,81*
107	-18 098 *-6,4 %*	-6 694 *-2,3 %*	4 711 *1,5 %*	16 115 *5,1 %*	27 520 *8,4 %*	38 924 *11,6 %*	50 329 *14,6 %*	61 733 *17,4 %*	73 138 *20,1 %*	84 542 *22,7 %*
112	-22 265 *-8,1 %*	-10 861 *-3,8 %*	544 *0,2 %*	11 949 *3,8 %*	23 353 *7,2 %*	34 758 *10,5 %*	46 162 *13,5 %*	57 567 *16,4 %*	68 971 *19,1 %*	80 376 *21,7 %*
117	-26 432 *-9,7 %*	-15 027 *-5,3 %*	-3 623 *-1,2 %*	7 782 *2,5 %*	19 186 *6,0 %*	30 591 *9,3 %*	41 995 *12,4 %*	53 400 *15,3 %*	64 804 *18,1 %*	76 209 *20,8 %*
122	-30 598 *-11,5 %*	-19 194 *-6,9 %*	-7 789 *- 2,7 %*	3 615 *1,2 %*	15 020 *4,8 %*	26 424 *8,1 %*	37 829 *11,3 %*	49 233 *14,3 %*	60 638 *17,1 %*	72 042 *19,8 %*
127	-34 765 *-13,3 %*	-23 360 *-8,5 %*	-11 956 *-4,2 %*	- 551 *-0,2 %*	10 853 *3,5 %*	22 258 *6,9 %*	33 662 *10,2 %*	45 067 *13,2 %*	56 471 *16,1 %*	67 876 *18,8 %*
132	-38 932 *-15,2 %*	-27 527 *-10,2 %*	-16 123 *-5,7 %*	-4 718 *-1,6 %*	6 686 *2,2 %*	18 091 *5,7 %*	29 495 *9,0 %*	40 900 *12,1 %*	52 305 *15,1 %*	63 709 *17,9 %*
137	-43 098 *-17,1 %*	-31 694 *-11,9 %*	-20 289 *-7,3 %*	-8 885 *-3,1 %*	2 520 *0,8 %*	13 924 *4,4 %*	25 329 *7,8 %*	36 733 *11,0 %*	48 138 *14,0 %*	59 542 *16,8 %*

6.5.8 Der Einsatz von Währungsoptionen

Neben einem Zinsdifferenzgeschäft kommen für Spekulanten auch die diversen Formen von Währungsoptionen in Frage, bei denen – geht die Wette auf – enormen Gewinnen, die durch den *„Hebel"* entstehen können, Totalverluste gegenüberstehen.

Wetten auf Fallen oder Steigen

Währungs-Options-scheine

Optionen können sich sowohl auf den Kauf als auch auf den Verkauf einer Währung beziehen, so daß gleichermaßen auf das Steigen oder Fallen einer Währung spekuliert werden kann.

Markterwartungen bestimmen Prämien

Vor allem im Freiverkehr wird eine Vielzahl von *„Währungsscheinen"* gehandelt, die als „Wetten" für alle wichtigen Währungen angeboten werden, für den Fall, daß sie bestimmte Paritäten erreichen/nicht erreichen werden. Der Wetteinsatz ist dabei der Kaufpreis eines Währungsscheins *(„Prämie").* So kostete Ende September zum Beispiel der Währungsschein der Citibank, der das Recht beinhaltet, das britische Pfund am 15. September 1997 zu 2,20 DM zu kaufen, 18,36 Pfennig. Wer dagegen das Recht erwerben wollte, zum gleichen Stichtag das Pfund ebenfalls zu 2,20 DM zu verkaufen, mußte lediglich 1,31 Pfennig dafür zahlen. In diesen Preisen drückt sich die Markteinschätzung des Pfundes aus: Ein deutlicher Rückgang wird nicht eben für wahrscheinlich gehalten, andernfalls würden Pfundbesitzer mehr als nur 1,31 Pfennig für die Paritätssicherung bei 2,20 DM bezahlen.

Auch für „kleine" Währungen

Dollar, Yen und Pfund sind die häufigsten Referenzwährungen solcher Optionsscheine, häufig sind – Spiegelbild ihrer Beliebtheit bei Anlegern in den Jahren 1995/96 – auch auf die Lira bezogene Scheine zu finden; auch der Schweizer Franken fehlt in fast keiner Emissionspalette. Doch ohne große Suche stößt man auch auf Peseta-, Schilling- oder französische Franc-Scheine, und selbst die Tschechische Krone taucht bereits auf den Kurszetteln auf. Außerhalb der DM bieten viele Banken Wetten an, denen das Erreichen einer bestimmten Parität zwischen Dollar und Yen zugrunde liegt, und darüber hinaus gibt es die Währungsoptionsscheine in verschiedenen Variationen.

Einsatz bei Zinsdifferenz-geschäften

In diese Welt genauer einzusteigen und ihr Funktionieren im Detail zu erläutern, kann nicht Aufgabe dieses Buches sein; zu komplex sind die Zusammenhänge, als daß sie en passant erläutert werden könnten. Wichtig ist vor allem der Hinweis, daß die Währungsoptionen nicht nur fürs blanke Zocken eingesetzt werden können, sondern auch für Kurssicherungsmaßnahmen.

Nahe liegt deswegen die Überlegung, Währungsoptionen mit Zinsdifferenzgeschäften zu kombinieren. Leopold Mann könnte z. B. die kritischen Paritätspaare eines Zinsdifferenzgeschäfts ermitteln, ab denen ein Zinsdifferenzgeschäft in die roten Zahlen kommt, und sich eine Option zum Kauf der Kreditwährung und eine Option zum Verkauf der Anlagewährung, beide zu den erforderlichen Paritäten, sichern. Wenn er dies tut, muß er aber wissen: Ein Zinsdifferenzgeschäft, bei dem mit Hilfe von Währungsoptionen eine Verlustvermeidung erreicht werden kann, wird es kaum geben: Ist ein Zinsdifferenzgeschäft bei einem bestimmten Paritätspaar gerade am break-even, dann gerät es durch die Optionsprämien in den roten Bereich; wirft es bei einem anderen Paritätspaar ohne die Kurssicherung noch Gewinn ab, so ist die Sicherung dieses Paritätspaares in aller Regel so teuer, daß nach der Kurssicherung ebenfalls der rote Bereich erreicht ist. Man wird also Währungsoptionsscheine in erster Linie zur Verlustbegrenzung einsetzen.

Verlustimmunisierung nicht möglich

Zu bedenken ist dabei schließlich, daß ein Währungsschein auf eine bestimmte Parität lautet, die an einem bestimmten Stichtag erreicht/nicht erreicht sein muß/darf. Ergibt sich aber bei einem spezifischen Zinsdifferenzgeschäft etwa die Strategie, einen Verkaufskurs des britischen Pfundes zu 2,40 DM per 15. März 1998 zu sichern, dann ist es eher unwahrscheinlich, einen Währungsschein mit exakt dieser Ausstattung am Markt auch zu finden.

Eingeschränkte Einsatzmöglichkeiten

Insofern bietet der standardisierte Handel mit Devisenoptionen mehr Flexibilität, weil er die praktisch beliebige Kombination aus Basispreis und Laufzeit ermöglicht. Problem dabei: Man sollte die Welt von Dollar und Pfund nicht verlassen, weil nur in diesen beiden Währungen Marktbreite vorhanden ist.

Devisenoptionen für Dollar und Pfund

Wenn also zum Beispiel ein Zinsdifferenzgeschäft mit dem britischen Pfund als Anlagewährung geschlossen werden soll, könnte Leopold Mann folgende Strategie einschlagen: Zeitgleich mit dem Erwerb von Pfund-Anleihen im Rahmen des Geschäfts verkauft er eine Kaufoption auf das britische Pfund in

Verkauf einer Kaufoption

Höhe seines Anlagebetrags. Als *„Stillhalter"* erhält er dann eine Prämie, die per Mitte Juli 1996 bei rund 1,50 Pfennig je Pfund lag, das er nach 12 Monaten zum Kurs von 2,40 DM zu liefern sich verpflichtet. Sie hätte im Fall eines solchen Geschäfts gemäß Abschnitt 6.5.6 insgesamt etwa 1 300 DM betragen. Sein Vorteil: Hat das Pfund nach 12 Monaten die Parität von 2,40 DM nicht erreicht, erhöht die Prämie seinen Gewinn bzw. schmälert einen eventuell entstandenen Verlust. Sein Nachteil: Steht das Pfund höher als 2,40 DM, muß er trotzdem zu 2,40 DM liefern: Dem eingeschränkten Verlustpotential steht also ein auf den Paritätsgewinn bis 2,40 DM plus die Optionsprämie gekapptes Gewinnpotential gegenüber.

Nachwort

Geschrieben wurde dieses Buch im wesentlichen im zweiten Quartal und der ersten Hälftc des dritten Quartals 1996. Seither haben sich im weiteren Verlauf des Euro-Einführungsprozesses neue Aspekte und Entwicklungen ergeben; auch die Märkte haben sich bewegt.

Mit Blick auf den Euro-Einführungsprozeß ist an Fakten nachzutragen, daß sich die Euro-Konstrukteure bei ihrer Konferenz in Dublin Ende September 1996 auf eine Bandbreite von ± 15 Prozent geeinigt haben, um welche die Paritäten der nichtteilnehmenden Währungen im Rahmen des EWS II schwanken dürfen. Bedenken Sie dies bitte insbesondere beim Chancen-/Risikopotential von Anlageüberlegungen, die sich auf die hohen Zinsen der Nichtteilnahmeländer richten (Abschnitte 6.4.4 und 6.5). Ferner: Das Geschehen auf der politischen Ebene ist meines Erachtens so zu werten, daß eine Verschiebung unwahrscheinlicher ist, als in Kapitel 5 angenommen wurde. Dies allerdings nicht „zugunsten“ einer Weichwährungsunion; trotz Versuchen im einen oder anderen Land, sich mit Bilanzierungstricks zumindest in den Dunstkreis des Ermessensspielraums der Konvergenzkriterien hineinzuschmuggeln, bleibt ein größerer anfänglicher Teilnehmerkreis als Kerneuropa nach wie vor sehr unwahrscheinlich.

Mit Blick auf die Marktbewegungen schließlich ist erwähnenswert, daß sich die DM-Zinsen, schneller als in Kapitel 6 prognostiziert, bereits zu Beginn des letzten Quartals 1996 auf eine Umlaufrendite von 5,5 Prozent zurückgebildet haben, ausbleibende Störungen aus den USA ermöglichten diesen beschleunigten Zinsrückgang. An den Beispielrechnungen vor allem des Abschnitts 6.3 verschieben sich deswegen teilweise die Ergebnisse in Mark und Pfennig, nicht jedoch die gezogenen Schlußfolgerungen. Im übrigen haben die Marktentwicklungen die Thesen und Prognosen bisher bestätigt.

Frankfurt / Ühlingen, November 1996

Anhang 1

Kleines Euro-Lexikon

Binnenmarkt: Die Harmonisierung des Wirtschaftsbereichs der EU-Länder durch einheitliche technische Vorschriften und das öffentliche Auftragswesen sowie den freien Verkehr von Waren, Arbeit und Kapital. Nachdem im Juni 1985 ein Weißbuch zum Binnenmarkt erschienen war, wurde das offizielle Vollzugsdatum auf das Jahr 1993 festgelegt.

ECOFIN-Rat: Rat der Wirtschafts- und Finanzminister der 15 Mitgliedsländer.

ECU = European Currency Unit: Eine Korbwährung, die auf festgesetzten Anteilen der 12 europäischen Landeswährungen basiert. Die derzeitige Zusammensetzung darf bis zur Einführung des Euro nicht mehr verändert werden. Der Außenwert des ECU wird durch die anteiligen Entwicklungen der 12 Währungen bestimmt.

EP = Europäisches Parlament: Das Volk der 15 Mitgliedsländer wählt alle fünf Jahre die Abgeordneten für das Parlament mit den 626 Sitzen.

ER = Europäischer Rat, die Konferenz der 15 Staats- und Regierungschefs und des Präsidenten der EU-Kommission. Sie legt die allgemeinen politischen Zielsetzungen der EU fest.

Ermessensspielraum: Unschärfen bei den → *Konvergenzkriterien,* die es dem Europäischen Rat gestatten, bei den Kriterien „Staatsverschuldung" und „Budgetdefizit" auch Länder in den Euro-Teilnehmerkreis aufzunehmen, die den eng ausgelegten Zahlenkranz der Maastricht-Vorgaben nicht erfüllen.

ESZB: Das Europäische System der Zentralbanken wird sich aus der EZB und den Zentralbanken der Mitgliedsländer zusammensetzen. Mit Beginn der dritten Stufe der → *WWU,* ab dem 1. Januar 1999, werden die Zentralbanken ihre Funktionen aufnehmen.

EU = Europäische Union: Bezeichnet die Weiterentwicklung der EG gemäß Maastricht-Vertrag hin zu einer ökonomischen, monetären und im beschränkten Umfang auch politischen Einheit.

EU-Vertrag = Maastricht-Vertrag: Im Februar 1992 von den Außen- und Finanzministern in Maastricht unterzeichneter Vertrag, der die Umformung der EG in eine Wirtschafts- und Währungsunion bis spätestens 1999 festlegt.

Euro: Von ihm abgelöste nationale Währungen bilden ein Währungsgebiet mit einem einheitlichen Wechselkurs nach außen. Dieses Geld agiert mit einer gemeinsamen Geld- und Wechselkurspolitik. Der Name der neuen Währung: Euro und Cent. Der Außenwert der neuen Währung bestimmt sich durch Nachfrage und Angebot. Das Vertrauen der Devisenmärkte in die neue Währung wird sich etwa an der Geldpolitik der Europäischen Zentralbank, der Inflationsdifferenz zu Drittländern, der Fiskalpolitik und der Ertragsbilanz festmachen lassen.

Europa der zwei (oder mehr) Geschwindigkeiten: Integrationspolitische Ansätze oder Vorschläge, die darauf abzielen, die europäischen Länder mit verhältnismäßig rückständigen Volkswirtschaften an die Länder Kerneuropas heranzuführen.

Europäische Kommission: Sie setzt sich aus 21 von den Regierungen nominierten Mitgliedern zusammen und hat initiative, ausführende, administrative und kontrollierende Funktionen.

EWI: Europäisches Währungsinstitut mit Sitz in Frankfurt, das Anfang 1994 zur Vorbereitung der Währungsunion gegründet wurde und das Europäische System der Zentralbanken und die Einführung der neuen Noten und Münzen auf den Weg bringen soll.

EWS = Europäisches Währungssystem: System fester, aber innerhalb festgelegter Bandbreiten flexibler Wechselkurse aller 15 EU-Länder, das im März 1978 gegründet wurde. → *Wechselkursmechanismus.*

EWS II: Nachfolgesystem für das EWS, mit dem die vorläufigen Nichtteilnehmerländer an den Euro herangeführt werden sollen.

EZB: Die Europäische Zentralbank wird das EWI ablösen, jedoch frühestens ab dem 1. Juli 1998 arbeiten. Die EZB wird die Geldpolitik des neuen Währungsgebiets bestimmen.

GASP: Gemeinsame Außen- und Sicherheitspolitik.

Gesetzliches Zahlungsmittel: Geld, das ein Gläubiger bei Begleichung einer Forderung nicht zurückweisen kann (nationale Banknoten und Münzen).

Grünbuch: Wurde 1995 von der Europäischen Kommission erstellt. Zeigt die zeitlichen, praktischen, technischen, rechtlichen und informationspolitischen Fragen der Währungsumstellung auf.

Konvergenz: Annäherung der wirtschaftlichen Grunddaten in den EU-Ländern – zum Beispiel der Wachstumsraten, der Inflation, der Fiskalpolitik.

Konvergenzkriterien: Sie geben für die Teilnahme am Euro die Grunddaten der Fiskalpolitik vor, das Budgetdefizit und die Verschuldung der öffentlichen Hand, außerdem die relative Entwicklung von Inflation, Renditeniveau und der Wechselkurse. Mit ihnen sollen die Voraussetzungen geschaffen werden für eine hohe Stabilität der Einheitswährung.

Konvertoren: Technische Verfahren des Bankensektors, welche die unproblematische Verwendung des Euro im Buchgeldsektor schon ab 1. Januar 1999 gewährleisten sollen.

Kritische Masse: Transaktionen im Buchgeldsektor, die bereits vor der Einführung des Euro als gesetzliches Zahlungsmittel zwingend in Euro durchgeführt werden müssen.

„Opt out"-Klausel: Im Maastricht-Vertrag festgelegte Klausel, daß England und Dänemark – als Ausnahmen – nicht an der Währungsunion teilnehmen müssen. Dänemark hat bereits definitiv darauf verzichtet.

Politische Union: Weiterführung der → *WWU* in Richtung einer gemeinsamen Festlegung politischer Elemente.

Qualifizierte Mehrheit: 62 von insgesamt 87 Stimmen des Europäischen Rats. Die Länder haben folgende Stimmen: Deutschland, Frankreich, Großbritannien und Italien je zehn; Spanien acht; Belgien, Niederlande, Griechenland und Portugal je fünf; Schweden und Österreich je vier; Dänemark, Irland und Finnland je drei; Luxemburg zwei.

Rat = EU-Ministerrat: Die 15 Regierungen der Mitgliedstaaten stellen je einen Minister. Je nach Sachgebiet arbeitet der Rat als prinzipieller Entscheidungsträger in wechselnder Zusammensetzung.

Realignment: Anpassung bzw. Veränderung des ECU-Leitkurses und der bilateralen Leitkurse einer oder mehrerer am Wechselkursmechanismus des EWS teilnehmenden Währungen.

Wechselkursmechanismus: Im Jahr 1978 eingeführter Interventionsmechanismus, der die Wechselkurse im EWS in ihrer Bandbreite halten und die Ausschläge auf ein Minimum beschränken soll. Von den 15 EU-Ländern sind derzeit nicht dabei: Italien, England, Schweden, Finnland und Griechenland. Im August 1993 wurden die Bandbreiten von ± 2,25 Prozent (bzw. ± 6 Prozent) auf ± 15 Prozent ausgeweitet (Ausnahme: Deutschland, Niederlande ± 2,5 Prozent); damit ist das Festkurs-System faktisch aufgelöst.

WEU = Westeuropäische Union: Vertragsbestimmungen über Außen- und Sicherheitspolitik.

WWU: Wirtschafts- und Währungsunion gemäß dem Maastricht-Vertrag.

Anhang 2

Auszüge aus dem „Maastricht-Vertrag“

Art. 104 (Verbot von Kreditfazilitäten bei der EZB für öffentliche Einrichtungen in der EG)

(1) Überziehungs- oder andere Kreditfazilitäten bei der EZB oder den Zentralbanken der Mitgliedstaaten (im folgenden als „nationale Zentralbanken“ bezeichnet) für Organe oder Einrichtungen der Gemeinschaft, Zentralregierungen, regionale oder lokale Gebietskörperschaften oder andere öffentlich-rechtliche Körperschaften, sonstige Einrichtungen des öffentlichen Rechts oder öffentliche Unternehmen der Mitgliedstaaten sind ebenso verboten wie der unmittelbare Erwerb von Schuldtiteln von diesen durch die EZB oder die nationalen Zentralbanken.

(2) Die Bestimmungen des Absatzes 1 gelten nicht für Kreditinstitute in öffentlichem Eigentum; diese werden von der jeweiligen nationalen Zentralbank und der EZB, was die Bereitstellung von Zentralbankgeld betrifft, wie private Kreditinstitute behandelt.

Art. 104 a (Verbot von Maßnahmen des Zugangs zu Finanzinstitutionen für öffentliche Einrichtungen in der EG)

(1) Maßnahmen, die nicht aus aufsichtsrechtlichen Gründen getroffen werden und einen bevorrechtigten Zugang der Organe und Einrichtungen der Gemeinschaft, der Zentralregierungen, der regionalen oder lokalen Gebietskörperschaften oder anderen öffentlich-rechtlichen Körperschaften, sonstiger Einrichtungen des öffentlichen Rechts oder öffentlicher Unternehmen der Mitgliedstaaten zu den Finanzinstituten schaffen, sind verboten.

(2) Der Rat legt vor dem 1. Januar 1994 nach dem Verfahren des Artikels 189 c die Begriffsbestimmungen für die Anwendung des in Absatz 1 vorgesehenen Verbots fest.

Art. 104 b (Keine Haftung der Gemeinschaft für Verbindlichkeiten der Mitgliedstaaten)

(1) Die Gemeinschaft haftet nicht für die Verbindlichkeiten der Zentralregierungen, der regionalen oder lokalen Gebietskörperschaften oder anderen

öffentlich-rechtlichen Körperschaften, sonstiger Einrichtungen des öffentlichen Rechts oder öffentlicher Unternehmen von Mitgliedstaaten und tritt nicht für derartige Verbindlichkeiten ein; dies gilt unbeschadet der gegenseitigen finanziellen Garantien für die gemeinsame Durchführung eines bestimmten Vorhabens. Ein Mitgliedstaat haftet nicht für die Verbindlichkeiten der Zentralregierungen, der regionalen oder lokalen Gebietskörperschaften oder anderen öffentlich-rechtlichen Körperschaften, sonstiger Einrichtungen des öffentlichen Rechts oder öffentlicher Unternehmen eines anderen Mitgliedstaats und tritt nicht für derartige Verbindlichkeiten ein; dies gilt unbeschadet der gegenseitigen finanziellen Garantien für die gemeinsame Durchführung eines bestimmten Vorhabens.

(2) Der Rat kann erforderlichenfalls nach dem Verfahren des Artikels 189 c Definitionen für die Anwendung der in Artikel 104 und in diesem Artikel vorgesehenen Verbote näher bestimmen.

Art. 104 c (Vermeidung übermäßiger Defizite, Haushaltsdisziplin)

(1) Die Mitgliedstaaten vermeiden übermäßige öffentliche Defizite.

(2) Die Kommission überwacht die Entwicklung der Haushaltslage und der Höhe des öffentlichen Schuldenstands in den Mitgliedstaaten im Hinblick auf die Feststellung schwerwiegender Fehler. Insbesondere prüft sie die Einhaltung der Haushaltsdisziplin anhand von zwei Kriterien, nämlich daran,

a) ob das Verhältnis des geplanten oder tatsächlichen öffentlichen Defizits zum Bruttoinlandsprodukt einen bestimmten Referenzwert überschreitet, es sei denn, daß
   - entweder das Verhältnis erheblich und laufend zurückgegangen ist und einen Wert in der Nähe des Referenzwerts erreicht hat
   - oder der Referenzwert nur ausnahmsweise und vorübergehend überschritten wird und das Verhältnis in der Nähe des Referenzwerts bleibt,

b) ob das Verhältnis des öffentlichen Schuldenstands zum Bruttoinlandsprodukt einen bestimmten Referenzwert überschreitet, es sei denn, daß das Verhältnis hinreichend rückläufig ist und sich rasch genug dem Referenzwert nähert.

Die Referenzwerte werden in einem diesem Vertrag beigefügten Protokoll über das Verfahren bei einem übermäßigen Defizit im einzelnen festgelegt.

(3) Erfüllt ein Mitgliedstaat keines oder nur eines dieser Kriterien, so erstellt die Kommission einen Bericht. In diesem Bericht wird berücksichtigt, ob das öffentliche Defizit die öffentlichen Ausgaben für Investitionen übertrifft; berücksichtigt werden ferner alle sonstigen einschlägigen Faktoren, einschließlich der mittelfristigen Wirtschafts- und Haushaltslage des Mitgliedstaats.
Die Kommission kann ferner einen Bericht erstellen, wenn sie ungeachtet der Erfüllung der Kriterien der Auffassung ist, daß in einem Mitgliedstaat die Gefahr eines übermäßigen Defizits besteht.

(4) Der Ausschuß nach Artikel 109 c gibt eine Stellungnahme zu dem Bericht der Kommission ab.

(5) Ist die Kommission der Auffassung, daß in einem Mitgliedstaat ein übermäßiges Defizit besteht oder sich ergeben könnte, so legt sie dem Rat eine Stellungnahme vor.

(6) Der Rat entscheidet mit qualifizierter Mehrheit auf Empfehlung der Kommission und unter Berücksichtigung der Bemerkungen, die der betreffende Mitgliedstaat gegebenenfalls abzugeben wünscht, nach Prüfung der Gesamtlage, ob ein übermäßiges Defizit besteht.

(7) Wird nach Absatz 6 ein übermäßiges Defizit festgestellt, so richtet der Rat an den betreffenden Mitgliedstaat Empfehlungen mit dem Ziel, dieser Lage innerhalb einer bestimmten Frist abzuhelfen. Vorbehaltlich des Absatzes 8 werden diese Empfehlungen nicht veröffentlicht.

(8) Stellt der Rat fest, daß seine Empfehlungen innerhalb der gesetzten Frist keine wirksamen Maßnahmen ausgelöst haben, so kann er seine Empfehlungen veröffentlichen.

(9) Falls ein Mitgliedstaat den Empfehlungen des Rates weiterhin nicht Folge leistet, kann der Rat beschließen, den Mitgliedstaat mit der Maßgabe in Verzug zu setzen, innerhalb einer bestimmten Frist Maßnahmen für den nach Auffassung des Rates zur Sanierung erforderlichen Defizitabbau zu treffen.

Der Rat kann in diesem Fall den betreffenden Mitgliedstaat ersuchen, nach einem konkreten Zeitplan Berichte vorzulegen, um die Anpassungsbemühungen des Mitgliedstaates überprüfen zu können.

(10) Das Recht auf Klageerhebung nach den Artikeln 169 und 170 kann im Rahmen der Absätze 1 bis 9 dieses Artikels nicht ausgeübt werden.

(11) Solange ein Mitgliedstaat einen Beschluß nach Absatz 9 nicht befolgt, kann der Rat beschließen, eine oder mehrere der nachstehenden Maßnahmen anzuwenden oder gegebenenfalls zu verschärfen, nämlich

- von dem betreffenden Mitgliedstaat verlangen, vor der Emission von Schuldverschreibungen und sonstigen Wertpapieren vom Rat näher zu bezeichnende zusätzliche Angaben zu veröffentlichen,
- die Europäische Investitionsbank zu ersuchen, ihre Darlehenspolitik gegenüber dem Mitgliedstaat zu überprüfen,
- von dem Mitgliedstaat verlangen, eine unverzinsliche Einlage in angemessener Höhe bei der Gemeinschaft zu hinterlegen, bis das übermäßige Defizit nach Ansicht des Rates korrigiert worden ist,
- Geldbußen in angemessener Höhe verhängen.

Der Präsident des Rates unterrichtet das Europäische Parlament von den Beschlüssen.

(12) Der Rat hebt einige oder sämtliche Entscheidungen nach den Absätzen 6 bis 9 und 11 so weit auf, wie das übermäßige Defizit in dem betreffenden Mitgliedstaat nach Ansicht des Rates korrigiert worden ist. Hat der Rat zuvor Empfehlungen veröffentlicht, so stellt er, sobald die Entscheidung nach Absatz 8 aufgehoben worden ist, in einer öffentlichen Erklärung fest, daß in dem betreffenden Mitgliedstaat kein übermäßiges Defizit mehr besteht.

(13) Die Beschlußfassung des Rates nach den Absätzen 7 bis 9 sowie 11 und 12 erfolgt auf Empfehlung der Kommission mit einer Mehrheit von zwei Dritteln der gemäß Artikel 148 Absatz 2 gewogenen Stimmen der Mitgliedstaaten mit Ausnahme der Stimmen des Vertreters des betroffenen Mitgliedstaats.

(14) Weitere Bestimmungen über die Durchführung des in diesem Artikel beschriebenen Verfahrens sind in dem diesem Vertrag beigefügten Protokoll über das Verfahren bei einem übermäßigen Defizit enthalten.

Der Rat verabschiedet einstimmig auf Vorschlag der Kommission und nach Anhörung des Europäischen Parlaments sowie der EZB die geeigneten Bestimmungen, die sodann das genannte Protokoll ablösen.

Der Rat beschließt vorbehaltlich der sonstigen Bestimmungen dieses Absatzes vor dem 1. Januar 1994 mit qualifizierter Mehrheit auf Vorschlag der Kommission und nach Anhörung des Europäischen Parlaments nähere Einzelheiten und Begriffsbestimmungen für die Durchführung des genannten Protokolls.

Art. 109 e (Zweite Stufe der WWU)

(1) Die zweite Stufe für die Verwirklichung der Wirtschafts- und Währungsunion beginnt am 1. Januar 1994.

(2) Vor diesem Zeitpunkt wird

a) jeder Mitgliedstaat

- soweit erforderlich, geeignete Maßnahmen erlassen, um die Beachtung der Verbote sicherzustellen, die in Artikel 73 b – unbeschadet des Artikels 73 e – sowie Artikel 104 und Artikel 104 a Absatz 1 niedergelegt sind,
- erforderlichenfalls im Hinblick auf die unter Buchstabe b vorgesehene Bewertung mehrjährige Programme festlegen, die die für die Verwirklichung der Wirtschafts- und Währungsunion notwendige dauerhafte Konvergenz, insbesondere hinsichtlich der Preisstabilität und gesunder öffentlicher Finanzen, gewährleisten sollen,

b) der Rat auf der Grundlage eines Berichts der Kommission die Fortschritte bei der Konvergenz im Wirtschafts- und Währungsbereich, insbesondere hinsichtlich der Preisstabilität und gesunder öffentlicher Finanzen, sowie bei der Umsetzung der gemeinschaftlichen Rechtsvorschriften über den Binnenmarkt bewerten.

(3) Artikel 104, Artikel 104 a Absatz 1, Artikel 104 b Absatz 1 und Artikel 104 c mit Ausnahme der Absätze 1, 9, 11 und 14 gelten ab Beginn der zweiten Stufe.
Artikel 103 a Absatz 2, Artikel 104 c Absätze 1, 9 und 11, Artikel 105, Artikel 105 a, Artikel 107, Artikel 109, Artikel 109 a, Artikel 109 b und Artikel 109 c Absätze 2 und 4 gelten ab Beginn der dritten Stufe.

(4) In der zweiten Stufe sind die Mitgliedstaaten bemüht, übermäßige öffentliche Defizite zu vermeiden.

(5) In der zweiten Stufe leitet jeder Mitgliedstaat, soweit angezeigt, nach Artikel 108 das Verfahren ein, mit dem die Unabhängigkeit seiner Zentralbank herbeigeführt wird.

Art. 109 f (Europäisches Währungsinstitut)

(1) Zu Beginn der zweiten Stufe wird ein Europäisches Währungsinstitut (im folgenden als „EWI“ bezeichnet) errichtet und nimmt seine Tätigkeit auf; es

besitzt Rechtspersönlichkeit und wird von einem Rat geleitet und verwaltet; dieser besteht aus einem Präsidenten und den Präsidenten der nationalen Zentralbanken, von denen einer zum Vizepräsidenten bestellt wird.

Der Präsident wird von den Regierungen der Mitgliedstaaten auf der Ebene der Staats- und Regierungschefs auf Empfehlung des Ausschusses der Präsidenten der Zentralbanken der Mitgliedstaaten (im folgenden als „Ausschuß der Präsidenten der Zentralbanken" bezeichnet) bzw. des Rates des EWI und nach Anhörung des Europäischen Parlaments und des Rates einvernehmlich ernannt. Der Präsident wird aus dem Kreis der in Währungs- oder Bankfragen anerkannten und erfahrenen Persönlichkeiten ausgewählt. Nur Staatsangehörige der Mitgliedstaaten können Präsident des EWI sein. Der Rat des EWI ernennt den Vizepräsidenten.

Die Satzung des EWI ist in einem diesem Vertrag beigefügten Protokoll festgelegt.

Der Ausschuß der Präsidenten der Zentralbanken wird mit Beginn der zweiten Stufe aufgelöst.

(2) Das EWI hat die Aufgabe,

- die Zusammenarbeit zwischen den nationalen Zentralbanken zu verstärken;
- die Koordinierung der Geldpolitiken der Mitgliedstaaten mit dem Ziel zu verstärken, die Preisstabilität aufrechtzuerhalten;
- das Funktionieren des Europäischen Währungssystems zu überwachen;
- Konsultationen zu Fragen durchzuführen, die in die Zuständigkeit der nationalen Zentralbanken fallen und die Stabilität der Finanzinstitute und -märkte berühren;
- die Aufgaben des Europäischen Fonds für währungspolitische Zusammenarbeit, der aufgelöst wird, zu übernehmen; die Einzelheiten der Auflösung werden in der Satzung des EWI festgelegt;
- die Verwendung der ECU zu erleichtern und deren Entwicklung einschließlich des reibungslosen Funktionierens des ECU-Verrechnungssystems zu überwachen.

(3) Bei der Vorbereitung der dritten Stufe hat das EWI die Aufgabe,

- die Instrumente und Verfahren zu entwickeln, die zur Durchführung einer einheitlichen Geld- und Währungspolitik in der dritten Stufe erforderlich sind,

- bei Bedarf die Harmonisierung der Bestimmungen und Gepflogenheiten auf dem Gebiet der Erhebung, Zusammenstellung und Weitergabe statistischer Daten in seinem Zuständigkeitsbereich zu fördern,
- die Regeln für die Geschäfte der nationalen Zentralbanken im Rahmen des ESZB auszuarbeiten,
- die Effizienz des grenzüberschreitenden Zahlungsverkehrs zu fördern,
- die technischen Vorarbeiten für die ECU-Banknoten zu überwachen.

Das EWI legt bis zum 31. Dezember 1996 in regulatorischer, organisatorischer und logistischer Hinsicht den Rahmen fest, den das ESZB zur Erfüllung seiner Aufgaben in der dritten Stufe benötigt. Dieser wird der EZB zum Zeitpunkt ihrer Errichtung zur Beschlußfassung unterbreitet.

(4) Das EWI kann mit der Mehrheit von zwei Dritteln der Mitglieder seines Rates

- Stellungnahmen oder Empfehlungen zu der allgemeinen Orientierung der Geld- und Wechselkurspolitik der einzelnen Mitgliedstaaten sowie zu deren diesbezüglichen Maßnahmen abgeben,
- den Regierungen und dem Rat Stellungnahmen oder Empfehlungen zu Maßnahmen unterbreiten, die die interne oder externe Währungssituation in der Gemeinschaft und insbesondere das Funktionieren des Europäischen Währungssystems beeinflussen könnten,
- den Währungsbehörden der Mitgliedstaaten Empfehlungen zur Durchführung ihrer Währungspolitik geben.

(5) Das EWI kann einstimmig beschließen, seine Stellungnahmen und Empfehlungen zu veröffentlichen.

(6) Das EWI wird vom Rat zu allen Vorschlägen für Rechtsakte der Gemeinschaft in seinem Zuständigkeitsbereich angehört.

Innerhalb der Grenzen und unter den Bedingungen, die der Rat mit qualifizierter Mehrheit auf Vorschlag der Kommission und nach Anhörung des Europäischen Parlaments und des EWI festlegt, wird das EWI von den Behörden der Mitgliedstaaten zu allen Entwürfen für Rechtsvorschriften in seinem Zuständigkeitsbereich angehört.

(7) Der Rat kann auf Vorschlag der Kommission und nach Anhörung des Europäischen Parlaments und des EWI diesem durch einstimmigen Beschluß weitere Aufgaben im Rahmen der Vorbereitung der dritten Stufe übertragen.

(8) In den Fällen, in denen dieser Vertrag eine beratende Funktion für die EZB vorsieht, ist vor der Errichtung der EZB unter dieser das EWI zu verstehen.

In den Fällen, in denen dieser Vertrag eine beratende Funktion für das EWI vorsieht, ist vor dem 1. Januar 1994 unter diesem der Ausschuß der Präsidenten der Zentralbanken zu verstehen.

(9) Für die Dauer der zweiten Stufe bezeichnet der Ausdruck „EZB" in den Artikeln 173, 175, 176, 177, 180 und 215 das EWI.

§ 109 g (Keine Änderung des ECU-Währungskorbs)

Die Zusammensetzung des ECU-Währungskorbs wird nicht geändert.

Mit Beginn der dritten Stufe wird der Wert der ECU nach Artikel 109 l Absatz 4 unwiderruflich festgesetzt.

§ 109 h (Zahlungsbilanzschwierigkeiten eines Mitgliedstaats)

(1) Ist ein Mitgliedstaat hinsichtlich seiner Zahlungsbilanz von Schwierigkeiten betroffen oder ernstlich bedroht, die sich entweder aus einem Ungleichgewicht seiner Gesamtzahlungsbilanz oder aus der Art der ihm zur Verfügung stehenden Devisen ergeben, und sind diese Schwierigkeiten geeignet, insbesondere das Funktionieren des Gemeinsamen Marktes oder die schrittweise Verwirklichung der gemeinsamen Handelspolitik zu gefährden, so prüft die Kommission unverzüglich die Lage dieses Staates sowie die Maßnahmen, die er getroffen hat oder unter Einsatz aller ihm zur Verfügung stehenden Mittel nach diesem Vertrag treffen kann. Die Kommission gibt die Maßnahmen an, die sie dem betreffenden Staat empfiehlt.

Erweisen sich die von einem Mitgliedstaat ergriffenen und die von der Kommission angeregten Maßnahmen als unzureichend, die aufgetretenen oder drohenden Schwierigkeiten zu beheben, so empfiehlt die Kommission dem Rat nach Anhörung des in Artikel 109 c bezeichneten Ausschusses einen gegenseitigen Beistand und die dafür geeigneten Methoden.

Die Kommission unterrichtet den Rat regelmäßig über die Lage und ihre Entwicklung.

(2) Der Rat gewährt den gegenseitigen Beistand mit qualifizierter Mehrheit; er erläßt Richtlinien oder Entscheidungen, welche die Bedingungen und Einzelheiten hierfür festlegen. Der gegenseitige Beistand kann insbesondere erfolgen

a) durch ein abgestimmtes Vorgehen bei anderen internationalen Organisationen, an die sich die Mitgliedstaaten wenden können;

b) durch Maßnahmen, die notwendig sind, um Verlagerungen von Handelsströmen zu vermeiden, falls der in Schwierigkeiten befindliche Staat mengenmäßige Beschränkungen gegenüber dritten Ländern beibehält oder wieder einführt;

c) durch Bereitstellung von Krediten in begrenzter Höhe seitens anderer Mitgliedstaaten; hierzu ist ihr Einverständnis erforderlich.

(3) Stimmt der Rat dem von der Kommission empfohlenen gegenseitigen Beistand nicht zu oder sind der gewährte Beistand und die getroffenen Maßnahmen unzureichend, so ermächtigt die Kommission den in Schwierigkeiten befindlichen Staat, Schutzmaßnahmen zu treffen, deren Bedingungen und Einzelheiten sie festlegt.

Der Rat kann mit qualifizierter Mehrheit diese Ermächtigung aufheben und die Bedingungen und Einzelheiten ändern.

(4) Unbeschadet des Artikels 109 k Absatz 6 endet die Geltungsdauer dieses Artikels zum Zeitpunkt des Beginns der dritten Stufe.

Art. 109 i (Plötzliche Zahlungsbilanzkrise, Schutzmaßnahmen)

(1) Gerät ein Mitgliedstaat in eine plötzliche Zahlungsbilanzkrise und wird eine Entscheidung im Sinne des Artikels 109 h Absatz 2 nicht unverzüglich getroffen, so kann der betreffende Staat vorsorglich die erforderlichen Schutzmaßnahmen ergreifen. Sie dürfen nur ein Mindestmaß an Störungen im Funktionieren des Gemeinsamen Marktes hervorrufen und nicht über das zur Behebung der plötzlich aufgetretenen Schwierigkeiten unbedingt erforderliche Ausmaß hinausgehen.

(2) Die Kommission und die anderen Mitgliedstaaten werden über die Schutzmaßnahmen spätestens bei deren Inkrafttreten unterrichtet. Die Kommission kann dem Rat den gegenseitigen Beistand nach Artikel 109 h empfehlen.

(3) Nach Stellungnahme der Kommission und nach Anhörung des in Artikel 109 c bezeichneten Ausschusses kann der Rat mit qualifizierter Mehrheit entscheiden, daß der betreffende Staat diese Schutzmaßnahmen zu ändern, auszusetzen oder aufzuheben hat.

(4) Unbeschadet des Artikels 109 k Absatz 6 endet die Geltungsdauer dieses Artikels zum Zeitpunkt des Beginns der dritten Stufe.

Art. 109 j (Konvergenzkriterien, Eintritt in die dritte Stufe)

(1) Die Kommission und das EWI berichten dem Rat, inwieweit die Mitgliedstaaten bei der Verwirklichung der Wirtschafts- und Währungsunion ihren Verpflichtungen bereits nachgekommen sind. In ihren Berichten wird auch die Frage geprüft, inwieweit die innerstaatlichen Rechtsvorschriften der einzelnen Mitgliedstaaten einschließlich der Satzung der jeweiligen nationalen Zentralbank mit Artikel 107 und Artikel 108 dieses Vertrags sowie der Satzung des ESZB vereinbar sind. Ferner wird darin geprüft, ob ein hoher Grad an dauerhafter Konvergenz erreicht ist; Maßstab hierfür ist, ob die einzelnen Mitgliedstaaten folgende Kriterien erfüllen:

- Erreichung eines hohen Grades an Preisstabilität, ersichtlich aus einer Inflationsrate, die der Inflationsrate jener – höchstens drei – Mitgliedstaaten nahe kommt, die auf dem Gebiet der Preisstabilität das beste Ergebnis erzielt haben;
- eine auf Dauer tragbare Finanzlage der öffentlichen Hand, ersichtlich aus einer öffentlichen Haushaltslage ohne übermäßiges Defizit im Sinne des Artikels 104 c Absatz 6;
- Einhaltung der normalen Bandbreiten des Wechselkursmechanismus des Europäischen Währungssystems seit mindestens zwei Jahren ohne Abwertung gegenüber der Währung eines anderen Mitgliedstaats;
- Dauerhaftigkeit der von dem Mitgliedstaat erreichten Konvergenz und seiner Teilnahme am Wechselkursmechanismus des Europäischen Währungssystems, die im Niveau der langfristigen Zinssätze zum Ausdruck kommt.

Die vier Kriterien in diesem Absatz sowie die jeweils erforderliche Dauer ihrer Einhaltung sind in einem diesem Vertrag beigefügten Protokoll näher festgelegt. Die Berichte der Kommission und des EWI berücksichtigen auch die Entwicklung der ECU, die Ergebnisse bei der Integration der Märkte, den Stand und die Entwicklung der Leistungsbilanzen, die Entwicklung bei den Lohnstückkosten und andere Preisindizes.

(2) Der Rat beurteilt auf der Grundlage dieser Berichte auf Empfehlung der Kommission mit qualifizierter Mehrheit,

- ob die einzelnen Mitgliedstaaten die notwendigen Voraussetzungen für die Einführung einer einheitlichen Währung erfüllen,
- ob eine Mehrheit der Mitgliedstaaten die notwendigen Voraussetzungen für die Einführung einer einheitlichen Währung erfüllt,

und empfiehlt seine Feststellungen dem Rat, der in der Zusammensetzung der Staats- und Regierungschefs tagt. Das Europäische Parlament wird angehört und leitet seine Stellungnahme dem Rat in der Zusammensetzung der Staats- und Regierungschefs zu.

(3) Unter gebührender Berücksichtigung der Berichte nach Absatz 1 sowie der Stellungnahme des Europäischen Parlaments nach Absatz 2 verfährt der Rat, der in der Zusammensetzung der Staats- und Regierungschefs tagt, spätestens am 31. Dezember 1996 mit qualifizierter Mehrheit wie folgt:

- er entscheidet auf der Grundlage der in Absatz 2 genannten Empfehlungen des Rates, ob eine Mehrheit der Mitgliedstaaten die notwendigen Voraussetzungen für die Einführung einer einheitlichen Währung erfüllt;
- er entscheidet, ob es für die Gemeinschaft zweckmäßig ist, in die dritte Stufe einzutreten;

sofern dies der Fall ist,

- bestimmt er den Zeitpunkt für den Beginn der dritten Stufe.

(4) Ist bis Ende 1997 der Zeitpunkt für den Beginn der dritten Stufe nicht festgelegt worden, so beginnt die dritte Stufe am 1. Januar 1999. Vor dem 1. Juli 1998 bestätigt der Rat, der in der Zusammensetzung der Staats- und Regierungschefs tagt, nach einer Wiederholung des in den Absätzen 1 und 2 – mit Ausnahme von Absatz 2 zweiter Gedankenstrich – vorgesehenen Verfahrens unter Berücksichtigung der Berichte nach Absatz 1 sowie der Stellungnahme des Europäischen Parlaments mit qualifizierter Mehrheit auf der Grundlage der Empfehlungen des Rates nach Absatz 2, welche Mitgliedstaaten die notwendigen Voraussetzungen für die Einführung einer einheitlichen Währung erfüllen.

§ 109 k (Mitgliedstaaten mit Ausnahmeregelung)

(1) Falls der Zeitpunkt nach Artikel 109 j Absatz 3 bestimmt wurde, entscheidet der Rat auf der Grundlage der in Artikel 109 j Absatz 2 genannten Empfehlungen mit qualifizierter Mehrheit auf Empfehlung der Kommission, ob – und

gegebenenfalls welchen – Mitgliedstaaten eine Ausnahmeregelung im Sinne des Absatzes 3 gewährt wird. Die betreffenden Mitgliedstaaten werden in diesem Vertrag als „Mitgliedstaaten, für die eine Ausnahmeregelung gilt" bezeichnet.

Falls der Rat nach Artikel 109 j Absatz 4 bestätigt hat, welche Mitgliedstaaten die notwendigen Voraussetzungen für die Einführung einer einheitlichen Währung erfüllen, wird den Mitgliedstaaten, die die Voraussetzungen nicht erfüllen, eine Ausnahmeregelung im Sinne des Absatzes 3 gewährt. Die betreffenden Mitgliedstaaten werden in diesem Vertrag ebenfalls als „Mitgliedstaaten, für die eine Ausnahmeregelung gilt" bezeichnet.

(2) Mindestens einmal alle zwei Jahre bzw. auf Antrag eines Mitgliedstaats, für den eine Ausnahmeregelung gilt, berichten die Kommission und die EZB dem Rat nach dem Verfahren des Artikels 109 j Absatz 1.

Der Rat entscheidet nach Anhörung des Europäischen Parlaments und nach Aussprache im Rat, der in der Zusammensetzung der Staats- und Regierungschefs tagt, auf Vorschlag der Kommission mit qualifizierter Mehrheit, welche der Mitgliedstaaten, für die eine Ausnahmeregelung gilt, die auf den Kriterien des Artikels 109 j Absatz 1 beruhenden Voraussetzungen erfüllen, und hebt die Ausnahmeregelungen der betreffenden Mitgliedstaaten auf.

(3) Eine Ausnahmeregelung nach Absatz 1 hat zur Folge, daß die nachstehenden Artikel für den betreffenden Mitgliedstaat nicht gelten: Artikel 104 c Absätze 9 und 11, Artikel 105 Absätze 1, 2, 3 und 5, Artikel 105 a, Artikel 108 a, Artikel 109 sowie Artikel 109 a Absatz 2 Buchstabe b. Der Ausschluß des betreffenden Mitgliedstaats und seiner Zentralbank von den Rechten und Verpflichtungen im Rahmen des ESZB wird in Kapitel IX der Satzung des ESZB geregelt.

(4) In Artikel 105 Absätze 1, 2 und 3, Artikel 105 a, Artikel 108 a, Artikel 109 sowie Artikel 109 a Absatz 2 Buchstabe b bezeichnet der Ausdruck „Mitgliedstaaten" die Mitgliedstaaten, für die keine Ausnahmeregelung gilt.

(5) Das Stimmrecht der Mitgliedstaaten, für die eine Ausnahmeregelung gilt, ruht bei Beschlüssen des Rates gemäß den in Absatz 3 genannten Artikeln. In diesem Fall gelten abweichend von Artikel 148 und Artikel 189 a Absatz 1 zwei Drittel der gemäß Artikel 148 Absatz 2 gewogenen Stimmen der Vertreter der Mitgliedstaaten, für die keine Ausnahmeregelung gilt, als qualifizierte

Mehrheit; ist für die Änderung eines Rechtsakts Einstimmigkeit vorgeschrieben, so ist die Einstimmigkeit dieser Mitgliedstaaten erforderlich.

(6) Artikel 109 h und Artikel 109 i finden weiterhin auf Mitgliedstaaten Anwendung, für die eine Ausnahmeregelung gilt.

Art. 109 l (Errichtung von ESZB und EZB, unwiderrufliche Festlegung der Wechselkurse)

(1) Unmittelbar nach dem gemäß Artikel 109 j Absatz 3 gefaßten Beschluß über den Zeitpunkt für den Beginn der dritten Stufe bzw. unmittelbar nach dem 1. Juli 1998

- verabschiedet der Rat die in Artikel 106 Absatz 6 genannten Bestimmungen;
- ernennen die Regierungen der Mitgliedstaaten, für die keine Ausnahmeregelung gilt, nach dem Verfahren des Artikels 50 der Satzung des ESZB den Präsidenten, den Vizepräsidenten und die weiteren Mitglieder des Direktoriums der EZB. Bestehen für Mitgliedstaaten Ausnahmeregelungen, so kann sich das Direktorium aus weniger Mitgliedern als in Artikel 11.1 der Satzung des ESZB vorgesehen zusammensetzen; auf keinen Fall darf es jedoch aus weniger als 4 Mitgliedern bestehen.

Unmittelbar nach Ernennung des Direktoriums werden das ESZB und die EZB errichtet und von diesen Vorkehrungen für die Aufnahme ihrer vollen Tätigkeit im Sinne dieses Vertrags und der Satzung des ESZB getroffen. Sie nehmen ihre Befugnisse ab dem ersten Tag der dritten Stufe in vollem Umfang wahr.

(2) Unmittelbar nach Errichtung der EZB übernimmt diese erforderlichenfalls die Aufgaben des EWI. Dieses wird nach Errichtung der EZB liquidiert; die entsprechenden Einzelheiten der Liquidation werden in der Satzung des EWI geregelt.

(3) Sofern und solange es Mitgliedstaaten gibt, für die eine Ausnahmeregelung gilt, wird unbeschadet des Artikels 106 Absatz 3 der in Artikel 45 der Satzung des ESZB bezeichnete Erweiterte Rat der EZB als drittes Beschlußorgan der EZB errichtet.

(4) Am ersten Tag der dritten Stufe nimmt der Rat aufgrund eines einstimmigen Beschlusses der Mitgliedstaaten, für die keine Ausnahmeregelung gilt, auf Vor-

schlag der Kommission und nach Anhörung der EZB die Umrechnungskurse, auf die ihre Währungen unwiderruflich festgelegt werden, sowie die unwiderruflich festen Kurse, zu denen diese Währungen durch die ECU ersetzt werden, an und wird die ECU zu einer eigenständigen Währung. Diese Maßnahme ändert als solche nicht den Außenwert der ECU. Der Rat trifft ferner nach dem gleichen Verfahren alle sonstigen Maßnahmen, die für die rasche Einführung der ECU als einheitlicher Währung dieser Mitgliedstaaten erforderlich sind.

(5) Wird nach dem Verfahren des Artikels 109 k Absatz 2 beschlossen, eine Ausnahmeregelung aufzuheben, so legt der Rat aufgrund eines einstimmigen Beschlusses der Mitgliedstaaten, für die keine Ausnahmeregelung gilt, und des betreffenden Mitgliedstaats auf Vorschlag der Kommission und nach Anhörung der EZB den Kurs, zu dem dessen Währung durch die ECU ersetzt wird, fest und ergreift die sonstigen erforderlichen Maßnahmen zur Einführung der ECU als einheitlicher Währung in dem betreffenden Mitgliedstaat.

Art. 109 m (Wechselkurspolitik der Mitgliedstaaten bis zum Beginn der dritten Stufe)

(1) Bis zum Beginn der dritten Stufe behandelt jeder Mitgliedstaat seine Wechselkurspolitik als eine Angelegenheit von gemeinsamem Interesse. Er berücksichtigt dabei die Erfahrungen, die bei der Zusammenarbeit im Rahmen des Europäischen Währungssystems (EWS) und bei der Entwicklung der ECU gesammelt worden sind, und respektiert die bestehenden Zuständigkeiten.

(2) Mit Beginn der dritten Stufe sind die Bestimmungen des Absatzes 1 auf die Wechselkurspolitik eines Mitgliedstaats, für den eine Ausnahmeregelung gilt, für die Dauer dieser Ausnahmeregelung sinngemäß anzuwenden.

PROTOKOLL

ÜBER DIE KONVERGENZKRITERIEN NACH ARTIKEL 109 j DES VERTRAGS ZUR GRÜNDUNG DER EUROPÄISCHEN GEMEINSCHAFT

DIE HOHEN VERTRAGSPARTEIEN –
IN DEM WUNSCH, die in Artikel 109 j des Vertrags zur Gründung der Europäischen Gemeinschaft aufgeführten Konvergenzkriterien, welche die Gemeinschaft bei der Beschlußfassung über den Eintritt in die dritte Stufe der Wirtschafts- und Währungsunion leiten sollen, näher festzulegen –

sind über folgende Bestimmungen ÜBEREINGEKOMMEN, die dem Vertrag zur Gründung der Europäischen Gemeinschaft beigefügt sind:

Artikel 1

Das in Artikel 109 j Absatz 1 erster Gedankenstrich dieses Vertrags genannte Kriterium der Preisstabilität bedeutet, daß ein Mitgliedstaat eine anhaltende Preisstabilität und eine während des letzten Jahres vor der Prüfung gemessene durchschnittliche Inflationsrate aufweisen muß, die um nicht mehr als 1 1/2 Prozentpunkte über der Inflationsrate jener – höchstens drei – Mitgliedstaaten liegt, die auf dem Gebiet der Preisstabilität das beste Ergebnis erzielt haben. Die Inflation wird anhand des Verbraucherpreisindexes auf vergleichbarer Grundlage unter Berücksichtigung der unterschiedlichen Definitionen in den einzelnen Mitgliedstaaten gemessen.

Artikel 2

Das in Artikel 109 j Absatz 1 zweiter Gedankenstrich dieses Vertrags genannte Kriterium der Finanzlage der öffentlichen Hand bedeutet, daß zum Zeitpunkt der Prüfung keine Ratsentscheidung nach Artikel 104 c Absatz 6 dieses Vertrags vorliegt, wonach in dem betreffenden Mitgliedstaat ein übermäßiges Defizit besteht.

Artikel 3

Das in Artikel 109 j Absatz 1 dritter Gedankenstrich dieses Vertrags genannte Kriterium der Teilnahme am Wechselkursmechanismus des Europäischen

Währungssystems bedeutet, daß ein Mitgliedstaat die im Rahmen des Wechselkursmechanismus des Europäischen Währungssystems vorgesehenen normalen Bandbreiten zumindest in den letzten zwei Jahren vor der Prüfung ohne starke Spannungen eingehalten haben muß. Insbesondere darf er den bilateralen Leitkurs seiner Währung innerhalb des gleichen Zeitraums gegenüber der Währung eines anderen Mitgliedstaats nicht von sich aus abgewertet haben.

Artikel 4

Das in Artikel 109 j Absatz 1 vierter Gedankenstrich dieses Vertrags genannte Kriterium der Konvergenz der Zinssätze bedeutet, daß im Verlauf von einem Jahr vor der Prüfung in einem Mitgliedstaat der durchschnittliche langfristige Nominalzinssatz um nicht mehr als 2 Prozentpunkte über dem entsprechenden Satz in jenen – höchstens drei – Mitgliedstaaten liegt, die auf dem Gebiet der Preisstabilität das beste Ergebnis erzielt haben. Die Zinssätze werden anhand langfristiger Staatsschuldverschreibungen oder vergleichbarer Wertpapiere unter Berücksichtigung der unterschiedlichen Definitionen in den einzelnen Mitgliedstaaten gemessen.

Artikel 5

Die zur Anwendung dieses Protokolls erforderlichen statistischen Daten werden von der Kommission zur Verfügung gestellt.

Artikel 6

Der Rat erläßt auf Vorschlag der Kommission und nach Anhörung des Europäischen Parlaments und des EWI bzw. der EZB sowie des in Artikel 109 c genannten Ausschusses einstimmig geeignete Vorschriften zur Festlegung der Einzelheiten der in Artikel 109 j dieses Vertrags genannten Konvergenzkriterien, die dann an die Stelle dieses Protokolls treten.